생명과학과 불교는 어떻게 만나는가

BIOSCIENCE & BUDDHISM

생명과학과 불교는
어떻게 만나는가

유선경 · 홍창성 지음

: 생명현상과 연기 그리고 공
Biophenomena, Dependent Arising, and Emptiness

운주사

저희를 부처님의 가르침으로 이끌어 주신
전 해인사 승가대학장 종묵 스님께 이 책을 헌정합니다.

들어가면서

존재하는 것 가운데 아무런 원인과 조건 없이 무無로부터 나온 것은 없다. 사물은 나름대로 조건이 모이고 흩어지는 데 따라 생겨나고 소멸한다. 모든 것은 여러 조건이 충족되어야만 생겨나는데, 이것이 불교에서 가르치는 연기緣起이다. 사물은 조건에 의존해서(緣) 생겨난다(起). 붓다가 성도成道 당시 깨달은 진리의 내용이라고 전해지는 이 연기법은 불자들에게 존재 세계 전체를 관통하는 진리로 받아들여지고 있다.

이 책은 생명계에서 일어나는 현상을 불교에서의 연기와 공空의 관점으로 연구하는 새로운 방법론을 제시한다. 필자들은 생명현상에 대한 올바른 설명이 단지 불교의 연기와 공의 관점과 양립 가능하다고 생각하는 것이 아니라, 우리가 적극적으로 연기와 공의 관점으로 생명현상을 이해하고 설명하며 또 예측해야만 제대로 된 생명과학 연구가 가능하다고 주장한다. 생물학을 창시한 고대 그리스의 아리스토텔레스 이후 수천 년 동안 서구에서는 고정불변한 자성自性의 존재를 주장하는 본질주의를 바탕으로 생명현상을 연구해 왔다. 연기하기 때문에 무상無常하여 변화할 수밖에 없는 생명 세계를 불변하는 본질(自性)의 존재를 바탕으로 연구하는 생명과학은 19세기 찰스 다윈의 진화론과 20세기 분자생물학의 눈부신 성과에도 불구하고 많은 난관에 직면해 왔다. 필자들은 존재 세계를 꿰뚫는 연기법과 그것의 대승불교적 해석인 공의 관점으로 서구적 본질주의와 실재론이 직면한 난제들을 극복할 수 있다고 본다.

일반적인 상식과는 반대로 모든 자연과학은 그 근저에 철학을, 특히 특정한 형이상학을 전제로 성립되어 있다. 그래서 잘못된 형이상학을 바탕으로 하는 과학은 어느 수준 이상으로 발전할 수 없다. 예를 들어 고전 물리학은, 비록 당연하다고 생각되어 명시적으로 밝히지는 않지만, 모든 현상에는 자성을 가진 원인이 있고 이 원인이 자성을 가진 결과를 초래한다는 인과법칙의 존재를 전제한다. 그러나 20세기 이래 상대성이론과 소립자물리학은 이러한 형이상학의 타당성에 심각히 도전해 왔다. 특히 미시세계에서는 어떤 현상에서 자성을 가진 원인과 결과를 확인하기 어려운 경우가 많기 때문에, 이들 사이에서 고정불변한 인과법칙의 존재를 확인하는 일은 요원한 과제이다. 그러나 이미 2천여 년 전 나가르주나가 통찰한 대로, 자성을 가진 원인과 결과의 존재를 인정하면 인과라는 현상을 설명할 길이 없다는 논의에 익숙한 불교에서는 공의 관점을 바탕으로 한 전혀 다른 형이상학으로 이런 문제를 조명하게 된다. 이런 점이 현대 물리학자들이 불교적 통찰에 매력을 느끼는 이유이기도 하다.

생명과학의 역사는 아리스토텔레스가 심어 놓은 목적론적 본질주의와의 투쟁의 역사라고 해도 과언이 아니다. 아리스토텔레스의 형이상학에 의하면, 모든 생명체와 그것이 보이는 생명현상은 이루고자 하는 목적을 그 안에 본질로 가지고 있다. 예를 들어 앞니와 송곳니가 날카롭게 자라는 이유는 이들이 음식물을 잘 자르고 찢으려는 목적을 가지고 있어서 그런 것이고, 어금니는 잘린 음식물을 갈기 위해 뭉툭하게 생겨난다고 한다. 더 멀리 보고 듣기 위한 목적으로 눈과 귀가 몸의 높은 곳에 위치하고, 잘 걷기 위해 발바닥이 평평하게 자라난다. 올챙이는 그 안에 개구리로 자랄 목적을 본질로 가지고 있기 때문에 개구리가 된다. 해바라기 씨는 해바라기가 될 목적을 가지고 있고, 또 해바라기가 된 다음에도 햇빛을 더 많이 받기 위해 그 방향을 바꾸려 한다. 이러한 견해는 다윈 이전의 초기 진화론자들에게도 이어졌는데, 이들은 모든 생명체와 종種이 점점 더 복잡하게 발달하고 향상되어 우월한 개체와 종으로 진화하려는 목적을 본질로 지니고 있다고 주장했다.

목적론적 본질주의는 다윈과 분자생물학에 의해 기계론적 본질주의로 대체되기 시작한다. 다윈은 종의 진화가 어떤 본질적인 목적을 향해 질서정연하게 진행되지 않고, 개체들 안에서 일어나는 무작위의 변이(random mutation)와 자연선택 과정에 의해 목적없이 단순히 물리적·기계적으로 이루어지는 현상임을 설득력 있게 논한다. 20세기 중반 생명과학에 혁명적 변화를 가져온 분자생물학은, 유전자와 관련된 모든 생명현상을 기본적으로 분자 차원에서 벌어지는 기계적인 화학 현상으로 이해함으로써 생명과학에서 목적론을 거의 퇴출시킨다. 그래서 분자생물학의 출현 이후로는 생명현상에서 어떤 '목적'이라는 본질의 존재를 성공적으로 부정할 수 있게 된다. 그러나 본질주의 그 자체까지 퇴출된 것은 아니다.

생물학에 혁명적 변화를 가져온 다윈도, 비록 암묵적이기는 하지만, 결국 종과 종간의 고정불변한 본질의 존재를 전제했다고 보인다. 그리고 현재 분자생물학과 생명과학 연구는 DNA 분자로 구성되어 있는 유전자가 모든 생명현상의 근본이라고 보면서, 불변의 본질을 가졌다는 유전자에 생명현상을 설명하는 절대적인 권위를 부여하고 있다. 그러나 만물 하나하나가 수많은 조건이 모이고 흩어짐에 따라 생멸하고, 이 수많은 조건들 가운데 어느 하나라도 변하기 마련이라는 점을 고려하면, 개체로든 아니면 종으로든 어떤 생명체가 고정불변한 본질을 가지고 실재한다고 보는 서구적 견해는 필연적으로 난제에 직면할 수밖에 없다. 그래서 현재의 생명과학이 비록 '목적'이라는 본질의 존재를 부정하는 데까지는 이르렀으나, 본질 자체의 존재를 부정하지는 못하고 있다. 본질의 존재는 서구인들의 사고방식을 규정하는 가장 근본적인 형이상학적 전제이기 때문에 서구인들이 이 전제를 부정하는 데까지 이르려면 오랜 시간이 필요하겠다.

필자들은 만물이 오직 조건에 의해서만 생겨나기 때문에 아무 것도 독립적으로 존재하지 못하고, 또 독립적으로 존재하지도 못하기 때문에 스스로의 고유한 내적 본성, 즉 자성自性을 가질 수도 없다고 보는 불교의 연기와 공의 관점으로 현대 생명과학이 직면한 문제들을 해결할 수 있다고 생각한다. 생명현상은 고립되어서는 결코 존재할 수 없기 때문에 생명체와 환경 사이에 존재하는 상호작용을 고려하는 연기의 관점으로 접근해야만 올바로 파악할 수 있다. 그리고 우리는 이런 관점으로부터, 고립되어 독립적으로 존재하며 스스로의 본성 즉 본질(自性)을 가진 생명체들이 존재하지 않는다는 점도 깨달을 수 있다. 이것들은 자성을 결여하여 공空하게 존재할 뿐이다. 이렇게 생명과학 연구 방법론을 연기와 공의 관점으로 전환시켜 보면 우리는 그동안 서구식 본질주의 생명과학이 난제라고 받아들였던 문제들이 실은 처음부터 존재할 이유가 없었던 것들이었다는 점을 깨닫게 된다.

이 책의 논의는 크게 여섯 주제로 나누어져 있다. 첫 주제인 'I. 불교로 이해하는 생명과학'에서는 불교에서 가장 중요한 연기, 무상, 공, 깨달음, 그리고 자비의 가르침을 설명하면서 이 가르침들이 생명현상을 이해하는 데 어떻게 적용될 수 있는가를 논의하고 설명한다. 그러면서 연기법과 연기법으로부터 도출된 불교의 가르침이 모두 존재 세계를 관통하는 진리이기 때문에 그것들은 존재 세계의 일부인 생명현상도 꿰뚫는 가르침이라는 점을 보여 준다.

둘째 주제는 'Ⅱ. 생명과학과 깨달음'이다. 여기서는 과학이론의 교체가 마치 정치체제의 근본적 교체와 같이 혁명적일 수밖에 없다는 점을 설명하면서, 생명과학의 혁명적 발전을 위해서는 기존의 서구적인 본질주의적 실재론의 관점에서 벗어나 연기와 공의 관점을 바탕으로 하는 새로운 연구방법론으로 바꾸어야 한다는 점을 강조한다. 이 주제와 관련해 제5장과 6장에서는 과학철학에서의 환원론에 대한 오해의 문제를 전문가들의 영역에서 논의한다.

셋째 주제인 'Ⅲ. 개체'에서는 생로병사生老病死의 실존적 문제를 생명과학 안에서 구체적인 예를 통해 논의한다. 우리가 생로병사라는 현상을 생명과학적으로 고찰하다 보면 이 모든 문제가 결국 연기와 공의 관점에서 파악되어야 한다는 점을 깨닫게 된다. 그리고 이러한 새로운 관점에서 관조해 보면, 생로병사가 실은 우리에게 실존적인 거대한 문제로서 다가올 필요가 없는 지극히 자연스러운 자연계의 변화의 과정이라는 점이 드러난다. 그래서 필자들은 불교적 생명과학이 주는 통찰로도 우리가 생사生死의 문제를 해결할 수 있다고 생각한다.

넷째 주제는 'Ⅳ. 종種'이다. 이곳에서는 다윈의 진화론을 소개하면서 생명 세계에 존재한다고 믿어져 온 고유한 본질을 가졌다는 종의 존재에 대해 비판적 논의를 전개한다. 다윈 스스로도 종에 대한 본질주의에 의문을 가졌지만, 그는 이 본질주의를 철저히 배격하지는 못했다. 필자들은 지금까지 생명과학자들이 보고해 온 종 본질주의의 문제점을 지적하면서, 종과 관련한 생명현상도 연기와 공의 관점에서 관찰하고 이해해야만 이런 문제점들을 극복할 수 있다고 보인다. 생명계의 종도, 다른 모든 현상과 마찬가지로, 자성을 지닌 것처럼 분별하고 차별해서는 안 되기 때문이다.

다섯째 주제인 'Ⅴ. 유전자'에서는 유전자 개념에 대한 진지한 논의를 진행한다. 먼저 유전자의 개념이 역사상 어떻게 변천해왔는가를 살펴본다. 그리고 분자생명과학이 전제하는 DNA 분자로서의 유전자 개념이 가지고 있는 장단점을 논의한다. DNA 분자들이 생명현상의 모든 것을 결정한다고 보기 때문에 수많은 문제에 직면하고 있는 현재의 유전자 중심 결정론은 연기와 공의 관점에서 수정 보완되거나 새로운 이론으로 교체되어야 한다. 제18장에서는 필자인 유선경 교수가 새로운 유전자 개념을 제시하는데, 제17장의 후반부와 제18장 역시 생명과학철학에 대한 심도 있는 전문적 논의를 전개한다.

여섯째 주제는 'Ⅵ. 진화'로서 여기서는 앞에서 소개한 '진화'의 문제로 돌아와 다시 본격적으로 논의한다. 먼저 진화란 향상이 아니라 변화의 과정이라는 다윈의 주장을 설명하면서 진화에 대한 일반적인 오해를 불식시킨다. 그리고 진화와 관련된 섬세하고 진지한 논의를 전개하면서 다윈이 해결하지 않고 과제로 남겨 놓은 두 가지의 문제를 논의한다. 제20장과 21장은 전문가들의 영역에서 논의를 전개한다. 마지막으로, 불교가 지난 2천 5백 년 동안 어떻게 진화해 왔는가를 보여주면서 이 책의 논의를 마무리한다.

이 책은 필자들이 2016년 가을부터 2018년 여름까지 대한불교진흥원에서 발행하는 월간 『불교문화』에 발표했던 24편의 에세이를 토대로 이루어져 있다. 생명현상에 대한 불교철학적 연구는 세계적으로도 유례가 드물고 또 아직까지 충분히 진지한 논의가 없었기 때문에, 필자들은 지난 1년여 동안 이미 발표된 에세이들을 전면적으로 재검토하고 수정을 거듭하며 가다듬었다. 그래서 각 에세이들의 순서와 내용이 원래 발표된 것들과 다른 곳이 많아졌다.

필자들이 처음 시도했던 연구가 시행착오를 거듭할 수밖에 없었음에도 불구하고 2년 동안 성원을 아끼지 않으신 『불교문화』의 고영인 부장님께 감사드린다. 그리고 유선경 교수가 최종 수정작업에 전념할 수 있도록 재정적으로 지원해 준 미네소타주립대학 맨케이토(Minnesota State University, Mankato) Andreas Research Faculty Award 관계자들에게 감사한다. 특히 이 책의 원고를 기꺼이 받아주시고 출판을 허락하신 운주사 김시열 대표님께 감사드린다. 마지막으로, 부모들이 이 책을 완성하기 위해 3년 이상 함께 토론하며 집필하는 동안 옆에서 밝은 얼굴로 성원해 준 재현과 다현에게 고마움을 전한다.

2020년 1월 미국 미네소타주에서

유선경·홍창성 합장

들어가면서 5

I. 불교로 이해하는 생명과학

1/ 생명현상과 붓다의 가르침   23

   진화의 산물인 생명체 23 | 상호의존적 생명체 24 | 무상한 생명체 25
   본질 없이 공空한 생명체 27 | 공空한 생명체의 의미 29

2/ 불교로 이해하는 생명과학   34

   연기 34 | 무상 38 | 공 40 | 공한 생명체 43

3/ 깨달음과 자비, 그리고 생명현상   45

   깨달음이란 무엇인가 45 | 불자들의 행위의 기준 49
   생명현상과 자비행 52

II. 생명과학과 깨달음

4/ 깨달음, 세계관의 혁명적 변화   61

   토마스 쿤의 과학혁명 62 | 현응스님의 돈오 66 | 생명과학혁명 69

5/ 깨달음과 생명과학 방법론: 환원론에 대한 오해 1 **73**

환원이란 무엇인가 74 | 환원론에 대한 오해 76
미시구조적 환원 81

6/ 깨달음과 생명과학 방법론: 환원론에 대한 오해 2 **85**

환원론에 대한 또 다른 오해 85

III. 개체

7/ 발생의 불교적 이해 1   **99**

발생과 연기 99 | 발생과 생명 105

8/ 발생의 불교적 이해 2   **113**

본질 없이 공空한 배아줄기세포 113

9/ 노화의 불교적 이해   **123**

노화에 대한 오해 123 | 노화는 없다 125 | 노화도 공空 133

10/ 병듦의 불교적 이해   **136**

병이란 무엇인가 137 | 병의 불교적 해석과 극복 142

11 / 죽음의 불교적 이해 1   149

죽음이란 무엇인가 149 | 논리적 개념으로서의 '죽음' 151
세포의 죽음(cell-death or apoptosis) 154 | 죽음과 윤회 161

12 / 죽음의 불교적 이해 2   162

죽음과 나 162 | 생명체들이 죽어야 하는 이유 163
태어나지 않았으니 죽지도 않는다 167
죽음에 대한 불교적 낙관주의 169

IV. 종種(Species)

13 / 종種의 불교적 이해 1   177

종과 본질주의 178 | 다윈의 종과 미완의 반反본질주의 180
종 개념의 문제 183

14 / 종種의 불교적 이해 2   188

동일성을 찾으려는 인간의 집착 188 | 본질에 대한 집착의 연장 194

V. 유전자

15/ 유전자 개념과 그 변천의 역사　　　　　201

　　고정불변한 유전자 203

16/ 유전학에 대한 이분법과 불교적 반론　　211

　　도그마의 붕괴 212 | 유전자의 상실 217 | 이분법적 유전학의 한계 218

17/ 유전자의 불교적 이해 1　　　　　　　223

　　본질 없이 공空한 유전자 224 | 연기하는 유전자 226
　　기능적 속성으로서의 유전자 228
　　실체가 없이 개념으로만 존재하는 유전자 231
　　개별자로서의 유전자 233

18/ 유전자의 불교적 이해 2　　　　　　　234

　　활발발活潑潑한 유전자의 기능과 분자망(molecular net) 235
　　유전자 개별자와 분자 네트워크 239

VI. 진화

19/ 진화란 향상이 아니라 변화의 과정　　249

　　18세기까지 '진화'의 개념 250 | 다윈의 진화 255

20 / 결정론도 아니고 비결정론도 아닌 연기의 과정   260

굴드의 사고실험(thought experiment) 261 | 결정론 264
제약들(constraints) 267 | 철학적 고찰 269

21 / 우연과 필연의 재해석   272

모노의 우연과 필연 273 | 모노의 문제 274
우연과 필연을 넘어 연기로 280

22 / 다윈이 남긴 과제   283

다윈이 남긴 과제 하나 283 | 다윈이 남긴 과제 둘 289

23 / 불교의 진화 1   296

연기 297 | 사성제와 팔정도로 진화한 연기 300
연기로부터 진화한 무상, 무아, 고苦의 삼법인 302
방편方便과 진화 307

24 / 불교의 진화 2   310

남전불교와 북전불교 310 | 연기와 공 312
윤회가 열반이다 314 | 선禪 316 | 현대의 불교 318 | 다시 연기로 322

미주 325

불교로 이해하는 생명과학

¹/ 생명현상과 붓다의 가르침

진화의 산물인 생명체

인간을 포함한 지구의 모든 생명체는 나름의 방식으로 환경에 적응하면서, 어느 하나 예외도 없이 발생하고 생존하며 노화하고 사멸한다. 그러면서 모든 생명체는 번식을 꾀한다. 한 개체의 세포들이 분열하여 새로운 개체인 자식세대를 만들거나, 부모세대의 개체가 자신의 형질 일부를 다음 세대로 유전하며 번식한다. 자식세대의 개체는 그들의 바로 전 세대로부터 독립되어 생성된 개체가 아니며, 그 전 세대 역시 그의 조상세대로부터 전적으로 독립된 존재가 아니다. 모든 개체가 그 조상과 연결되어 있기에 현재 지구상에 존재하는 각각의 생명체는 그 조상이 존재했던 역사를 대변하는 결과물이라고 이해할 수 있다.

개체의 조상이 존재했던 역사란 조상들이 발생-생존-노화-사멸했던 과정과 그 과정이 일어났던 환경과의 상호작용이 모두 기록된 역사다. 그래서 현재 존재하는 개체는 그것의 조상 개체들이 이룬 거대하고 긴 역사의 결과물이다. 따라서 하나의 개체와 그것이 생성하는 생명현상을 올바로 이해하기 위해서는 그 개체에 투영되고 있는 긴 역사를 고려해야 한다. 그런데 여기서 역사란 그 개체가 현재 지구상에 생존하게 된 진화의 역사를 뜻하는 것이 분명하다. 따라서 지구상의 생명체들과 생명현상은 반드시 진화의 역사를 바탕으로 이해되고 설명되어야 한다. 진화유전학자인 씨오도시우스 도브잔스키(1973)는 "진화의 관점으로 비추어보지 않으면 생명과학에서는 아무것도 납득되지 않는다."라고 말했다. 필자들은 이 말이 과학자뿐만 아니라 우리 모두에게 생명현상을 이해하는 올바른 방법을 제시한다고 생각한다.

상호의존적 생명체

현재 생존하는 생명체는 과거의 생명체들이 거쳐 온 진화의 역사에 영향 받으며, 또한 현재의 환경조건과도 독립되어 있지 않다. 여기서 환경이란 한 개체를 둘러싸고 있는 독립적인 지리적 공간이 아니다. 개체와 동떨어진 어떤 특별한 대상도 아니다. 환경은 주어진 개체와 그에 상대되는 개체들과, 이것들 모두가 만드는 자연현상과 이 자연현상과 상호작용하는 수없이 많은 조건들의 집합체라고 이해된다. 그래서 생명체는 다른 생명체들과 그들이 생성한 자연현상과의 상호작용에 의해 영향을 받는다. 어느 생명체도 환경의 조건과 아무 상관없이 독립적으로 존재할 수는 없다.

인간을 포함해 지구상에 존재하는 모든 생명체는 다른 생명체들과 상호의존하며 존재한다. 지구상에 존재했거나 현재 존재하는, 그리고 앞으로 존재할 모든 생명체는 정도의 차이는 있으나 서로 상호의존하며 생성되고 생존하며 노화되고 사멸한다. 상호의존적 생성이라는 양상, 즉 연기緣起는 자연현상을 설명하는 가장 중요한 전제이다.

무상한 생명체

각각의 생명체는 끊임없이 변화한다. 개체를 둘러싼 환경과의 상호작용을 통해서, 그리고 안으로는 개체를 이루고 있는 세포들의 재생과정을 통해 끊임없는 변화를 거친다. 재생이란 오래된 것이 새로운 것으로 교체되는 자연현상이다. 박테리아 같이 세포 안에 핵을 둘러싸는 막(핵막)이 없는 원핵세포로 이루어진 원핵생물이건, 식물이나 동물과 같이 핵막이 있는 진핵세포를 가진 진핵생물이건, 모든 생명체는 그들이 사멸할 때까지 끝없는 변화를 겪는다.

사람의 신체 조직도 예외일 수 없다. 위(stomach)의 오래된 내벽세포는 대략 일주일마다 새로운 내벽세포로 교체되고, 피부세포는 5일에서 길면 2주일마다 새로운 피부세포로 교체된다. 세포들의 재생과정으로 간(liver)은 약 1년에 한 번씩 새로운 세포로 구성된 간으로 거듭나고, 전체 뼈 조직은 십 년에 한 번씩 새로운 뼈 조직으로 교체된다고 보고되었다. 백혈구는 길어도 2주 안에 새로운 백혈구로 교체되고, 적혈구는 거의 4개월에 한 번씩 새로운 적혈구가 만들어진다.

한편 오래전부터 우리의 뇌를 구성하는 신경세포들은 새로운 신경세포들로 교체되는 재생과정을 겪지 않는 유일한 세포들로 생각되었다. 즉 뇌는 인간의 조직에서 유일하게 변화를 겪지 않는 부분으로 여겨졌고, 따라서 뇌의 수명은 인간의 수명과 동일하다고 여겼다. 그러나 몇 년 전부터 진행된 연구에 따르면, 후각을 담당하는 신경세포가 재생된다고 보고되었고, 현재 다른 신경세포들의 재생과정도 연구되고 있다. 그래서 조만간 우리의 뇌를 구성하는 신경세포도 다른 세포와 마찬가지로 재생한다는 사실을 당연하게 받아들일 것으로 예상된다.

이렇듯 모든 세포는 재생과정을 통해 끊임없이 변화하고 있다. 그래서 오늘 현재 우리 몸을 이루고 있는 세포는 일주일 전의 세포와 같지 않고 어제의 세포와도 완전히 동일하지 않다. 또 몇 년 후 우리를 이루고 있을 세포와도 다를 것이다. 이와 같은 생명현상이 오늘의 나와 몇 년 전의 나는 다르고, 또 몇 년 후의 나 또한 다를 것이라는 사실을 우리에게 잘 보여주고 있다.

이제 좀 더 자세히 세포 안을 살펴보자. 세포 안에 있는 대부분

불교로 이해하는 생명과학

의 대사분자는 1~2분마다 새 분자로 교체된다. 또한 세포 안에 있는 유전정보를 담당한다고 알려져 있는 DNA 분자들은 그 세포가 새 세포로 교체될 때 함께 새 DNA 분자들로 교체되고, RNA 분자들은 약 두 시간마다 새로운 RNA 분자들로 교체된다. DNA 를 포함한 모든 분자는 끊임없이 변한다. 오래된 구성원이 새로운 구성원에게 그 자리를 내어 주고 사라지기를 반복하며 세포와 그 구성원은 쉼 없이 변한다.

어제와 오늘의 세포를 구성하는 분자가 같지 않기에, 어제의 세포는 오늘의 그 세포와 동일하지 않다. 세포를 구성하는 분자, 세포, 그리고 세포로 이루어진 조직 모두 끊임없이 변하고 있다. 생명체 어디에도 영구불변하게 머물러 있는 것은 없다. 끊임없이 새로운 구성원으로 교체되는 생명현상에서 어떤 생명체도 1년 전, 1주일 전, 하루 전, 또는 한 시간 전의 생명체와 동일하지 않다. 그들은 끊임없이 변하며 발생-생존-노화-사멸한다. 이렇게 시시각각 변하는 자연현상의 소용돌이에서 그 어느 생명체도 예외 없이 모두 무상하다.

본질 없이 공^空한 생명체

생명체를 살펴보면 안에서는 오래된 물질이 새로운 물질로 끊임없이 교체되고, 밖으로는 다른 개체들과 끊임없이 상호작용하기 때문에, 어느 한 순간에도 동일한 개체로 남아 있지 않다. 어느 생명체도 고정불변의 개체로 남아 있지 않고 항상 변화한다. 그렇다면 생명체를 그 생명체이게끔 해 주는 것, 즉 생명체의 본질은 무엇이며, 어디에 있을까?

기원전 4세기 아리스토텔레스는 본질을 '무엇을 그것이게끔 해 주는 것, 이것 없이는 무엇이 그것일 수 없는 것'으로 정의하며, 모든 생명체 안에 그것을 그것이도록 해 주는 고정불변의 본질적 속성이 있다고 주장했다. 아리스토텔레스가 본질의 개념을 도입해 자연 세계를 설명하기 시작한 이후로 서양인들은 오랫동안 아무 의심 없이 아리스토텔레스식의 본질주의를 받아들여 자연현상을 이해하고 설명해 왔다. 예를 들면 어떤 생명체가 독수리인 것은 그 생명체 안에 독수리의 본질적 속성이 존재하고 있기 때문이다. 독수리의 본질이 존재하지 않는다면 그 생명체는 독수리일 수가 없다. 이렇게 본질주의는 생명체를 생명체 안에 존재하는 고정불변의 본질적 속성으로 규정한다.

한편 사람들은 생명체를 생명체이게끔 해 주는 본질이 그 생명체를 이루는 구성원들의 집합체라고 생각하곤 한다. 예를 들어 몸의 부분들이 모인 전체로서의 호랑이가 호랑이의 본질이라고 보기도 한다. 그렇다면 전체로서의 이 집합체는 고정불변해야만 한다. 본질이 변하면 호랑이가 아니게 되기 때문이다. 그러나 세포를 구성하는 구성원의 끝없는 변화로 인해 생명체를 구성하는 세포가 끊임없이 변하고, 결과적으로 세포로 구성된 생명체의 조

불교로 이해하는 생명과학

직이 변한다. 따라서 생명체를 구성하는 조직들의 집합체도 끊임없이 변한다.

고정불변의 속성을 지녀야 본질로서의 자격이 있는데, 세포를 구성하는 구성원이나 세포, 그리고 조직 모두 시시각각 변하기 때문에 생명체를 이루는 구성원 가운데 그 어느 것도 그대로 남아 있는 것이 없다. 생명체를 아무리 살펴보아도 고정불변의 속성을 지닌 그 어떤 것도 찾을 수 없다. 끊임없이 변하는 생명체는 고정불변의 본질을 갖고 있지 않다.

공空한 생명체의 의미

많은 사람들은 생명체가 끊임없이 변한다는 것은 인정한다. 그러나 그럼에도 불구하고 생명체 안에 신기하게도 또는 요행스럽게도 고정불변한 본질이 있다고 생각한다. 그리고 이런 생각이 수천 년 동안 이어져 내려온 아리스토텔레스식의 본질주의에 입각한 자연현상 설명방식과 일치한다고 여긴다. 그러나 이들의 주장은 어떻게 변하는 생명체 안에 본질적 속성만이 신기하게도 또는 요행스럽게도 고정불변하게 남아 있는지를 증명해야 하는 숙제를 갖고 있다.

아리스토텔레스가 제시한 고정불변한 본질의 존재를 고수해야 한다는 생각은, 모든 생명체와 생명체를 이루는 구성원 어느 것도 예외 없이 모두 무상하다는 사실을 편리하게 잊어야만 가능하다. 무상할 수밖에 없는 생명체 안에서 아리스토텔레스가 추상적인 형이상학으로 주장한 고정불변의 본질을 증명하려는 노력은, 실은 (생명)현상을 사실대로 이해하고 설명해야 하는 (생명)과학의 정신에 위배된다. 생명체의 무상함을 인정하는 필자들은 아리스토텔레스식의 본질주의를 거부한다. 생명계에서 무상하지 않은 생명체나 생명체를 구성하는 부분이 없다는 사실을 받아들이면, 고정불변해야 하는 본질이란 존재할 수 없다는 결론도 쉽게 도출된다.

그런데 이렇게 논리적으로 명확한 결론이 내포하고 있는 의미는 생각보다 심각하다. 특히 생명현상을 이해하고 설명하는 생명과학자들에게는 이러한 결론이 놀라울 정도로 위험한 의미를 내포하고 있다. 왜냐하면 고정불변하는 본질이 존재하지 않는다는 결론은 생명체를 생명체라고 정의할 수 없고 또 확인할 수도 없다는 뜻으로 보이기 때문이다. 이렇게 확인할 길이 없다면 주어진 생명체를 유사한 생명체들의 집단인 동일 종種의 존재를 확인할 수 없고, 그렇다면 다른 생명체와 그 다른 생명체들의 집단으로부터 주어진 종을 구분할 수도 없게 된다. 생명체의 무상함과 고정불변한 본질의 부재로 생명계를 성공적으로 분류했던 그 수많은 종의 존재가 최소한 모호해지거나 또는 사라질 수 있다. 아리스토텔레스식의 본질주의에 대한 의심으로부터 우리 모두가 지금까지 당연히 받아들였던 종의 존재를 재고해야만 하는 상황에 놓이게 된 것이다.

한편 아리스토텔레스는 생명체의 집단이 그 생명체의 본질에 의해 집단으로서의 차이를 지니며, 개개의 생명체 집단은 이러한 차이점으로 자연계에서 존재하는 위치가 달라진다고 이해했다. 똑바로 세워진 사다리와 같은 생명계에서, 제일 밑은 식물이 차지하고 식물 바로 위는 해파리와 갑각류, 그리고 그 위는 곤충 등이 자리한다고 설명했다. 사다리 위로 갈수록 우리가 흔히 생각하는 고등한 동물들이 자리를 차지하고, 사다리의 제일 위에는 당연히 인간이 있다고 믿었다. 이와 같이 아리스토텔레스의 본질주의와 그것에 입각해 자연을 이해하는 방식은 인간이 생명계에서 가장 고등하다는 전제하에 모든 종種들을 하등한 것으로부터 고등한 것으로 '위로 올라가는' 분류체계를 제시했다.

놀랍게도 19세기 초까지 약 2,200년이 지나는 동안 어느 누구도 아리스토텔레스식 자연에 대한 이해 방식에 진지하게 이의를 제기하지 않았다. 이렇게 긴 역사 동안 인류는 아리스토텔레스식의 본질주의를 무조건 받아들였고, 이러한 본질주의의 개념들이 알게 모르게 우리가 사용하는 언어에 깊숙이 뿌리박히게 되었다.

1859년 찰스 다윈이 그의 저서 『종의 기원』에서 아리스토텔레스의 본질주의를 반대하는 논지를 제시했으나, 다윈의 진화론에 대한 대중의 오해와 우리 언어 안에 확고하게 자리잡고 있는 본질주의의 개념들로 인해, 아리스토텔레스식의 본질주의는 다윈의 혁명적인 반反본질주의 시도에도 불구하고 지금까지도 우리 곁에 남아 있다.

이러한 작금의 상황을 고려하며 다시 필자들의 결론으로 돌아가 살펴보자. 생명체의 무상함을 온전히 인정한다면 생명체에 내재하고 있는 고정불변한 본질은 없다는 결론이 논리적으로 분명하다. 우리는 이 결론으로부터 생명체란 고정불변한 본질이 없이 (공하고) 무상한 개체라고 주장한다. 아리스토텔레스식의 고정불변한 본질의 존재를 부정한다.

그러나 위에서도 논의했듯이, 본질주의에 반대함으로써 뒤따르게 되는 여파는 상당히 심각하다. 아리스토텔레스식 본질의 실재를 부정함으로써 생명체를 생명체라 확인하는 것도, 개별화하는 것도 포기해야 할 지경에 이를지도 모른다. 생명체를 개별화할 수 없으면 동일한 생명체의 집단, 즉 종을 구성할 수도 없다. 그렇다면 아리스토텔레스의 본질주의에 기반을 둔 종의 존재도 의심해야 한다. 그리고 아리스토텔레스가 자연계를 이해하는 방식인 하등 생명체와 고등 생명체를 분류하며 '위로 올라가는' 체계에도 반대해야 한다. 이와 같이 우리에게 상식으로 받아들여져 온 본질주의에 대한 반대는 지금까지 우리가 가져온 생명과학 이해의 틀과 설명 방식 체계를 모두 의심해야 한다는 결론으로 이끈다.

필자들은 기원전 4세기에 시작한 본질주의가 더 이상 우리에

불교로 이해하는 생명과학

게 생명현상을 이해하는 올바른 시각을 제공하지 못한다고 생각한다. 그래서 생명과학을 위해서는 아리스토텔레스식 본질주의 틀에서 벗어난 새로운 패러다임이 요구되고 있다고 본다. 필자들은 이러한 탈脫본질주의의 새로운 시각을 불교의 가르침에서 찾는다.

2/ 불교로 이해하는 생명과학

연기

가장 기본적이면서도 중요한 붓다의 가르침이 연기라는 데는 이
견의 여지가 별로 없을 것이다. 붓다가 성도成道 당시 깨달았다는
진리도 바로 이 연기의 법칙이다. 붓다는 연기를 다음과 같이 설
명했다.

이것이 있을 때 저것이 있고,
이것이 일어나며 저것이 일어난다.
이것이 없을 때 저것이 없고,
이것이 소멸하며 저것도 소멸한다.

우주의 삼라만상이 오직 조건에 의해서만 생성, 지속, 소멸한
다. 모든 사물이 조건에 의존해서만(緣) 생겨나기에(起) 연기緣起

라고 한다.

남방 아비달마 계통 학파들은 붓다의 연기법이 '모든 사물과 현상이 원인과 결과를 갖는 인과법칙만을 의미한다'고 주장하기도 한다. 이들에 의하면 연기의 가르침이란 이 세상 어느 것도 인과관계로부터 벗어나 독립적으로 존재할 수 없어서 인과의 그물 안에 잡히지 않는 것은 아무것도 없다는 뜻이다. 자연과학이 발달한 오늘날의 시각에서 본다면 이런 주장이 상식일 수도 있지만, 인과관계를 초월해 존재한다는 신 중심 세계관과 본체론적本體論的 색채가 강한 힌두교적 관점이 풍미하던 붓다 생존 당시에 연기론은 혁명적으로 새로운 견해였다.

그러나 시간이 흐름에 따라 북방 대승불교권에서는 연기가 단지 인과관계뿐만 아니라 상하좌우, 부분과 전체, 시간적 선후, 공간적 관계, 심지어는 사회적 관계 등 모든 관계를 기술하는 포괄적인 개념으로 이해되기 시작한다. 그러면서 결국은 모든 것이 다른 모든 것과 중중무진重重無盡 연결되어 상즉상입相卽相入하고 있다는 화엄의 법계연기로까지 발전한다.

생명과학계에서도 생명현상을 위와 같은 연기의 관점에서 이해해야 한다는 점을 이제 많은 이들이 받아들이고 있다. 지구상에 존재하는 생명체의 생성과 지속, 그리고 소멸은 단지 그것이 가진 유전자의 속성만으로는 설명할 수도 이해할 수도 없다. 예를 들어 이름 모를 잡초 하나도 그 잡초 뿌리로 유입되는 땅속의 자양분과 적당한 햇빛 등 셀 수 없이 많은 여러 환경 조건에 의존하여 생성된다. 땅속 흙의 성분과 습도, 그리고 때로는 지렁이 같은 벌레들의 존재도 잡초의 생성, 지속, 소멸에 지대한 영향을 미치는 환경 조건이다. 그리고 한 잡초의 뿌리는 주위의 다른 잡초의 뿌리와 뒤엉켜 있다. 다른 잡초 또한 그것의 뿌리로 유입되는 땅속의 자양분과 적당한 햇볕 등 환경 조건에 의존하여 생·멸한다.

환경도 그 생명체가 직접적인 접촉을 가지는 부분만 고려한다면 근시안적 이해이다. 위에서 밝혔듯이, 깊은 땅속에는 뿌리들이 뒤엉켜 있어서 직접적인 접촉을 갖지 않는 뿌리라도 얽히고 설키어 결국은 멀리 있는 뿌리와도 연결된다. 그러므로 잡초 하나의 생멸을 이해하고 설명하기 위해서는 주변 환경과 그 잡초의 끊임없는 상호작용뿐만 아니라 나아가 결국 환경 전체를 고려해야 한다. 다시 말해 국부적인 환경조건들뿐만 아니라 포괄적인 환경 전체를 고려해야 잡초 하나의 생멸에 대한 제대로 된 설명과 이해가 가능하다.

이제 우리의 존재로 돌아와 살펴보자. 지구상에 살고 있는 인간은 셀 수 없이 많은 조건에 의존하며 존재한다. 지금의 우리는 부모로부터 형질을 받아 생성되었고, 부모는 또 그들의 부모 세대의 형질로 생성되었다. 그래서 지금의 우리는 우리의 조상과 연결되어 있고, 조상의 존재를 가능하게 했던 그때의 모든 조건

불교로 이해하는 생명과학

과도 연결되어 있다. 우리는 조상의 역사를 가능하게 했던 그 모든 조건에 의존하며, 우리의 생존은 조상의 역사인 그들의 진화 과정에 영향 받았다. 또한 지금 우리의 생존은 공기에서 차지하는 산소의 양과 물, 햇볕과 영양분 등 물리적 지리적 조건에 따라 좌우된다. 모든 생명체는 역사적, 진화적, 생태적 조건에 의존하여 지속된다.

한편 우리의 몸 안을 살펴보자. 우리의 생존은 우리의 몸이 정상적으로 기능을 하는가 그렇지 않은가에 따라 결정된다. 우리의 몸이 정상적으로 기능하기 위해서는 우리 몸을 구성하는 세포의 활동과 세포의 모임인 조직, 그리고 더 나아가 여러 기관이 상호 작용하는 정상적인 기능이 담보되어야 한다.

또한 생태적 조건이 갖추어진 상황에서 우리 몸 안에 공생하는 유익한 세균도 빼놓을 수 없는 조건이다. 우리 피부와 침 안에, 그리고 몸 안의 폐와 위, 내장 소화기관 등에 있는 곰팡이나 세균의 기능을 간과할 수 없다. 최근까지 보고된 바로는 우리 몸 안에서 서식하고 있는 곰팡이나 세균으로 구성된 미생물군계는 최소한 우리 몸을 이루고 있는 세포의 수와 같거나 1.3배 더 많을 수 있다고 한다.[1] 성인의 몸을 이루고 있는 세포의 수가 대략 십조라고 치면, 최소한 십조나 십삼조 개의 미생물이 우리 몸에 서식하고 있다. 그래서 이렇게 우리 몸의 절반가량을 구성하는 미생물의 기능이 상실되어 그 수가 줄어들거나, 또는 그 반대로 우리 몸 안에 미생물군계가 과다하게 커진다면 우리의 생존과 지속에 심각한 영향을 끼치게 된다.

이렇듯 우리의 생존은 세포, 조직, 그리고 기관 간의 상호작용뿐만 아니라 우리 몸 안에 있는 미생물의 생존과도 밀접히 연관되어 있다. 그래서 필자들은 지구상에 존재하는 생명체들의 생멸은 위의 역사적 진화적 생태적 기능적 조건 등 수많은 조건에 의존하여 진행되며, 또 그렇게 이해되고 설명되어야 한다고 주장한다.

무상

붓다는 만물이 무상한 이유는 만물이 연기하기 때문이라고 가르쳤다. 어떤 사물도 독립적으로 존재할 수 없고 오직 조건에 의해서만 생성, 지속, 소멸한다는 것이 연기의 가르침이다. 그런데 그 수많은 조건 가운데 어느 하나라도 변하지 않는 순간이 있을 수 없기에, 모든 사물은 한시도 고정불변하지 않고 언제나 변하는 상태로 있을 수밖에 없다. 그래서 연기로부터 무상이 나온다.

어느 하나의 잡초도 독립적으로 존재하지 않는다. 잡초는 땅 위로는 변화무쌍한 지리적 조건과 기후에 노출되어 변화를 겪고, 땅 밑으로는 다른 잡초들의 뿌리와 벌레들로부터 끊임없이 영향받으며 시시각각 변한다. 수많은 조건에 의존하지 않고 독립적으로 존재하는 잡초는 없으며, 이런 조건들이 변하니 고정불변한 잡초도 없다.

한편 우리의 몸도 끊임없이 변하고 있다. 우리 몸의 표면을 감싸는 피부는 우리 몸 밖에 존재하는 미세 물질과 미생물에 노출되어 있어서 이런 외부 물질이 피부의 모공을 통해 안으로 들어와 피부 세포를 변화시킨다. 이렇듯 외부의 자극에 끊임없이 대응해야 하는 피부 세포는 결코 고정불변하게 머물러 있을 수 없다.

겹겹으로 배열된 피부 세포 아래에 있는 우리 몸 안의 생태를 보아도 고정불변한 것을 찾을 수 없다. 위에서 살펴보았듯이, 수없이 많은 미생물이 우리 몸 안에 공생한다. 우리의 생존이 미생물의 존재에 지속적으로 의존하고, 우리 몸의 많은 기관이 미생물의 존재에 대응하며 기능한다. 몸 안의 조직과 기관도 그것을 구성하는 세포의 재생주기에 따라 쉼 없이 변한다. 그런 세포를 구성하는 대사분자와 유전물질도 그들의 재생주기에 따라 끊임없이 변한다. 생명체 그 어디에도 고정불변하게 머물러 있는 것은 없다. 우리를 포함해서 지구상에 존재하는 모든 생명체는 위에서 살펴본 많은 조건에 의존하며 쉼 없이 변하고 있다.

그런데 조건들로부터 어떠한 영향도 받지 않고 독립적으로 존재하는 생명체가 있을 수 있을까? 다시 말해 연기의 그물로부터 벗어나 있는 고정불변한 생명체의 존재가 가능한가? 서양 종교의 신이나 바라문교 또는 힌두교의 브라만과 아뜨만 같은 존재자들이 있다면 그들은 아무런 조건의 영향도 받지 않으므로 영원불변할 수 있겠다. 그러나 붓다는 연기법이 적용되지 않는 그런 존재자들의 존재를 인정하지 않았다. 우리의 생명과학도 조건에 의존하지 않고 독립적으로 실재實在하는 생명체의 존재를 인정하지 않는다. 그런 생명현상은 실제로 과학의 설명 대상이 될 수도 없다. 불교와 마찬가지로 생명과학은 모든 생명체가 무상하다고 본다.

공

대승불교에서는 우주 삼라만상이 모두 공하다고 가르치는데, 나가르주나가 밝혔듯이 이 공의 가르침은 연기의 가르침과 같다. 연기법에 의하면 그 어떤 존재자도 조건으로부터 독립해 스스로 존재할 수 없다. 즉 불교에서는 독립적으로 존재하는 실체實體란 존재하지 않는다고 본다. 그런데 어떤 존재자도 그 스스로 존재하지도 못하는 상태에서 그것 스스로를 고유하게 만들어 주는 어떤 본질적 속성(自性, svabhāva)을 소유할 수는 없다. 따라서 모든 것은 본질을 결여하고 있다. 삼라만상 모두가 본질이 없이 공하다. 그리고 한 걸음 더 나아가 성찰해 보면, 그 본질적 속성이라는 것도, 만약 그런 것이 존재한다고 해도 그것 자체가 그것을 생성, 지속, 소멸시키는 조건으로부터 독립되어 스스로 존재한다고 볼 이유가 없다. 그래서 결국 불교에서는 모든 사물과 모든 속성

불교로 이해하는 생명과학

이 근본적으로 공하다고 본다.

지구상에 존재하는 모든 생명체의 존재 양식이 본질이 결여되어 공하다는 사실은 많이들 이해하고 동의한다. 그럼에도 불구하고 우리는 개개인이 여느 생명체들과 같이 본질이 없이 공하게 존재한다는 사실은 쉽게 받아들이지 못하는 것 같다. 우리가 성장하고 자라면서 우리의 몸이 변하더라도 우리를 이루고 있는 유전자는 고정불변하다고 믿고 있다. 그래서 우리는 우리 스스로를 고유하게 만들어 주는 본질을 가지고 존재한다고 생각하는 듯하다. 그러나 이것은 잘못된 생각이다.

생명과학의 역사를 살펴보면, 유전자는 부모의 특성을 자식에게 전달하는 인자로서 고정불변하다고 간주되어 왔다. 1953년 DNA 분자의 이중 나선형 다발의 발견으로 고정불변한 유전자는 바로 DNA 분자라고 받아들여졌다. 그 이후로 생명과학자들은 DNA 분자의 배열에 고정불변한 유전정보가 저장되어 있고 DNA 분자의 배열은 변하지 않는다고 믿어 왔다. 이렇게 변하지 않는 DNA 분자라는 물질이 몸 안에 있어서 우리 몸의 모든 부분이 변하더라도 우리는 고정불변의 본질적 속성을 가진 생명체라고 생각하곤 한다.

생태계 안에서 사물이 고정불변하다는 뜻은 그 사물에 내재된 어떤 것도 변하지 않으며 그 사물이 차지하는 생태계 안에서의 위치에도 변화가 없다는 의미를 가진다. 그래서 DNA 분자의 다발이 우리를 정의定義하는 본질이라면 DNA 다발을 이루는 분자들과 그들의 배열에 어떤 변화도 있으면 안 될 것이다. 만약 DNA 다발이 변화를 겪게 된다면, 이러한 변화는 우리 스스로를 고유하게 만들어 주는 본질적 속성을 변화시키는 사건으로 우리에게 절대로 유익하거나 바람직하지 않다고 여길 것이다.

그래서 변화된 DNA 다발을 초래하는 이러한 변이를 우리는 보통 '돌연변이'라고 지칭하며, 마치 일어나지 말아야 할 변화가 일어난 것으로 간주하곤 한다. 그러나 DNA 분자의 다발도 생명계에 존재하는 여느 사물과 마찬가지로 무상하다는 점을 과학적으로 증명할 수 있다. 따라서 우리는 DNA 분자 다발에 변화가 생기는 일은 실은 언제나 일어날 수 있는 정상적인 사건이라고 인식할 필요가 있다. 부정적 의미를 지니고 있는 '돌연변이'의 개념을 그저 늘 일어나는 '변이'로 새롭게 이해해야 한다.

'돌연변이'라고 생각했던 DNA 분자의 다발에 일어나는 변이 (mutations)를 좀 더 살펴보자. DNA 이중 나선형 다발을 유지하는 수소 분자의 결합이 변하면 DNA 분자의 이중 나선형 배열이 변하게 된다. 또 이로 인해 DNA 다발의 구성원인 염기들 중 어떤 염기가 제거되거나 혹은 엉뚱한 곳에 위치하게 되어 이중 나선형 다발의 모양을 변하게 한다. 그리고 자외선이나 화학물질에 노출되거나 유해한 물질을 섭취했을 때도 DNA 분자의 다발에 변화가 생긴다. 한편 노화 등의 원인으로 DNA 분자의 연속배열의 길

불교로 이해하는 생명과학

이가 짧아지기도 한다. 다시 말하면 DNA 분자의 연속배열 끝에 위치한 특별한 조합의 분자들(telomeres)이 시간이 지나면서 점점 없어져 DNA 분자의 배열이나 길이가 줄어들게 된다.

이렇듯 우리가 알 수 없는 수많은 요인이 수시로 일어나 DNA 분자 다발에 끊임없는 변이가 생긴다. 이런 '돌연변이'는 환경의 조건에 대응하여 쉼 없이 일어나는 정상적인 사건들이다. '돌연변이'는 늘 일어나는, 그리고 (앞으로 상세히 논의하게 되겠지만) 또 일어나야만 하는 생명현상이다.

고정불변의 속성을 지니고 있을 것이라고 믿었던 DNA 분자의 다발이 사실은 환경의 변화에 따라 수시로 변하고 있다. 그래서 DNA 분자의 다발은 그 스스로를 고유한 DNA 분자의 다발로 규정하는 본질적 속성을 지닐 수 없다. 다시 말해 DNA 분자의 다발은 본질이 없이 공하게 존재한다. DNA 분자의 다발이 공하기 때문에 그것은 우리를 우리이게끔 만들어 주는 고유한 본질이 될 수 없다. 지구상에 존재하는 여느 생명체와 마찬가지로 우리도 본질이 결여된 공한 상태로 존재한다.

공한 생명체

생명체의 생성과 지속, 그리고 소멸은 역사적 생태적 기능적 조건을 포함한 많은 조건에 의존하여 진행된다. 수없이 많은 조건과 상호작용하며 끊임없이 변하는 생명체는 무상하다. 무상한 생명체 안 그 어디에도 생명체를 그 생명체이게끔 해 주는 고정불변한 본질적 속성은 없다. 지구상의 모든 생명체는 공하게 존재한다. 연기에 의해 무상한 생명체는 조건에 의존하고 그것들과 상호작용하며 끊임없이 변하는 존재이다. 이 변화무쌍한 생명체는 생태계에 실제로 존재하지만 본질적 속성을 지니고 독립적으로 존재하는 어떤 것, 즉 실체로서 존재하지는 않는다.

불교로 이해하는 생명과학

^{3/} 깨달음과 자비, 그리고 생명현상[2]

모든 불자는 깨달음을 얻어 열반에 들기를 염원한다. 깨달음과 열반은 단지 개인 차원의 목표로 남아 있지 않는다. 불자는 모든 중생의 깨달음과 열반의 성취를 돕기 위한 자비를 행해야 하기 때문이다. 자비행이 인류사회와 생태계 전체의 보전에 유리하다는 점은 여러 생명과학 현상이 뒷받침해 보여준다.

깨달음이란 무엇인가

필자들은 깨달음에는 철학적 깨달음과 열반적 깨달음이 있다고 본다. 먼저 철학적 깨달음에 대해 살펴보겠다. '붓다'라고 불리는 고타마 싯다르타는 진리를 깨달았기에 붓다가 되었다. 여기서 그가 깨달은 진리란 세계와 그 안에서의 우리의 삶에 대한 진리였다. 그가 보리수 아래서 성도할 당시 깨달았다는 진리는 연기법이라고 전해지며, 그 연기법에 대한 깨달음이 그에게 '깨달은 자'

라는 뜻으로서의 '붓다'라는 칭호를 가져다주었다.

연기란 모든 사물이 조건에 따라 생성, 지속, 소멸한다는 통찰인데, 이 가르침은 대승불교의 공 사상으로 이어져 그 깊이를 더해 왔다. 삼라만상 모든 것이 조건에 의해서만 생멸하므로 아무것도 독립적으로 존재할 수 없다. 스스로 존재할 수 없으니 그 스스로를 스스로이게끔 해 주는 어떤 고유한 속성, 즉 본질 또는 자성은 존재하지 않는다. 만약 자성이 존재한다면 그것은 독립적 존재이어야 할 텐데, 그러면 이는 연기법에 어긋나게 되고 만다. 그러므로 모든 것이 본질을 결여한 채로 존재한다. 이런 의미에서 모든 것은 공하다.

인도불교에서는 공을 '본질을 결여하는'이라는, 논리적으로 부정적인 개념으로 접근했지만, 동아시아 대승 전통에서는 '공을 이해함'을 '사물을 관계와 변화의 관점에서 보는 것'으로 해석하기도 한다. 그래서 공을 오히려 긍정적인 개념으로 이해하고 받아들이기도 한다. 모든 사물이 모든 사물과 서로 맞물려 존재하며 서로 철저히 삼투하고 있다고까지 주장하는 법계연기설에 이르러서는 공 사상의 긍정적 해석이 그 절정에 이르게 된다. 그래서 철학적 깨달음이란 결국 변화와 관계의 관점으로, 즉 연기와 공의 관점으로 삶과 세계를 조망하고 이해함을 뜻한다. 삶과 존재 세계 전체를 변화와 관계의 관점으로, 즉 상호연관성의 시각에서 파악하는 것이 철학적 깨달음에서 가장 중요하다.

불교로 이해하는 생명과학

여기서 우리가 주목해야 할 의문이 있다. 이런 진리를 깨달으면 과연 누구나 붓다가 되는가? 적절한 교육을 받은 사람이라면 누구나 큰 어려움 없이 연기와 공을 이해할 수 있을 것이다. 그렇다면 누군가 불교 교리 책을 한 권 읽고 이해해서 붓다의 연기법과 공 사상을 나름대로 설명할 수 있을 정도가 된다면 그는 깨달음을 이루었다고 보아야 할까? 필자들은 그렇지 않다고 생각한다. 왜냐하면 깨달음은 열반적 측면도 포함하고 있어서 그가 '열반적 깨달음'까지 이루지 못하면 진정한 깨달음을 성취했다고 볼 수 없기 때문이다.

온전한 깨달음을 위해서는 진리 자체에 대한 깨달음만으로는 부족하다. 이 진리를 완전히 내면화해서 삶과 세계를 바라보는 우리의 관점을 철저히 바꾸어야만 붓다라고 할 수 있을 것이다. 그러나 실은 진리의 이해와 그에 따른 세계관의 내면화로도 붓다가 되기에는 부족할지도 모른다. 왜냐하면 우리는 심리적으로도 고뇌로부터 완전히 벗어날 수 있는 품성이 완성되어야 비로소 붓다가 된다고 생각하기 때문이다. 다시 말해 번뇌의 불길이 꺼져서 고뇌로부터 벗어난 상태, 즉 열반에 들 수 있어야 붓다라고 칭해질 수 있겠다. 어떤 이가 아무리 총명하고 모든 사물을 연기와 공의 이치에 따라 파악하더라도 그가 고뇌로부터 벗어나지 못하고 있다면 우리는 그를 깨달은 자라고 인정해 줄 수 없기 때문이다.

불교 초기에는 깨달음이 인식적 차원에서의 성취만을 지칭했던 것 같다. 우리가 '열반적 깨달음'이라고 부르는 것과 같이 도덕적 훈련과 정신적 수양으로 이루어지는 깨달음은 깨달음이 아니라 열반으로 이해되었다. 그러나 우리는 지난 여러 세기 동안 '깨달음'의 개념이 열반으로까지 확장되어 결국 그것까지 포함하게 되었다는 점을 부정할 수 없다고 생각한다. 모든 붓다는 깨달은 자이고 그들이 모두 열반에 들어 있어서 '깨달음'이라는 개념을 '열반'의 개념과 분리하여 생각할 수 없게 된 것이다. 그래서 이제는 누군가가 고뇌로부터 자유롭지 못하는 한 그를 깨달은 자로 간주할 수 없게 되었다.

진정으로 깨달은 자라면 철학적으로 깨달아야 할 뿐만 아니라 모든 고뇌로부터도 영원히 자유로워야 한다고 생각한다. 그는 탐진치 삼독을 완전히 제거했고 다시는 그것들이 생겨날 수 없게 한다. 또 그는 팔정도와 그밖에 붓다가 가르친 계율들을 아무런 힘든 노력 없이도 자연스럽게 따른다. 따라서 깨달음이란 단지 지적知的인 성취의 문제일 수가 없다. 고뇌로부터 해방되어 있을 수 있도록 심신이 만들어져야 한다는 다른 종류의 깨달음도 반드시 달성되어야 한다. 필자들은 이런 종류의 깨달음을 '열반적 깨달음'으로 부른다.

불교로 이해하는 생명과학

불자들의 행위의 기준

깨달음은 철학적 이해로서의 깨달음뿐만 아니라 열반적 깨달음도 포함하는 것으로 받아들여져야 하므로, 본서의 나머지 부분에서는 '깨달음'을 열반적 깨달음까지 포함하는 개념으로 사용하기로 하겠다.

깨달음은 모든 불교도에게 가장 중요한 목표다. 불자는 깨달음을 얻었을 때 모든 고뇌에서 자유로워지는 열반의 길이 열린다고 믿는다. 모든 경전 공부와 명상 수행은 깨달음으로 열반을 얻는 방향으로 이루어진다. 깨달음과 깨달음이 이끄는 열반은 모든 불교도에게 결코 양보할 수 없는 목표다. 그런데 우리는 살아있는 모든 순간순간 선택하고 행위한다. 생물학적 본능에 의해 하는 행동(behavior)뿐 아니라 우리의 의지가 들어가는 행위(action)를 하게 된다. 아무런 행동도 하지 않을 경우라도 실은 행동하지 않으려는 의지가 들어가서 그렇게 되는 것이니 일종의 행위에 해당된다. 결국 우리는 깨어 있는 동안 행위하지 않을 수 없다. 그래서 끊임없이 행위하며 살아가는 우리에게는 삶의 순간순간 우리가 해야 하는 각각의 행위를 규제하고 인도해 줄 어떤 원리가 필요하다.

불자의 모든 행위를 규정하는 원리와 깨달음의 성취라는 서원은 떼려야 뗄 수 없이 연결되어 있는 것이 당연하다. 그래서 만약 불교에서 우리가 어떤 사건이나 행위를 평가할 기준 또는 원리가 있다면, 그것은 그것들이 깨달음과 깨달음이 이끄는 열반을 산출하는 데 (얼마나) 기여하는가, 아니면 그것에 (얼마나) 역행하는가일 것이다. 필자들은 다음을 우리의 행위에 대한 '깨달음 산출의 원리'로서 제안한다.

(어떤 사건 또는 행위가 깨달음의 산출에 기여한다)
↔ (그것이 좋다/옳다);
(어떤 사건 또는 행위가 깨달음의 산출에 역행한다)
↔ (그것이 나쁘다/그르다)

몇 가지 예를 들어 이 원리를 설명해 보겠다. 고통과 고뇌는 그것이 깨달음과 깨달음이 포함하는 열반으로의 길에 방해가 되기 때문에 나쁘다. 탐욕, 분노, 그리고 어리석음은 깨달음을 가로막기 때문에 나쁘다. 참선 수행은 깨달음을 산출해 열반에 들게 하는 데 많이 기여하기 때문에 좋다. 다른 사람들에게 거친 말을 쓰는 것은 그런 언어가 그들에게 고통을 야기하고, 그들의 고통은 그들의 깨달음을 산출하는 데 역행하기 때문에 그른 행위다. 사람을 죽이는 것은 그 사람의 죽음이 그의 깨달음의 가능성을 없애 버리는 것이기 때문에 그르다. 전쟁터에서 부상당한 적병까지 치료해 주는 행위는 그들의 회복이 그들의 깨달음을 산출하는 데 도움이 되기 때문에 옳은 일이다. 사회의 부富를 사람들에게 공

불교로 이해하는 생명과학

평하게 분배하는 것은 그것이 사람들의 깨달음을 산출하는 데 기여하기 때문에 옳다. 그밖에 무수히 많은 예를 더 들 수 있다.

필자들은 깨달음 산출의 원리를 모든 불자의 행위의 기준으로 제안한다. 불교에서는 모든 사건과 행위가 모두의 깨달음을 산출하는 데 얼마나 기여하느냐에 따라 평가되고 그 의미와 가치가 주어져야 되기 때문이다. 대승의 불자는 모든 유정물有情物이 그들의 고통을 제거하려고 애쓰며, 또 그들이 깨달음을 얻음으로써 고통으로부터 자유로워질 수 있다고 믿고 받아들일 것이다. 그리고 불자는 모든 고통을 없애고자 하는 그 누구에게도 실제로 열반을 포함하는 깨달음이 궁극적 목표이며, 또 그 누구의 궁극적 목표로서의 깨달음도 다른 모든 사람들에게 언제나 인정되고 존중되어야 한다고 생각할 것이다. 그래서 불자라면 깨달음 산출의 원리가 모든 유정물에게 보편적으로, 그리고 차별 없이 적용되어야 한다고 생각할 것이다. 그러므로 불자에게는 모든 유정물의 깨달음에 기여하는 방식으로 행위하는 것이 언제나 좋고 옳다. 그리고 깨달음 산출의 원리가 모든 유정물에게 보편적으로 적용되기 때문에, 불자는 자신뿐 아니라 다른 모든 고통받는 중생의 깨달음에 기여하기 위해 모든 고통의 제거를 목표로 받아들여야 한다.

지금까지의 논의를 정리하자면 다음과 같다.

① 불자는 연기의 진리와 모든 유정물이 연결되어 있음을 이

해하고 받아들인다.

② 불자는 깨달음 산출의 원리와 그것이 보편적으로 적용됨을 이해하고 받아들인다.

③ 모든 불자는 자신뿐 아니라 다른 이들의 깨달음을 산출하는 데 기여하는 일을 함이 좋고 옳다고 이해하고 받아들인다.

④ 그러므로 모든 불자는 자비행을 실천해야 한다.

불자라면 깨어 있는 모든 순간순간 그의 행위의 기준이 깨달음 산출의 원리에 타당할 수 있도록 행위해야 할 것이다. 그래서 우리는 깨달음 산출의 원리가 받아들여지는 불자의 세계에서는 모든 불자가 끊임없이 자비행을 실천해 나가야 한다고 믿는다. 불자에게 자비행은 선택사항이 아니라 불자로 남아 있기 위해 필연적으로 요구되는 당위當爲이다.

생명현상과 자비행

많은 이들이 '모든 생명현상이 생태계의 균형을 유지하는 방식으로 진행되고 있다'는 점에 주목해 왔다. 필자들은 여기서 한 걸음 더 나아가 생태계의 구성원들이 생태계의 유지에 직간접적으로 기여하고 있다는 사실을 생명현상에서 나타나는 일반적인 자비 현상으로 해석해야 한다고 생각한다.

어떤 종種이나 집단 내에서 특정한 개체들은 자신의 존속과 번식에 앞서 집단 내의 다른 개체들의 이익을 향상시키는 방향으로 행동한다. 한편 어떤 개체는 그들과 다른 집단이나 타종의 존속과 번식에 기여하는 방향으로 행동하기도 한다. 이렇게 생명체 집단이 자연스럽게 보이는 이타적 행동은 생명현상에서 나타나는 자비행으로 설명할 수 있다.

예를 들어 어류나 영장류, 그리고 조류의 집단에서 부모가 아닌 다른 개체가 그 부모의 새끼를 돌보아 준다. 새끼를 깐 부모 새의 양육에 많은 새들이 '도우미' 역할을 한다는 사실이 관찰되었다. 새끼를 깐 부모 새 주위에 서식하는 새들은 이들의 새끼 새에게 먹이를 갖다 주거나 둥지를 지키며 새끼를 위험으로부터 보호하는 등 그들 부모가 하는 양육을 도와준다.[3] 또 야생 뱀파이어 박쥐는 밤에 먹이를 찾지 못한 박쥐가 굶어죽지 않게 먹이를 취한 박쥐가 자신이 먹은 피를 토해내어 배고픈 박쥐에게 준다.[4] 그리고 아프리카에 서식하는 버벳 원숭이집단에서는 적이 나타나면 여러 원숭이들이 경보음을 내서 다른 원숭이들에게 적의 존재를 알린다. 경보음을 내는 원숭이들은 당연히 적에게 노출되어 위험에 처해져 죽을 수도 있는데도 불구하고 다른 원숭이들을 살리기 위해 이러한 이타적 행동을 한다. 한편 침팬지나 개는 부모 잃은 고양이, 오리, 다람쥐, 그리고 때로는 호랑이 새끼 같은 다른 종의 개체를 입양하여 키우기도 한다. 이러한 이타적 행동은 긴 시간에 걸쳐 반복적으로 일어나며, 결국은 이타적 행동을 하는 개체의 집단 전체와 더 나아가 다른 집단의 번식을 향상시키는 결과를 가져온다.

그런데 흥미롭게도 이타적 행동의 예들은 해석하는 이에 따라 순수한 이타적 행동이 아닐 수도 있다는 이견도 있다. 한 집단 안에서나 친족 안에서 이타적 행동을 하는 개체는 그들의 생존과 번식에는 직접적으로 불이익이지만, 그들이 속한 집단이나 친족 집단이 그들의 유전자를 공유하고 있기 때문에 집단의 이익을 증진시키는 것은 간접적으로 그들 개체의 번식을 증진시키는 행동이라고 해석한다.[5] 한편 이런 이타적 행동은 그 행동의 수혜자들이 언젠가 그 개체에게 같은 방식의 이타적 행동을 할 것이기에 그 개체가 현재 이와 같은 이타적 행동을 한다고 해석할 수도 있다.[6] 이러한 해석들은 우리가 흔히 생각하는 '나의 이익보다 다른 이들의 이익에 공헌하는 행위'라는 이타주의에 대한 해석과 잘 맞지 않는다.

이와 같이 많은 이들이 자연 세계에서 나타나는 이타주의 현상에 대해 만족스러운 설명을 제시하지 못하고 여전히 논쟁 중이다. 필자들은 그 이유가 개체중심적인 이타적 행동의 정의定義에 근거하여 자연 세계의 비非개체적인 이타주의적 현상을 이해하려 하기 때문이라고 생각한다. 이타적 행동이 개체에게는 이롭지 않고 대신 다른 개체들, 즉 집단의 이익을 증진시켜 주는 행동이라고 생각하는 개체적 입장에서 출발하기 때문에, 우리에게는 왜

불교로 이해하는 생명과학

어떤 개체는 이런 이득 없는 행동을 할까라는 의문이 드는 것이다. 그리고 이타적 행동을 하는 개체와 수혜만 받는 이기적 개체와의 갈등을 어떻게 조절해야 하는가라는 문제도 풀어야만 할 과제라고 생각하게 된다.

개체로서가 아니라 집단이나 종의 입장에서 출발해서 생각한다면, 이러한 개체의 이타적 행동은 집단이나 종의 존속과 번식을 위해서는 모두가 당연히 행해야 할 행동이다. 이렇게 본다면 이타적 행동이 바로 자연스러운 행동이고, 이기적 행동이 오히려 자연을 거스르는 행동이다. 한편 자연계에서 일어나는 이타적 행동이 언제나 집단 내 이타적 개체와 이기적 개체 사이에 갈등을 불러왔다면, 아마도 이러한 이타적 현상은 진화의 기나긴 역사 속에서 이미 오래전에 사라졌거나, 아니면 어느 한때 나타나는 아주 드물고 우연한 현상으로만 관찰될 것이다. 그러나 자연에서 나타나는 이타주의 현상은 전혀 드물지 않고 또 비정상적인 현상도 아니다.

붓다의 무아론無我論과 연기법 및 공 사상에 의하면, 그 어떤 존재자도 독립적으로 존재하지 않고 모든 사물이 다른 사물과 서로 맞물려 존재하니 그 어느 것도 실체와 본질이 없어 공하다. 그래서 삼라만상에 독립적으로 존재하는 개인이나 개체는 없다. 우리가 붓다의 가르침이 존재 세계 전체에 대한 진리를 반영하고 있음을 상기한다면, 개인주의나 개체를 중심으로 자연계의 이타주의 현상을 해석하려는 서구적(Western) 시도는 처음부터 출발이 잘못되었다고 판단해야 한다.

더욱이 연기와 공에 대한 붓다의 가르침은 독립적으로 존재하는 집단 또한 존재하지 않으며, 더 나아가 독립적으로 존재하는 종種도 존재하지 않는다는 점을 함축한다. 집단과 종은 단지 우리의 편리를 위해 만든 개념일 뿐, 실제로는 실체나 본질이 없이 공하다. 따라서 자신이 속한 어느 집단만을 중심으로 하는 집단의식 또는 어느 하나의 종만이 우월하다는 종 우월주의는 근거가 없어서 사라지게 되는 것이 자연스럽다. 개인, 집단, 혈족, 종 등은 그 스스로 독립적으로 존재하지 않고 모두 서로 맞물려 존재하며 중생계를 이룬다. 따라서 개인의 이기심이나 혈연, 집단, 인간이라는 종의 이기심을 넘어 중생계의 이익을 증진시키는 방향으로 행동함이 자연스럽고 옳다.

생명과학은 자연 세계의 모든 생명현상이 실제로는 생태계의 균형을 유지하는 방향으로 진행된다고 확인하고 있다. 자연스러운 생명현상은 모두 생태계의 유지를 위해 기여하는 일종의 이타적 행동으로, 즉 자비행으로 해석할 수 있다. 다시 말해 중생계의 입장에서 본다면 생태계 전체의 보전을 증진하는 데 공헌하는 행동을 하는 것이 자연스럽고, 이것을 이타적인 자비행이라 칭할만하다. 그래서 자유의지를 가졌다고 자부하는 인간도 자연의 일부인 이상 생태계 보전에 기여하는 방식으로, 즉 이타적으로 행위

불교로 이해하는 생명과학

함이 마땅하며, 이것이 인간이 자연 세계에 대해 자비를 행해야
할 당위의 근거이다.

II

생명과학과 깨달음

^{4/} 깨달음, 세계관의 혁명적 변화

현응스님은 그의 저서 『깨달음과 역사』[7]에서 이미 1980년대부터 선문禪門에서 말하는 올바른 깨달음 또는 깨침인 돈오頓悟에 대해 새로운 해석을 제시하고 있다. 전통적으로 돈오란 깨달음이 순간적으로 갑작스레 일어남을 뜻하는 것으로서, 이것은 어떤 섬광 같은 직관으로 체험되는 것으로 받아들여졌다. 즉 돈오란 논리적 사고나 과학적 또는 언어적 방법으로 점차적으로 깨닫게 되는 깨우침을 일컫는 것이 아니라고 여겨져 왔다. 그런데 현응스님은 깨달음이 점진적으로 이루어지는 것이 아님을 받아들이면서 돈오를 '혁명적 깨달음'으로 해석한다.

'혁명적 깨달음'에서 '혁명'이란 20세기 미국 과학철학자 토마스 쿤이 그의 저서 『과학혁명의 구조』[8]에서 제시하는 '과학혁명'에서의 혁명 같은 것으로 이해해야 한다. 현응스님에 의하면, 과학의 역사에서 일어난 지구 중심의 우주관인 천동설

(geocentrism)에서 태양 중심의 우주관인 지동설(heliocentrism)로 바뀌는 혁명적 변화와 같이, '돈오'란 깨달음 이전의 믿음 체계와 가치관이 깨달음 이후 전적으로 다른 세계관으로 교체되는 '혁명적 깨달음'을 의미한다. 그리고 모든 진정한 깨달음은 혁명적 깨달음일 수밖에 없다고 말한다. 이번 장에서는 불교에서의 깨달음과 과학혁명이 가진 구조적 동일성을 논의하는 것을 목표로 한다.

토마스 쿤의 과학혁명

천문학에서 천동설이 지동설로 교체된 예를 통해 토마스 쿤이 『과학혁명의 구조』에서 전개하는 '과학혁명'에 대한 설명을 살펴보기로 하자. 기원후 2세기 클라우디우스 톨레미(프톨레마이오스)는 기원전 4세기 아리스토텔레스가 천체를 관찰하고 이해했던 시각을 바탕으로 천동설을 체계적으로 주장했다. 우리가 사는 지구는 정지해 있고 우주의 중심에 자리한다. 정지한 지구를 중심으로 행성인 달, 수성, 금성, 태양, 화성, 목성, 토성이 순서대로 각각 동심원을 그리며 공전한다. 지구를 중심으로 한 천동설에 기반을 둔 우주관과 세계관은 이 이후 과학적으로 점점 더 체계화되었고, 이러한 과학체계를 확증하는 자료들이 귀납적 방법을 통해 모아지면서 천동설에 대한 과학지식이 축적되었다. 천동설 과학체계와 세계관의 황금기가 시작된 것이다.

이 시기에는 천동설 과학체계에 반대되는 이론이나 반증 가능성이 있는 새로운 정보가 나타나도 기존의 과학체계를 믿는 과학자들의 관심을 끌지 못했다. 과학자들은 천동설이라는 세계관 안에서 이런 반대이론이나 새로운 정보를 해석 내지 재해석하려고 애쓰며 기존의 과학체계가 옳다는 점을 확인하려 힘썼다. 짧게는 1,400년에서 길게는 2,000년이란 긴 시간 동안 천동설은 과학자 집단은 물론 일반 사람들의 생활 곳곳을 차지하는 세계관으로 자리매김해 갔다. 인간은 만물의 영장이며 신의 은총과 섭리가 발현되는 유일한 생명체로서, 인간이 사는 지구가 우주의 중심이라는 것은 누구나 의심 없이 받아들일 수 있는 논리였다.

그러나 16~17세기에 이르러 일군의 유럽 과학자에 의해 제기되기 시작한 변칙적 정보(anomalies)의 출현은 기존의 천동설 과학체계의 설득력에 의문을 제기했다. 니콜라우스 코페르니쿠스를 시작으로 티코 브라헤, 요하네스 케플러, 조르다노 브루노, 그리고 갈릴레오 갈릴레이 등 여러 과학자와 철학자에 의해 이루어진 이론적 사고와 갈릴레이의 망원경을 통해 이룩한 경험적 관찰로 우주의 중심이 지구가 아니라 태양이며, 지구는 다른 행성들과 마찬가지로 태양을 중심으로 공전한다는 이론이 제기되었다. 지구가 우주의 중심이 아니고 여느 행성들 가운데 하나일 뿐이라는 이 이론은 당시로서는 가히 혁명적인 주장이 아닐 수 없었다. 또한 행성이 태양을 중심으로 공전하는데, 이때 그 궤도가 톨레미의 주장처럼 완벽한 동심원이 아니고 실제로는 타원을 그리며 공전한다고도 주장되었다. 이러한 관찰과 이론의 출현은 천동설을 밑받침하고 있던 기본적인 이론들을 공격했고, 천동설은 이러한 공격으로부터 스스로를 방어할 수 없는 지경에까지 이르렀다.

결국 기존의 천동설이 가진 믿음 체계나 가치관과는 전적으로 다른 새로운 과학체계인 지동설로 교체되는 전면적이고 혁명적인 변화가 일어난다. 새로운 정보나 반론을 문제없이 포용하고 설명할 수 있는 과학체계이자 세계관인 지동설의 시대가 시작된 것이다. 이와 같은 일련의 혁명적 변화과정이 쿤이 주장하는 패러다임 교체(paradigm shift)이다. 천동설에서 지동설로 교체되는 혁명적 과정을 통한 과학의 발전은 기존의 점진적 과학 지식의 축적으로는 이루어지지 않는다. 과학의 발전은 세계관의 혁명적인 전환으로만 가능하다.

한편 쿤에 의하면, 천동설을 구성했던 여러 개념은 과학혁명 이후 대부분 사라졌거나 아니면 새로운 과학체계 안에서 그 뜻이 바뀌게 되었다. 예를 들면 과학혁명 이전 '행성'은 지구를 중심으로 공전하는 하나의 천체를 의미했다. 그러나 과학혁명 이후 지동설의 체계에서 동음同音의 '행성'은 지구를 중심으로 공전하는 것이 아니라 태양을 중심으로 도는 하나의 천체라는 새로운 뜻을 갖게 된다.

또한 물리학에서 관성(inertia) 개념의 대두와 변화도 살펴볼 가치가 있다. 서양에서는 오랫동안 아리스토텔레스가 "움직이는 모든 것은 다른 것에 의해 움직여진다." 또 "모든 움직임에는 원인이 요구된다."라고 말한 것과 같이 원인 없는 움직임은 없다는 견해가 널리 퍼져 있었다. 특히 사물이 움직인다는 것을 사물의 변화와 움직임을 초래하는 능동인能動因과 사물에 내재하는 목적인目的因으로 나누어 보는 아리스토텔레스식 설명 방식은, 기원후 16세기까지 거의 1,900년의 긴 세월 동안 정설로 받아들여졌다. 그러나 17세기에 이르러 갈릴레이와 데카르트에 의해 주장된 "외부의 어떤 영향도 없는 한, 움직이는 모든 것은 일정한 속도로 계속 움직인다."는 관성의 원리가 아리스토텔레스의 능동인과 목적인에 대해 심각한 의문을 제기하게 만들었다.

또한 뉴튼은 갈릴레이의 관성의 원리를 직선의 관성법칙(law of linear inertia)으로 대체했다. 뉴튼의 관성법칙은 외부에서 힘이 가해지지 않는 이상 움직이는 물체는 일정한 속도를 유지하며 직선으로 계속 움직인다는 내용으로, 고전역학의 발판이 되었다. 가히 혁명적인 관점의 변화를 보여주는 탁월한 예라고 할 수 있겠다.

이러한 혁명적 변화의 과정을 통해 뉴튼 이후로는 천체나 지구상의 물체의 움직임을 설명하는 데 있어서 종전에 이것들을 관장한다고 여겨졌던 추상적인 형이상학적 원리가 새로이 기계적이고 수학적인 방법으로 대체되었다. 또 이에 따라 설명 작업이 이루어졌다. 이로써 물리학자들은 아리스토텔레스식의 목적인에 근거하여 설명하던 종래의 방식에서 완전히 탈피한다. 그리고 근대 이후로는 탈목적론적 기계론과 수학적 방식으로 물리현상을 설명할 수 있게 되었다. 이렇게 우리 인식 체계의 혁명적 전환은 존재 세계에 대한 해석에도 막대한 영향을 미친다.

현응스님의 돈오

위에서 논의한 과학혁명이 갖는 의미를 새기며 현응스님의 혁명적 깨달음이 무엇인가를 살펴보자. 혁명적 깨달음이란 깨달음 이전의 세계관인 본질주의와 실재론(realism)에 기초한 믿음 체계가 깨달음 이후에는 전적으로 다른 세계관인 연기와 공空에 대한 이해를 기반으로 하는 비본질주의 및 반실재론의 믿음 체계로 전환되는 것을 의미한다. 깨달음 이전에 우리는 개개의 사물이 고정불변하는 본질을 가지고 다른 것과 독립적으로 존재한다고 굳게 믿는다. 사물은 그것이 가진 본질에 의해 규정되고, 또 그것에 의해 다른 사물과 구별되고 구분된다. 이것이 보통 사람들의 세계관이다. 그래서 우리는 모든 사물이 각각 불변의 본질을 가진 독립적인 개체로 존재한다고 믿고 받아들인다. 불교를 제외한 전 세계의 모든 주요 종교나 주요 문화는 이런 상식적인 세계관을 무비판적으로 받아들여 왔다.

사람들은 '나'라는 인식의 주체가 인식의 객체인 사물을 바라

생명과학과 깨달음

보며 주체와 객체, 다시 말해 인식주관과 대상존재라는 두 개의 확연히 다른 영역이 존재한다고 무의식적으로 받아들인다. 그러나 붓다의 가르침인 연기와 공을 이해하면, 나의 존재를 포함한 삼라만상의 진정한 존재 양상은 오직 변화와 관계로만 이해되어야 한다는 점을 깨닫게 된다. 연기하기 때문에 끊임없이 변화하는 현실계에서 고정불변한 본질이나 자성自性을 가진 사물의 존재는 불가능하다. 그리고 본질이나 자성이 없기 때문에, 그 자성에 의해 규정되어야 존재가 가능한 개체로서의 사물이 존재할 수 없다. 그 어떠한 독립적인 '것'도 존재할 수 없다는 뜻이다. 그래서 붓다의 연기와 공의 가르침을 이해한다면 이 세상 어느 것도 독립적인 사물로 존재하지 않는다는 점을 깨닫게 된다. 이 깨달음은 우리로 하여금 전 세계 모든 주요 문화와 종교의 견해와는 혁명적으로 다른 차원에 있는 연기와 공의 시각으로, 즉 변화와 관계의 관점에서 삼라만상을 바라보게 한다.

개개의 사물이 독립적으로 존재하지 않기 때문에 실제로 사물과 사물과의 관계는 그 어떠한 '것'과 다른 어떠한 '것'과의 관계가 아니다. 존재의 양상은 관계로 나타난다. 여기서 관계란 개개 사물이 존재한 후 생기는 부차적 속성이 아니다. 관계 그 자체가 삼라만상이 존재하는 진정한 모습이다. 다시 말해 서로서로 연결되어 관계를 맺고 있는 모습 그 자체가 바로 존재의 모습인 것이다. 이렇게 존재의 실제 모습을 깨달은 후, 깨달음 이전에 믿었던

'나'라는 인식주체와 인식객체와의 구분이 사라진다. 다시 말하면 인식주관과 인식대상(객관)과의 분리가 사라지게 된다. 모든 것은 변화와 관계 속에서만 존재하기 때문에 독립적인 대상존재나 실체로서의 인식주관은 존재할 수 없다. 깨달음은 우리로 하여금 주관과 객관 두 영역의 역동적인 구조를 터득하게 한다.

깨달음 이전에는 '사물'이라는 단어의 뜻이 '다른 것과 구별되고 구분되는 본질을 가지고 독자적으로 존재하는 개체'였다면, 연기와 공을 깨달은 후의 '사물'은 '독자적인 실체가 아니라 다른 것과 연결되어 있는 관계'라는 새로운 뜻으로 이해된다. 여기서 연기와 공의 진리에 대한 깨달음은 우리 보통 사람들이 가진 사물의 본질과 독립적 존재에 대한 견해를 아무리 오랫동안 갈고 닦는다 해도 결코 이루어지지 않는다. 다시 말해 연기와 공의 진리에 대한 깨달음은 사람들이 가진 사물 존재에 대한 일반적인 상식을 통해 점진적으로 이루어지지 않는다. 왜냐하면 이것은 우리가 가진 상식적인 견해로부터 논리적으로 전혀 다른 차원의 관점으로 어떤 질적 비약이 있어야만 가능하기 때문이다. 다시 말해 기존의 상식을 혁명적으로 전환해서만, 즉 과학혁명에 있어서의 패러다임 전환과 같은 혁명적인 과정을 통해서만 이루어지기 때문이다.

위에서 살펴본 대로 천동설 체계에서 아무리 열심히 과학적 지식을 축적시키고 발전시키더라도 지동설에 이를 수 없고 천동설

생명과학과 깨달음

이 가진 기존의 관점을 완전히 새로이 바꾸어 전적으로 새로운 관점을 가져야만 지동설에 도달하게 되는 것처럼, 불교에서의 깨달음이란 본질주의와 실재론에 기초한 상식적 믿음 체계를 연기와 공의 이해에 입각한 새로운 세계관으로 혁명적으로 전환해야만 가능하다. 불교의 깨달음은 언제나 혁명적 깨달음이다.

생명과학혁명

생명과학의 역사는 기원전 4~5세기 플라톤과 아리스토텔레스의 철학 사상에서 유래된 본질주의와 아리스토텔레스의 목적론적 방법론에서 탈피하기 위한 처절한 몸부림의 역사라고 해도 과언이 아니다. 본질주의란 모든 것에는 그것을 그것이게끔 하는 본질이 있다는 사상이다. 아리스토텔레스는 '무엇을 그것이게끔 해주는 것, 이것 없이는 무엇이 그것일 수 없는 것', 즉 본질의 개념을 도입해 자연 세계를 설명하기 시작했다. 그는 모든 생명체 안에 불변의 본질적 속성이 있다고 주장하며 이 내재된 본질이 그 생명체 또는 종種을 그것이게끔 규정해 주며 그것을 다른 종과 구분지어 준다고 생각했다.

또한 아리스토텔레스는 모든 생명체들에 목적이 내재되어 있다고 믿었고, 이 목적을 가지고 생명현상을 이해하려 했다. 예를 들면 망아지가 말로 성장해야 하는 목적이 망아지 안에 처음부터 자리잡고 있고, 망아지는 이 목적을 실현하기 위해 성장해 나간다고 설명했다. 또 도토리에는 참나무로 자라야 하는 목적이 내재되어 있기 때문에 도토리가 참나무로 자란다고 설명하였다.

아리스토텔레스가 생명체에 내재하는 목적을 상정한 근거는 생물계를 관찰한 결과 거의 언제나 규칙적인 변화를 보이고 있기 때문이었다. 망아지는 거의 언제나 말로 성장하고 도토리는 거의 언제나 참나무로 자라는 자연현상에 대한 관찰은 그로 하여금 생물계의 모든 변화가 법칙에 따라 이루어진다고 믿게 하였다. 자연 세계는 생명체 각각에 내재하는 고정불변한 목적의 실현으로 법칙적이고 규칙적인 변화들을 보인다고 생각했다. 이런 관점은 자연은 우연이나 무작위의 변화를 허용하지 않는다는 주장을 내포한다.

아리스토텔레스식의 본질주의와 목적론은 생명현상을 바라보는 시각에도 지대한 영향을 미쳤다. 18세기까지 생명과학자들은 신이 생명체들을 창조한 이후 생명체 안에 내재된 동력이 그들을 끊임없이 더 크고 더욱 복잡하게 만든다고 생각했다. 따라서 그들에게 진화란 끊임없이 위로만 움직이는 에스컬레이터식의 자연현상으로, 새로운 생명체들은 그들 이전의 생명체보다 언제나 고등화되고 향상된 형태라고 이해했다.

1859년 찰스 다윈의 저서 『종의 기원』은 생명과학 분야에서 일어난 첫 번째 과학혁명이었다. 『종의 기원』에서 다윈이 제안한 자연선택과 계통수 이론은 18세기까지 아리스토텔레스식의 본질주의와 목적론을 정설이라 믿어 왔던 생명과학자 집단뿐만 아니라 일반 사회에까지 큰 충격을 줄 정도로 혁명적이었다. 다윈은 생명체가 끊임없는 무작위 변이와 환경과의 상호작용을 통해 적응한다는 자연선택 이론을 제안한다. 그리고 지구에 있는 모든 생명체를 조상과 후손의 관계인 계통적 측면으로 해석하며, 공통의 조상으로부터 유래한 종은 종 분화나 멸종을 겪으며 진화한다고 설명하였다. 다윈이 주장하는 진화란 생명체 안에 존재하는 어떤 알 수 없는 힘에 의한 자발적인 새로운 생명체들의 생성 과정이 아니며, 위로만 올라가는 에스컬레이터 같은 외줄의 향상 과정은 더더욱 아니었다. 다윈이 말하는 진화 과정이란 '자연선택을 통해 이루어지는 계통적 변화들의 계승'이라고 이해하면 되겠다.

자연 세계에서 정상적으로 일어나는 무작위 변이와 그에 따른 자연선택 과정으로 생물체의 종이 생멸한다는 다윈의 진화론은 아리스토텔레스류의 목적론을 교체하는 혁명의 시작이었다. 그리고 20세기 중반 이후 이루어진 분자생물학의 발전은 생명현상을 아리스토텔레스류의 목적론적 접근법이 아닌 화학적 기계론적 방법으로 설명하기 시작했다. 그리고 모든 생명현상은 그 자체만으로 이해될 수 없고 그것이 자리하는 환경과의 상호작용까지 고려해야 한다는 점을 인지한다면, 생명현상이 불변의 본질을 지닌다는 것이 불가능해 보인다. 따라서 생명과학의 역사란 아리스토텔레스류의 본질주의가 비본질주의로 대체되어 가는 혁명의 과정이라고 보는 것이 옳다.

우리는 앞에서 불교에서의 깨달음, 특히 선문에서 말하는 돈오는 삶과 세계를 바라보는 관점에 있어서 연기와 공의 이해를 바탕으로 하는 패러다임 교체가 이루어지는 혁명적 깨달음이라고 논했다. 그리고 깨달음과 과학혁명 사이의 구조적 동일성도 살펴보았다. 어찌 보면 과학혁명에 있어서의 혁명이 과학자들 사이에서 생기는 일종의 깨달음의 과정이라고 볼 수도 있음직하다. 즉 과학자들이 나름대로 관점의 혁명적 교체를 이룩하며 새로운 이론에 도달하는 깨달음의 과정이 과학혁명이라고 할 수 있겠다. 그러나 물론 과학에서의 혁명은 몇 세기마다 반복될 수도 있는 과정이지만, 불교에서의 깨달음은 단 한 번에 의해 완벽히 이루어질 수 있고 결코 후퇴하거나 반복될 이유가 없는 완전한 혁명이라는 점이 다르다고 하겠다.

생명과학과 깨달음

5/ 깨달음과 생명과학 방법론: 환원론에 대한 오해 1

필자들은 한국에서, 특히 한국불교계에서 환원론(reductionism)에 대한 오해가 심각하다고 생각한다. 불교계가 환원론에 대한 깊고 진지한 성찰 없이 환원론을 쉽게 무시해 버리고 있다는 느낌을 지울 수 없다. 존재하는 것이 그것을 구성하고 있는 부분과 그 부분의 속성과는 별도로 독립적이고 자율적인 속성을 추가로 가지고 있다는 비환원론을 별 비판 없이 쉽게 받아들이고 있다고 본다. 비환원론이 신神에 의해 무無에서 유有가 창조되었다고 믿는 서양인들에게는 인기가 있겠지만, 모든 것이 조건에 의해서 생멸한다는 연기의 가르침을 받아들이는 한국불교계에서도 인기라는 점이 곤혹스럽다. 비환원론이란 집합체에는 구성부분들과 그것들의 속성들 사이의 관계, 즉 조건에 의존하지 않고 생겨나 존재하는 속성이 있다는 것인데, 이것은 연기의 가르침에 반하는 비불교적이고 서양종교적인 발상이다.

많은 이들이 환원론을 단지 잘게 쪼개어 분석하는 방법론으로 이해하며, 잘게 쪼개진 부분은 절대로 전체를 설명할 수 없기 때문에 환원론은 근본적으로 잘못되었다고 생각하는 것 같다. 그런데 우리가 붓다의 가르침인 연기와 공空을 이해하면 나의 존재를 포함한 삼라만상의 진정한 존재 양상은 오직 변화와 관계로 이해되어야 한다고 깨닫게 된다. 그래서 불교계에서는 환원론이 큰 것을 작은 것으로 잘게 쪼개어 나누어 버리는 분석 작업이기 때문에, 관계와 변화의 관점을 강조하며 연기와 공을 이야기하는 불교와는 처음부터 상충한다고 생각하는 것 같다. 그러나 이것은 환원론에 대한 심각한 오해에서 비롯된 잘못된 생각이다. 필자들은 이번 장과 다음 장에서 환원론의 본 모습에 대해 논의하며 환원론에 대한 불교계의 이해를 바로잡고자 한다.

환원이란 무엇인가

서양철학에서 논의되어 온 환원을 필자들은 "실재하는(real) 것을 실재하는 것으로, 그리고 실재하지 않는 것을 실재하지 않는 것으로 보여주는 것으로 정의한다. 한편 실재한다는 것은 이 세계에 인과적으로 어떤 차이를 만들어 냄을 의미한다. …… 그래서 환원이란 인과적 차이를 만들어 내는 존재가 인과적 차이를 만들어 냄을 보여주고 또 그렇지 못한 것을 그렇지 못하다고 보여주는 것이다. 우리가 존재 세계에서 실재와 허상을 구별해 존재의 옥석을 가려내기를 원한다면 '환원'이라는 작업을 반드시 거쳐야 한다. 이것이 환원론의 존재 이유이다."⁹ 환원이란 존재 세계에서 실재와 허상을 구별하는 작업으로, 필자들은 이를 '형이상학적 또는 존재론적 환원'이라 부르며, '형이상학적/존재론적 환원'은 모든 형태의 환원론에 근간이 되어야 한다고 생각한다.

그런데 환원에는 '형이상학적/존재론적 환원'뿐만 아니라 '인식론적 환원'이라는 다른 형태도 있다. 인식론적 환원은 우리의 인식 차원에서 이루어지는 이론이나 설명 사이에서 이루어지는 환원이다. 예를 들면 심리학, 생명과학 등의 분과 과학의 법칙이나 이론이 궁극적으로 물리학의 법칙이나 이론으로 환원된다는 이론들 간의 환원이 그것이다. 한편 생명과학 이론이 제시하는 개별적 설명이 분자생물학에 기초한 설명으로 환원되며, 또 이것이 다시 궁극적으로 화학이나 물리학의 선상에서 설명되는 '환원적 설명'도 인식론적 환원의 한 형태이다.

환원을 논의하기 위해서는 우리가 이해하는 환원이 형이상학적/존재론적 환원인가, 아니면 인식론적 환원인가를 먼저 구분해야 한다. 존재 세계의 실제 모습을 보여주는 연기와 공을 가르치는 불교에서 거론하는 환원이란 존재 세계에서 실재와 허상을 구별하는 작업인 형이상학적/존재론적 환원이다. 그래서 우리는 이 점을 먼저 숙지한 후 이것을 인식론적 환원과 구분해야 한다. 필자들은 이 장과 다음 장에서 형이상학적/존재론적 환원에 집중하며 환원을 논의하겠다.

환원론에 대한 오해

어떤 것이 어떤 것으로 환원된다는 것을, 우리는 첫 번째 것이 큰 사물이나 그것의 속성이어서 두 번째 것인 작은 사물이나 속성으로 쪼개진다는 뜻으로 이해해 왔다. 다시 말해 큰 사물이나 속성이 작은 사물이나 속성으로 남김없이 분석되면, 전자의 사물과 속성이 후자의 사물과 속성으로 환원된다는 뜻이다. 따라서 환원이란 환원되는 사물과 속성이 남김없이 분리되고 분해되어 환원하는 사물과 속성으로 되어 버린다는 뜻이다. 다시 말하면 환원되는 사물과 속성이 전체이고, 환원하는 사물과 속성은 전체의 부분이라는 것을 의미한다. 이와 같이 환원되는 것과 환원하는 것과의 관계는 전체와 부분의 관계(mereology)라고 이해된다.

예를 들면 다세포 생물을 분해하면 세포의 집합으로 되고, 세포를 분해하면 분자의 집합이 되고, 분자를 분해하면 원자의 집합이 되고, 최종적으로는 가장 작은 소립자의 집합으로 된다는 뜻이다. 거시구조가 그보다 작은 구조로 분해되고, 이 작은 구조는 그보다 더 작은 미시구조로 분해되고, 결국은 소립자의 구조로 분해된다는 뜻이다. 다시 말해 거시구조가 미시구조로 환원된다는 것은 거시구조가 미시구조로 남김없이 분리된다는 뜻이다.

지금까지의 설명에 대해서는 별다른 이견이 없을 것이다. 그러

생명과학과 깨달음

나 환원론이 전제하는 전체와 부분의 관계를 환원론 안에서 어떻게 해석하는가에 따라 환원에 대한 이해가 극명히 갈라진다. 많은 이들은 부분을 다 모아도 전체를 만들 수 없으니 환원이 틀렸다고 주장한다. 예를 들어 수많은 부품으로 만들어진 자동차는 각각의 부품으로만은 수행할 수 없는 기능을 – 바퀴 하나로는 사람을 태우고 달릴 수 없지만 자동차는 그럴 수 있다 – 수행하기 때문에, 자동차는 부품의 집합 이상의 존재자라는 것이다. 여기서 부품들(또는 조건들) 사이에는 없는 어떤 새로운 기능 등이 추가로 생겨난다는 견해를 엿볼 수 있는데, 이것은 말하자면 무에서 유가 창조 또는 창발된다(emerge)는 것이다.

한편 형이상학적/존재론적 환원과 인식론적 환원의 차이를 알아채지 못한 이들은, 부분을 가지고 전체를 설명할 수 없으니 환원이 틀렸다고 주장한다. 바로 위에서 든 예로 보자면, 수많은 부품에 대한 각각의 설명만 가지고는 전체 자동차의 기능을 설명할 수 없으니 환원이 안 된다는 것이다. 이와 같이 환원론에 반대하는 이들은 환원이 거시구조를 가진 대상을 잘게 분해해 부분들을 따로따로 흩뜨리고 분산시키는 작업이라고 이해하는 것 같다. 그래서 따로따로 흐트러지고 분산된 각각의 조각은 서로 간에 아무런 관계가 없고, 이런 각각의 부분을 모아 보았자 전체가 될 수 없다는 당연한 결론에 도달한다. 그러나 환원에 대한 이들의 이해는 잘못되었다.

다이아몬드를 예로 들어 그 이유를 살펴보자. 다이아몬드라는 광물은 탄소 원자로만 이루어져 있기 때문에 탄소 원자의 집합으로 남김없이 분해된다. 다시 말하면 거시구조인 다이아몬드가 미시구조인 탄소 원자의 집합으로 환원된다. 그런데 석묵(graphite)도 탄소 원자로만 구성된 물체여서, 이것도 탄소 원자의 집합으로 환원된다고 해야 할 것이다. 그러나 다이아몬드와 석묵은 엄연히 다른 광물이다. 두 광물을 구성하는 구성원이 탄소 원자라는 점은 같으나, 이들의 다른 점은 탄소 원자 사이에 이루어지는 결합 관계에 있다. 다이아몬드는 탄소 원자들이 사면체로 배열되어 있어 단단하고 내구성이 높다. 반면에 석묵을 구성하는 탄소 원자들은 육각형 모양으로 평면적으로 배열되어 있어 쉽게 부서진다. 이와 같이 탄소 원자들의 결합 관계는 다이아몬드와 석묵을 구분하는 핵심적인 구성요소이다.

만약 구성원 간의 결합 관계를 고려하지 않고 낱개의 탄소 원자의 집합만을 고집한다면 다이아몬드와 석묵을 구별할 수 없다. 다이아몬드는 탄소 원자와 그 원자들이 이루고 있는 사면체 배열의 관계로 구성되어 있고, 석묵은 탄소 원자와 그 원자들이 이루고 있는 육각형 배열의 관계들로 구성되어 있다. 이로써 다이아몬드와 석묵은 각각 탄소 원자들의 사면체 배열 관계, 그리고 탄소 원자들의 육각형 배열 관계로 환원된다고 이해해야 한다.

그러므로 눈 밝은 독자들은 이미 이해하겠듯이, 거시물체나 그

생명과학과 깨달음

것의 속성을 미시물체나 그것의 속성으로 환원한다는 것은 실제로는 환원되는 거시물체를 환원하는 미시물체들의 속성들의 집합과 관계들로 분석하는 작업이다. 이 점은 뒤에서 다시 자세히 논의하겠다.

한편 어떤 이들은 환원 작업이란 '전체를 한 부분으로 분석하는 것'으로 오해하여 하나의 작은 부분이 전체를 대신할 수 없으니 환원이 틀렸다고 주장하곤 한다. 예를 들어 다 자란 초파리의 눈은 약 800개의 홑눈으로 이루어져 있다. 각각의 육각형 모양 홑눈은 여덟 개의 광수용체 세포들(photoreceptor cells)로 구성되어 있다. 여기서 환원을 전체에서 한 부분으로 분석하는 작업이라고 이해한다면, 다 자란 초파리의 눈이 하나의 홑눈으로 환원되어야 하고 궁극적으로는 하나의 광수용체 세포로 환원되어야 한다고 보아야 할 것이다. 그런데 그렇게 될 수 없으니 환원론이 틀렸다고 한다. 그러나 이들이 이해하는 환원은 어처구니없이 잘못된 방식으로 이해한 환원이다. 환원이란 큰 사물이나 속성이 하나의 작은 사물이나 속성으로 분석 또는 분해되는 것이 아니라, 거시사물이나 속성이 그 거시사물을 이루고 있는 모든 작은 미시사물들과 속성들, 그리고 그들이 서로 이루고 있는 관계들로 남김없이 분석되는 작업이다.

위와 같은 환원에 대한 오해는 우리 주변 곳곳에서 목격된다. 도덕적으로 많은 문제를 유발하는 유전자 결정론도 환원에 대한 이러한 오해와 관련이 깊다. 유전자 결정론은 폭력, 정신질환, 지능, 성性 역할 등 사회적으로 중요한 특성이 환경, 학습, 또는 사람들의 개입 등에는 아무 상관없이 유전자에 의해서만 결정된다는 논리다. 이것은 환원에 대한 잘못된 이해를 받아들이는 사람들이 주장하는 위험한 논리다. 이런 주장은 기회의 불평등과 사회, 경제, 정치 제도 안에서 차별을 조장하게 된다.

또한 유전자 결정론은 유전자의 역할을 지나치게 과장한 유전자 중심주의를 아무 검증 없이 전제하고 있다. 인간의 폭력성, 정신질환, 지능, 성 역할 등 각각의 현상들이 유전자 하나에 의해 기인한다고 이해하는 유전자 중심주의는 역사에 많은 오점을 남겼다. 20세기 초반 미국에서 시행된 우생학(eugenics)에 기반을 둔 정신질환자 등에 대한 강제 거세 사례와 이를 받아들여 극단적으로 응용하고 적용한 나치의 유태인 학살 등은 이런 유전자 중심주의에 기반을 둔 유전자 결정론으로부터 비롯된 참혹한 결과들이다.

그런데 흥미롭게도 환원에 대해 오해하고 있는 많은 이들이 유전자 중심주의를 환원의 예로 잘못 이해하며, 유전자 중심주의가 잘못되었듯이 환원도 당연히 잘못된 방법론이라고 주장한다. 이들은 생쥐의 털, 닭의 깃털 색깔, 인간의 자폐증 등의 현상이 환원된다면 하나의 유전자로 환원되어야 할 텐데 실제로는 그러하지 못하니 환원이 틀렸다고 주장한다. 그러나 위에서 밝혔듯이,

이것은 환원에 대한 대단히 잘못된 이해에서 비롯된 오류이다.

환원에 대한 찬반을 차치하더라도, 우선 상식적으로 누가 그토록 복잡한 생명현상이 하나의 유전자에 의해 초래된다고 순진하게 생각하겠는가? 세계적으로 명망 있는 학자들이 제기해 온 환원론을 이렇게 억지로 상식에도 미치지 못하는 단순한 이론으로 이해한다면 이는 지적으로 태만하고 어리석다고밖에 할 수 없다. 그리고 만약 많은 이들이 환원론을 이렇게 이해한다면, 환원론자들은 논의를 시작하기도 전부터 이미 불공정한 토론의 장에 뛰어드는 격이 된다.

미시구조적 환원

지금까지 환원에 대한 오해를 초래하는 잘못된 전제를 살펴보았다. 이런 전제에 반대하는 필자들이 논의하였듯이, 환원이란 거시물체와 그것의 속성이 미시물체와 그 속성의 집합과 그들 간의 관계로 분석되는 작업이다.[10]

이제 환원에 대해 좀 더 섬세한 논의로 들어가 보자. 물 분자를 예로 들면, 하나의 물 분자는 하나의 산소 원자와 두 개의 수소 원자, 그리고 하나의 산소와 두 개의 수소 간에 존재하는 그러그러한 결합 관계로 환원된다고 본다. 여기서 물 분자는 산소 원자 하나로 환원될 수 없으며, 또 그렇다고 수소 원자 두 개로 환원될 수도 없다. 실제로는 산소 원자와 두 수소 원자가 주어진 관계를 맺으며 존재하는 그 상태가 바로 물 분자의 상태이며, 이런 의미에서 물 분자는 자연과학에서 설명하는 산소와 수소 원자로 구성된 어떤 미시구조로 환원된다고 말할 수 있다. 생명과학 철학자인 윌리암 윔쟀도 환원을 구성원들과 그들의 관계들로 이해해야 한다고 주장했다.[11]

그런데 여기서 한 가지 중요한 점은, 대부분의 비非환원론자들이 주장하는 바와는 반대로, 물 분자가 산소와 수소 분자 둘로 환원된다고 하더라도 물 분자가 분해되어 사라져 버리지는 않는다. 강과 호수를 채우고 있으며 우리의 갈증을 풀어주는 무색, 무취, 무미의 액체는 우리 주위에 여전히 존재할 것이며, 우리는 그것을 계속 "물"이라고 편리하게 부를 것이다.

비환원론자들은 환원론이 존재 세계를 모두 물리학이 다루는 입자 및 속성으로 환원시켜 존재 세계를 황폐하게 보도록 만든다고 주장해 오고 있지만, 이는 또 하나의 어처구니없는 오해다. 색을 전자기파의 일정 범위로 이해하는 광학이론의 권위 있는 물리학자라도 이 세상에 색이 존재하지 않는다고 하지는 않을 것이다. 이 권위자는 지속적으로 "색"이라고 부르는 현상의 존재를 인정하고 색을 즐기며 그의 삶을 살아갈 것이다. 일상생활을 영위하기 위해 편리하고 유용하기 때문에 그렇게 한다.

다소 의외이겠지만, 서양철학보다는 불교가 오히려 환원론을 더욱 적극적으로 주장해 왔다. 초기경전과 『밀린다왕문경』 그

리고 아비달마학파에서 전개되었으며, 초기 대승에서도 주장
한 집합체 허구론은 부분이 모인 전체나 집합체는 허구(fiction)
에 불과하다고 논증한다. 그러나 물론 이런 허구라도 속제(俗諦,
conventional truth)로서 우리 일상생활에 유용하니까 통상 실제로
존재한다고 보며 사는 것이 현명하다고 덧붙이기도 한다. 그래서
환원론이 존재 세계에 있는 소중한 것들을 많이 없애 버려 우리
일상생활을 황폐하게 만든다는 비환원론자들의 주장은 불교와
서양철학에서 모두 설득력이 없다.

환원이란 물체나 속성이 부분과 그들 각각이 이루고 있는 관계
로 남김없이 분석되는 것이다. 그렇다고 해서 분해되어 없어진다
고 볼 필요까지는 없다. 그런데 분석을 통해 논리적으로 잘게 잘
라진 부분을 계속 환원해 나가다 보면 결국 모든 물체는 소립자
들과 그것들의 관계들로 환원될 것이다. 이런 소립자 차원에까지
이르게 되면, 어떤 소립자도 그 자체로는 속성을 이해할 수 없고
오직 다른 소립자와 그들의 속성들과의 관계에 의해서만 그것을
이해할 수 있게 된다. 생명체의 차원에서도 마찬가지지만, 소립
자의 차원에서는 관계를 고려하지 않고서는 아무 현상도 이해되
지 않는다.

그런데 현대물리학의 주류 이론 가운데 하나인 초끈(super
string) 이론에 의하면 입자라는 것들도 실은 끊임없이 '춤추는'
여러 개의 에너지 끈으로 이루어졌다고 한다. 이 이론이 옳다면,

결국 모든 입자는 '에너지'라는 관계로만 이해될 수 있는 어떤 존재자들과 그것들의 끊임없는 변화로 이루어졌다는 것이다. 그렇다면 이 존재 세계는 궁극적으로 관계와 변화로만 이루어져 있다는 셈이 된다. 소립자 물리학에서 붓다의 연기와 공의 가르침을 만날 수 있다는 것은 이제는 새로운 뉴스거리조차 될 수 없을 정도로 상식이 되어가고 있다.

존재 세계의 근본적인 모습은 다름 아닌 변화와 관계의 덩어리로 이해되어야 할 것 같다. 그래서 필자들은 환원 작업의 궁극적인 도달점은 물체나 속성이 모두 관계의 덩어리로 되어 있음을 보이는 지점이라고 생각한다. 따라서 우리는 환원론이 불교의 연기와 공의 가르침을 확증할 수 있도록 도와주는 훌륭한 불교적 연구 방법론이라고 생각한다.

　　　　　　　　　　　　　　　　生命科學과 깨달음

6/ 깨달음과 생명과학 방법론:
환원론에 대한 오해 2

필자들은 지금까지 한국불교계가 환원론을 오해한 나머지 환원론을 너무 쉽게 반대해 왔고, 그에 따라 비非환원론(antireductionism)을 별 검토 없이 받아들였다고 본다. 그런데 비환원론이란 조건들에 의존하지 않고 생겨나는 집합체의 속성이 있다는 주장으로, 존재론적 기반이 되는 조건들로 환원되지 않는 속성이 독립적으로 존재한다는 주장이다. 이것은 무無로부터 유有가 창조되었다는 서양종교에 익숙한 사람들에게는 의미 있는 주장일 수도 있겠지만, 어떤 것도 무로부터 나올 수 없고 모든 것은 조건에 의해서만 생멸한다는 연기법을 받아들이는 불교의 견해는 될 수 없다.

환원론에 대한 또 다른 오해

어느 것이 어떤 다른 것으로 환원된다는 뜻은 어떤 큰 사물이나 속성이 작은 사물과 속성으로 남김없이 분해되고 분석된다는 의미로 이해되어 왔다. 여기에는 존재 세계에서 환원되는 큰 사물이 그것을 환원하는 작은 사물보다 존재의 계층에서 상층에 위치한다는 전제가 포함되어 있다. 사회집단이 개인보다 상층에 위치하고, 개인은 세포보다 상층에, 세포는 분자보다 상층에, 분자는 원자보다 상층에, …… 그리고 가장 작은 소립자가 가장 하층에 존재한다는 생각이다.[12]

또한 이 전제에는 세포나 분자와 같이 각각의 계층에 속하는 대상의 집단뿐만 아니라 그들의 속성도 그들이 속하는 계층에 고유하게 위치하며 존재한다는 가정이 포함되어 있다. 예를 들면 집단의식이나 조직화 같은 사회집단이 갖는 속성은 욕구나 의지 같은 개인이 가지는 속성보다 존재 세계에서 상층에 위치한다는 가정이다. 그리고 세포대사나 세포분화와 같은 세포의 속성은 개인의 속성 바로 밑 하층에 존재하고, 투명성이나 연소성 같은 분자들의 속성이 그 바로 밑 하층에 위치하며, 원자의 속성과 소립자의 속성이 차례로 각각의 하층에 존재한다고 생각해 왔다.

이와 같이 존재 세계를 여러 계층으로 이루어진 하나의 고정된 계층체계로 바라보며, 주어진 상층의 대상과 그 속성이 그것의 바로 밑 하층의 대상과 속성으로 남김없이 분해되고 분석되는 것이 환원이라고 이해되어 왔다. 다시 말하면 상층에 위치하는 사물과 속성이 전체이고, 그 바로 밑 하층에 존재하는 사물과 속성은 그 전체의 부분이라는 것을 의미한다.

생명과학과 깨달음

따라서 주어진 상층에 존재하는 사물과 속성은 그것의 바로 밑 하층에 존재하는 사물, 그리고 속성과 '전체와 부분이라는 관계'로 이해된다. 주어진 상층에 존재하는 사물과 속성들이 거시구조이고, 그것의 미시구조가 바로 밑 하층에 존재하는 사물과 속성들이 된다. 이것은 자연 세계를 하나의 고정된 계층체계인 미시구조와 거시구조의 체계로 이해하고 있다는 것을 뜻한다.

　그런데 너무나도 복잡하고 다양한 사물과 그것들의 관계 및 변화로 이루어져 있는 자연을 이렇게 깔끔한 하나의 고정된 계층체계인 미시–거시구조 체계로 이해하려는 시도가 과연 적절하고 옳을까? 자연계에 존재하는 모든 물체와 그것의 속성이 이토록 하나의 체계 안에 아무런 문제없이 가지런히 자리한다는 가정은 '참이 되기에는 지나치게 좋아 보이지 않은가(too good to be true)?'

　그런데 인간은 자연현상을 이해하고 설명하고 예측하려 했던 그 먼 옛날부터 아마도 자연을 이렇게 계층적이고 체계적으로 바라보고 있었던 것 같다. 기원전 4세기 아리스토텔레스가 자연을 관찰하고 설명할 때도 이렇게 잘 만들어진 하나의 고정된 계층체계 구조를 전제했다. 아리스토텔레스는 계층체계의 제일 하층은 식물, 그 바로 위층에는 해파리 등, 그리고 조개·곤충·갑각류·연체동물의 순서로 각각의 위층에 존재하고, 제일 상층에는 당연히 인간이 위치한다고 생각했다.

사실 우리에게 이러한 이해방식이 전혀 낯설지 않다. 아마도 너무나 익숙한 가정이라서 우리가 아무 의심이나 논의 없이 받아들이고 있었는지도 모른다. 그러나 생명체의 세계와 나아가 존재 세계 전체가 이렇게 우리의 희망사항대로 단순하고 깔끔한 구조를 가지고 있으리라고 기대하기는 어렵다.

자연 세계를 하나의 고정된 계층체계로 이해하며 고정된 미시-거시구조 계층체계를 전제로 환원론을 이해한다면, 환원이란 위에서 살펴본 예인 사회집단이 가지는 집단의식이나 조직화의 속성들인 거시구조가 그것의 미시구조인 개인의 속성인 욕구나 의지로 남김없이 분해되고 분석되어야 한다. 그리고 욕구나 의지라는 개인의 속성은 그것의 미시구조인 세포대사나 세포분화라는 세포의 속성으로 남김없이 분해되고 분석되어야 한다는 것을 의미한다. 또 세포의 속성인 세포대사나 세포분화는 그것의 미시구조인 투명성이나 연소성 같은 분자의 속성으로 남김없이 분해되고 분석되는 것이 환원이라고 주장한다.

그러나 집단의식이나 조직화라는 속성을 아무리 분해 분석해도 집단의식이나 조직화의 부분이라고 생각되는 욕구나 의지와 같은 개인의 속성으로 분석되지 않는다. 그리고 욕구나 의지라는 개인의 속성 자체를 아무리 분해하더라도 세포대사나 세포분화 같은 세포의 속성으로 분석되지 않는다는 것이 학자들 사이에 합의된 결론이다. 더 나아가 세포대사나 세포분화를 아무리 분석해

생명과학과 깨달음

도 투명성이나 연소성 같은 분자의 속성이 나오지 않는다. 그래서 이러한 일련의 논의로부터 학자들은 자연스럽게 환원론이 틀렸다는 결론에 도달하게 되고 따라서 비환원론이 맞는다고 주장하게 되곤 한다.

그러나 필자들은 이러한 결론과 주장이 모두 잘못되었다고 생각한다. 왜냐하면 이 모든 논의가 가지는 결론은 환원론을 오해한 잘못된 전제에서 도출되었기 때문이다. 즉 존재 세계 전체를 바라보는 시각으로서 제시된 고정된 계층체계와 미시-거시구조 체계라는 전제에 문제가 있기 때문에 잘못된 결론이 나오게 된 것이다. 지금부터 이 문제를 차근차근 살펴보자.

사물이 가지는 속성 중 그 사물을 구성하는 구조적 속성은 앞의 장에서 설명한 미시구조적 환원으로 설명된다. 예를 들면 근육을 환원한다는 것은 근육을 구성하는 구조적 속성인 마이오신이나 엑틴 필라멘트, 여러 단백질 분자들과 칼슘, 그리고 에너지(ATP) 등과 이들이 서로서로 작용하는 관계들로 분해 분석한다는 뜻이다. 나비의 날개를 환원한다는 뜻은 나비의 날개를 구성하는 구조적 속성들인 관맥(tubular veins), 관맥으로 지탱되는 두 개의 키틴질 막, 수천 개의 각층(sacales)과 미세한 털, 그리고 이들의 배열과 상호관계 등으로 분해 분석한다는 것을 의미한다. 이와 관련해 수없이 많은 예를 들 수 있다.

그런데 우리가 여기서 유의해야 할 점이 있다. 나비 날개가 가지는 속성 중 '날갯짓하다'나 '날다' 등과 같은 속성은 위에서 살펴본 구조적 속성과는 다른 성격을 가지고 있다. '날갯짓하다'나 '날다'라는 속성은 나비의 날개가 가지는 속성이지만, 이런 속성은 관맥이나 관맥이 지탱하는 두 개의 키틴질 막, 그리고 각층과 미세한 털과 같이 날개를 구성하는 속성과는 다르다. 다시 말하면 '날갯짓하다'와 '날다'는 날개를 구성하는 구조적 속성이 아니다. 이들은 나비 날개의 기능을 표현하는 기능적 속성(functional property)으로 이해해야 한다. 구조가 아니라 구조가 수행하는 역할, 즉 기능과 관련된 속성이다.

그런데 언뜻 보기에도 날개의 기능인 '날갯짓'은 날개의 부분들과 그 부분들이 갖는 속성들 간의 관계로 설명하기 어렵다. 그래서 '날갯짓'이란 존재 세계에 원래 없던 것이 날개라는 구조 위에 새로이 생겨난다고, 즉 창발(emerge)된다고 주장하는 학자들이 있다. 그러나 이 주장은 오류이다. 필자들은 구체적인 예를 들어 이 점을 밝혀 보겠다.

생명체의 심장은 여러 부분으로 구성되어 있다. 근육세포, 혈액세포, 신경세포 등 많은 세포들이 심장을 구성한다. 구조적으로 모든 부분이 제대로 갖추어져야 심장이라고 할 수 있기 때문에, 심장의 구성원 중 어느 하나로 심장이 환원될 수 없다는 것은 자명하다. 또한 기능을 살펴보면, 혈액 펌프로서의 심장의 기능은 심장의 구성원 모두가 제대로 상호작용해야만 심장의 제대로

생명과학과 깨달음

된 기능이 가능하게 된다는 것도 자명하겠다. 그런데 여기서 주의할 점은 이러한 '심장의 기능'이 심장을 구성하는 부분과 그것들 사이의 상호작용을 넘어서는 어떤 새로운 속성으로서 존재 세계에 불현듯 생겨난다고 이해해야 하는가라는 문제이다. 필자들은 그렇지 않다고 본다.

심장이 작동하고 있을 때 그 기능은 심장의 구성요소와 그것들 사이의 상호작용 이상의 어떤 신기하고 신비로운 것일 수 없다. 모든 부분이 제자리에서 제 역할을 하고 있는 것이 그 자체로 바로 심장의 기능인 것이지, 그런 상호작용 이외에 추가로 심장의 기능이란 것이 갑자기 창발되는 것이 아니다.

비록 "심장의 기능"이라는 말로 심장의 여러 부분과 그것들 사이의 상호작용을 총괄해서 표현한다고 해서 '심장의 기능'이라는 것이 존재 세계에 새로 생겨나는 것은 아니다. 단어가 존재한다고 해서 그 단어가 지칭하는 어떤 것이 새로 존재 세계에 도입되어야 하는 것은 아니기 때문이다. '심장의 기능'은 복잡한 부분과 그것들의 상호작용을 포괄적으로 지칭하는 편리한 개념 또는 단어에 불과한 것으로 이해되어야 한다.

다음과 같은 두 가지 논증으로 위의 환원주의적 결론을 뒷받침할 수 있다. 먼저, "심장의 기능"이라는 말에 해당하는 창발된 독립적인 속성 또는 기능이 있다고 가정해 보자. 그렇다면 심장이 제대로 작동하고 있을 때, 심장의 구성요소들과 그것들의 상호작용이 수행하는 작용이 이미 존재하고 있음에도 불구하고 이 외에 추가로 '심장의 기능'이라는 새로운 작용이 또 존재하게 된다. 그렇다면 심장이 언제 어디서나 두 개의 기능이 중복된 채로 작동하고 있다는 이치에 맞지 않고 비정상적인 결론이 도출된다. 이런 경우에는 '심장의 구성요소들과 그것들의 상호작용'과 '심장의 (포괄적인) 기능' 둘 중 하나는 존재 세계에서 필요치 않는 존재라고 보아야 한다. 그런데 전자는 후자 없이 가능하지만 후자는 전자 없이는 생겨날 수 없다는 점을 고려한다면, 우리는 '심장의 기능'이라는 속성이 실제로는 존재 세계에 독립적으로 존재할 이유가 없다는 점을 깨닫게 된다. 그래서 "심장의 기능"이라는 표현은 직접 지칭하는 대상이 존재 세계에 존재하지 않고, 단지 심장을 구성하는 요소들과 그것들의 상호작용을 뭉뚱그려 간단히 표현해 주는 말일 뿐이라고 결론지어야 한다. 심장의 기능은 이와 같은 방식으로 환원된다고 보는 것이 이치에 맞다.

두 번째 이유는 '심장'이라는 개념이 사람의 심장, 개의 심장, 악어의 심장, 새의 심장, 실리콘으로 만들어진 외계인의 심장, 플라스틱으로 만들어진 인공심장 등 다양한 재료와 모양, 그리고 색다른 기능방식으로 된 심장을 모두 포함한다는 점을 주목하면 곧 분명해진다. 나열한 바와 같이 서로 지극히 다른 물질적 기반과 작동방식으로 된 "심장"이라고 불리는 장치들 사이에 어떤 구체적이고 분명한 공통점이 있다고 보기는 어렵다. 따라서 "심장"

생명과학과 깨달음

그리고 "심장의 기능"이라는 언어적 표현은 어떤 공통된 속성을 분명히 지칭한다고 보아서는 안 되고, 오히려 각각 다른 생명체가 가진 '혈액펌프'에 해당되는 어떤 내장기관 또는 장치를 두루 뭉술하게 포괄적으로 지칭하는 지시어에 불과하다고 보는 것이 옳다.

세상에 존재하는 것은 단지 어떤 구체적인 심장의 구성요소들과 그것들 사이의 상호작용일 뿐이다. 이것을 초월해서 다양한 생명체를 아우르며 존재하는 어떤 지극히 추상적인 '심장의 기능'이라는 속성은 존재 세계에 존재하지 않는다. 이런 추상적인 기능적 속성은 지극히 다양할 수밖에 없는 각각의 경우에 주어진 심장을 구성하는 모든 부분과 그 부분들의 상호작용으로 환원된다고 보아야 하겠다. 그리고 이런 논증은 내장기관뿐 아니라, 분자, 세포, 날개, 생명체, 심리, 사회 등 모든 거시구조 체계에 속하는 사물의 기능적 속성의 환원에도 그대로 적용된다.

우리는 위에서 어떤 사물의 기능적 속성이 그것을 구성하는 모든 부분과 그것들 사이의 상호작용으로 환원된다는 점을 살펴보았다. 펜, 자동차, 비행기, 의자, 내장기관, 세포 등의 수많은 사물은 많은 부분으로 이루어져 있고 그 기능적 속성에 의해 정의되며 이해되고 있다. 이들 사물 각각은 실제로 모두 고유한 속성을 결여한 채로 존재하고 있다.

예를 들어 우리는 통상 펜이 '필기를 할 수 있는 도구'라는 기능적 속성을 본질적으로 가지고 있다고 생각한다. 그런데 실제로는 펜이 가지고 있다는 이런 속성이 펜의 부품과 그것들 사이의 상호작용으로 환원되다 보니, 펜은 결국 나름대로의 고유한 속성(본질)을 결여하고 있다고 판단하게 된다. 따라서 펜과 그것의 기능은 자성自性이 없이 공空하다. 그리고 이와 같은 논의가 자동차, 비행기, 의자, 내장기관, 세포, 사회공동체 등 우리가 접하는 모든 사물에 그대로 적용된다. 결국 이 모든 것과 그것들의 기능은 본질적 속성(自性)을 결여한 채로 공하다. 이와 같이 철학과 과학에 있어서의 환원론은 우리로 하여금 불교의 공의 가르침을 다시 한 번 확증하게 해 준다.

앞 장에서 필자들은 부분으로 이루어진 집합체는 그 자체로는 실재實在로 볼 수 없고 단지 현상 또는 환幻으로 보아야 한다고 주장했다. 그리고 이 점은 『밀린다왕문경』과 용수의 『근본중송』에서도 논의되었다고 밝혔다. 그러나 물론 이렇게 단지 현상 또는 환에 불과한 집합체도 우리의 일상생활을 위해서는 마치 실재하는 것처럼 가정해도 무방한데, 이는 불교에서 말하는 속제俗諦의 일종으로 간주해도 무리가 없기 때문이다. 우리가 일상생활을 성공적으로 영위하기 위해 집합체의 실재를 상정하는 것이 유리하다면, 비록 그것이 깨달음과 열반을 위해 필요한 진제眞諦는 아니더라도, 속제로서 잠정적으로 받아들일 수 있다는 것이 불교의 입장이기 때문이다.

이번 장에서는 이런 집합체가 가지고 있는 '기능적 속성'도 집합체라는 거시구조적 체계에서 창발되어 이 세상에 존재하게 되는 어떤 고유한 본질을 가진 속성이 아니라, 단지 집합체를 구성하는 부분들과 그 부분들 사이의 상호작용을 포괄적으로 그러나 두루뭉술하게 표현해 주는 언어적 표현에 불과하다는 점을 밝혔다. 그러나 이 경우에도 마찬가지로 우리는 기능적 속성이 실재한다고 가정하는 것이 우리 일상생활을 편리하게 영위하는 데 도움이 된다면 그런 속성이 존재한다는 것을 속제로서 받아들여도 무방하다고 본다.

집합체와 그것의 기능적 속성은 진제로서 존재하지는 않는다. 그러나 그렇다고 해서 그것들이 속제로까지 존재하지 않는다는 것은 아니다. 그래서 집합체와 그것의 기능적 속성은, 다른 모든 사물 및 속성과 마찬가지로, 공하다.

Ⅲ

개
체

7/ 발생의 불교적 이해 1

발생과 연기

우리를 포함한 지구의 모든 생명체는 발생하고 생존하며 노화되고 사멸한다. 지구에 서식하는 생명체로 발생하기 위해서는 헤아릴 수 없이 많은 조건이 충족되어야 한다. 그런데 이 셀 수 없이 많은 조건이 이 넓은 우주의 여기저기에서 발현되고 있다 하더라도 생명체의 발생이 언제나 가능한 것은 아니다. 어떤 일정한 시점에 어떤 일정한 장소에서 그 수많은 조건이 얽히고설켜서 모여져 발현되어야만 비로소 생명체의 발생이 가능하다. 말하자면 여러 조건, 즉 여러 인연이 시간과 공간의 좌표에 적절히 모여야 한다는 뜻이다. 언젠가는 결국 다시 흩어질 인연이지만, 일단은 같은 시간대와 같은 장소에 제대로 모여야 생명체가 발생한다.

이 우주에 존재하는 모든 사물 가운데 이렇게 생명체로 형성될 확률은 극히 낮을 수밖에 없다. 그런데 한 생명체가 다행히 생성되더라도 이것은 단지 성체가 되기까지의 멀고 먼 여정의 시작에 불과할 뿐이다. 성체가 되기까지는 또 다른 수없이 많은 조건이 시시각각 특정한 장소에 발현되고 있어야 하기 때문이다. 그래서 확률로 따져 보자면, 이 우주에 존재하는 모든 사물들 가운데 이렇게 생명체가 형성되어 정상적인 성체로 발생한다는 것은 아마도 거의 불가능에 가까운 경우라고 여겨진다.

조건이 모이고 흩어져 모든 사물이 생성, 지속, 소멸한다는 붓다의 연기설로 생명체 형성 현상을 이해해 보자. 길거리에 흔한 민들레 하나가 생겨나기까지도 그것을 있게 한 민들레 꽃씨와 또 그 꽃씨를 만든 그 이전의 다른 민들레의 발생과 생존 등 여러 조건이 선행되어야 한다. 먼저 민들레 꽃씨가 생기도록 꽃가루를 옮기는 벌이 잘 살 수 있는 환경이 필요하다. 그런데 벌이 민들레 꽃가루를 옮기고 꽃씨가 성공적으로 생겨나더라도 민들레 꽃씨가 싹이 터 뿌리가 내릴 수 있는 토양이나 생태적 조건이 갖추어져 있지 않다면 민들레가 생겨날 수 없다. 그리고 요행이 뿌리가 뻗기 시작했어도 민들레 줄기와 꽃이 생길 것이라고 쉽게 단정 지을 수는 없다. 오랜 시간 동안 벌레나 토끼 등 짐승들에 의해 뿌리나 새싹이 손상되지 않아야 하고, 다른 제반의 조건이 갖추어져야만 민들레의 가드다란 줄기에서 꽃이 필 것이다. 이와 같이 하나의 민들레가 자라나기 위해서는 수없이 많은 조건이 모이고 흩어져야 한다.

개체

우리 스스로를 한번 살펴보자. 인간의 발생 과정은 흔히들 부모의 정자가 난자를 만나 수정란이 생성된 시기부터 시작된다고 생각한다. 그러나 실상은 그리 간단치 않다. 하나의 정자가 난자를 만나기까지는 '정자의 전쟁'과도 같은 일이 벌어지기 때문이다. 최소한 2억5천만 개 정자들 가운데 오직 하나만이 난자를 만나게 되기 때문에 정자세포들은 최소한 '2억5천만 대 1'이라는 상상할 수 없이 높은 경쟁을 뚫고 난자가 있는 곳까지 도달해야 한다.

'정자의 전쟁' 과정은, 밑에서 곧 살펴보겠지만, 정자세포 안에 있는 수없이 많은 단백질 간의 상호작용으로 인한 정자세포의 전체적인 구조가 변해야만 가능하다. 이것 또한 많은 조건이 모이고 흩어지며 이루어지는 현상이다. 또 이러한 상호작용이 정확한 시기에 정확한 장소에서 일어나는지 그렇지 않은지에 따라 2억5천만 대 1의 경쟁에서 승패가 달라진다. 약 5일이란 시간에 걸쳐 정자세포가 움직이는데, 그동안 정자세포의 중간 부분이 담당하는 운동성이 높아야 하고, 효소의 작용으로 정자세포 머리 부분의 구조가 변하여 난자세포의 단단한 세포벽을 뚫고 들어갈 준비를 마쳐야 한다. 이런 조건들을 충족시키는 일련의 과정을 정자세포의 능력화(capacitation)라고 부른다.

정자의 능력화 과정이 완성되어 정자세포들이 난자세포벽에 도달하면서 정자세포가 지닌 효소의 작용으로 정자세포 머리 부분에 닿은 난자의 세포벽이 일정 부분 열리고 정자가 가진 단백질(acrosome)의 작용과 함께 난자세포벽이 뚫리게 된다. 만약 정자의 효소가 너무 일찍 반응을 시작한다면, 설령 그 정자세포가 제일 먼저 난자의 세포벽에 도달했더라도 난자세포벽을 뚫지 못할 것이다. 그래서 정자의 효소 작용이 적절한 시간에 일어나야 하는 것이 하나의 관건이다.

정자세포 하나가 성공적으로 난자세포벽에 들어오면 곧이어 또 다른 효소의 작용으로 정자 꼬리 부분과 세포막이 정자세포로부터 분리된다. 그리고 난자세포벽에 있던 난자의 효소는 난자세포벽의 구조를 촘촘하고 단단하게 변화시켜 더 이상 다른 정자세포가 난자세포 안으로 들어올 수 없게 한다. 이 모든 과정이 완성된 이후에야 비로소 하나의 정자세포의 핵과 난자세포의 핵이 융합할 수 있게 된다. 이러한 일련의 과정은 복잡하게 얽히고설킨 헤아릴 수 없이 많은 조건의 조합이 적시적소에 발현되어야만 가능한 과정이다. 특정한 시기에 특정한 장소에서 어느 하나의 조건이라도 발현되지 않는다면 정자핵과 난자핵의 융합은 불가능해진다.

그런데 핵융합 후의 과정은 지금까지 설명한 과정과는 상대가 되지 않을 정도로 더 많고 복잡한 조건에 의해 좌우된다. 그 조건의 수와 관계가 헤아리기 어려워서 우리는 이런 경우 통상 '신비로운 과정'이라고 쉽게 표현하고 싶을지도 모르겠다. 그러나 그

신비로움이란 사실 핵융합 이후의 과정과 그에 따른 조건을 전문적으로 상세히 서술한다면 크게 어렵지 않게 이해할 수 있는 내용이다. 한번 그 상세한 조건을 살펴보자.

지금까지 밝혀진 바로는 핵융합 이후 수정란 세포는 네 차례의 세포분열을 겪으며 세포의 수가 16개로 증가한 후 세포분화를 통해 두 종류의 세포로 분화된다. 세포막을 구성하는 세포(trophoblast cells)로 분화되거나 태아를 구성하게 될 세포막 안에 위치하는 내세포 덩어리(inner cell mass)로 분화된다. 곧이어 세포막 안에 위치한 내세포 덩어리가 한쪽으로 움직이고 나머지 공간은 액체로 채워진 상태인 배반포(blastocyst)가 된 후 산모의 자궁내벽에 착상하게 된다. 핵융합이 있은 후 약 6일 만에 이루어진 사건이다.

배반포와 자궁내막벽의 구조가 변하여 이루어지는 착상은 배반포에서 분비되는 효소와 더불어 성장호르몬을 비롯한 여러 단백질의 작용과 산모 안의 호르몬의 작용에 의하여 이루어진다. 착상된 배아는 낭배형성기(gastulation)를 거치며 세 개의 배엽을 갖게 되고, 각각의 배엽은 세포분화와 세포특성화의 과정을 거치며 신경기관, 소화기관 등 우리 몸을 구성하는 여러 다양한 기관으로 발달한다. 이렇게 되기까지 세포 간의 상호작용과 그 상호작용을 일으키는 데 관여하는 많은 단백질과 그들의 활동, 그리고 그 단백질들을 생산하는 데 필요한 다른 단백질들과 대사물질

등 무수히 많은 조건이 필요하다.

정상적인 태아의 형체가 만들어지며 태아가 자궁 내에서 자라는 긴 시간 동안 한없이 많은 조건이 갖추어져야 한다. 만약 이조건 가운데 어느 하나라도 특정한 시기에 특정한 위치에서 발현되지 않는다면 태아의 정상적인 성장이 보장될 수 없다. 이와 같이 우리의 발생과 출생은 그 많은 조건이 적시적소에 발현되고있어야만 가능한데, 이것을 확률로 따지자면 아마도 거의 불가능에 가까운 사건이라고 생각된다. 그래서 불가능에 가까운 사건이현실화된 우리의 출생이 가히 기적에 가까운 일이며, 인간의 발생과 출생이 쉽게 이루어지지 않는 것이 오히려 당연한지도 모른다.

생명과학 공부를 하다 보면 모든 변화가 참으로 많은 조건이모여 이루어진다는 점을 반복적으로 확인하게 되며, 따라서 인연이 얼마나 소중한지를 깨닫게 된다. 불가에서는 생명체로 태어나기도 어려운데 사람의 몸을 받아 태어난다는 것은 억겁다생億劫多生의 복을 짓지 않고서는 가능하지 않다고 말해 왔는데, 자연과학적 시각에서 보아도 지극히 옳은 말씀이다. 그리고 그 많은 사람들 가운데 스스로가 붓다의 말씀을 공부할 기회를 갖는다는 것은 사람으로 태어난 인연에 추가로 더해져야 하는 온갖 조건들에의한 연기로서만 가능한 경이로운 일이다. 불자들은 복도 많다.

발생과 생명

우리의 발생 과정을 살펴보면 자연스럽게 생명의 시작에 대한 질문이 생겨난다. 새로운 생명의 시작은 언제인가? 부모의 정자와 난자가 만난 시점이 태아의 생명의 시작인가? 하나의 정자세포가 성공적으로 난자를 만날 수 있는 시점은 정자세포가 5일 동안 쉬지 않고 이동해 난자의 세포벽에 닿은 시점일 수도 있고, 아니면 정자세포가 난자세포벽을 뚫고 난자세포 안으로 들어간 순간일 수도 있겠다.

또는 정자세포의 핵이 난자세포의 핵을 만나 핵융합이 일어난 시기가 부모의 정자와 난자가 만난 시점이라 생각할 수도 있겠다. 하지만 핵융합은 여러 단계를 거쳐 일어나는 과정인데, 그 과정에서 부모의 정자세포와 난자세포가 만나는 순간을 과연 언제라고 보아야 하나? 우리가 임의적으로 그 시점을 정하지 않는 이상 이 질문에 대한 답변은 가능하지 않다. 부모의 정자와 난자가 만나는 순간은 보는 이에 따라 다를 것이고, 따라서 태아의 생명이 언제부터 시작하는지는 말할 수 없다.

한편 태아의 생명의 시작이 핵융합 이후 수정란 세포가 되어 세포분열과 세포분화가 일어난 후 형성된 배반포 시기라고 생각할 수도 있고, 또는 배반포가 산모의 자궁내막벽에 착상한 순간이라고 주장할 수도 있겠다. 또 한편 생명의 시작은 여러 기관 중 심장기관이 생겨난 순간이나 작동하는 시기라고 생각할 수도 있다. 배반포가 착상한 후 배아는 세 종류의 배엽을 갖게 되는데, 이 가운데 중배엽을 이루는 세포들이 심장을 만드는 근육세포나 적혈구세포로 특성화되어 자란다. 그래서 심장기관을 만들기 시작한 후, 시간이 지나며 제반 조건의 발현으로 심장이 기능하기 시작할 것이다.

그런데 어떤 근거로 태아의 생명의 시작이 배반포 시기, 배반포가 착상한 순간, 심장기관이 만들어진 시기, 또는 심장기관이 활동을 시작하는 순간이라고 생각하는가? 근거를 찾을 수 없다. 무수히 많은 조건이 얽히고설켜, 한순간도 정지하지 않고 일어나는 발생 과정에서 어느 특정한 순간을 태아의 생명의 시작이라 주장하는 것은 너무 임의적(arbitrary)이라고밖에 생각되지 않는다.

위에서 지적한 문제는 실제로 철학 특히 형이상학에서는 예로부터 많이 지적되어 온 문제로서, 서양철학에서는 만족할 만한 답을 찾지 못한 난제의 하나다. 몇 가지 예로 문제의 성격을 분명히 밝혀 보겠다. 어떤 이가 머리숱이 점점 줄어 대머리가 되어가고 있다고 상상해 보자. 어느 정도 머리숱을 잃어야 대머리가 되는가? 33.3%의 머리숱을 잃어야 대머리가 되는가? 아니면 50.01%? 90%? 100%? 그 어느 누구도 정확한 선을 그어 가며 대머리의 본질적 기준을 내릴 수 없다.

또 다른 예로, 고개를 들어 하늘에 떠 있는 구름을 바라보자. 저

멋진 구름의 가장자리 경계를 어떻게 그을 수 있을까? 도대체 공기 중에 몇 퍼센트 이상의 물 분자들이 함유된 순간부터 구름이라 정할 수 있을까? 실제로는 같은 양의 물 분자들이라도 주위 기온에 따라 구름의 일부가 되기도 하고 그렇지 않게 되기도 하니 말이다. 이와 같이 구름의 본질을 이해하고 이론의 여지가 없는 구름의 경계를 정하기는 불가능하다.

경계를 정할 수 없다는 실제적(practical)인 문제뿐 아니라 경계를 정하는 일이 실은 처음부터 논리적으로 불가능하다는 점도 보일 수 있다. 이 점을 논증하기 위해 형이상학과 논리학에서 주로 사용하는 예는 '모래더미의 패러독스'이다. 눈앞에 커다란 모래더미가 있다고 가정해 보자. 이 더미는 수많은 모래알로 이루어져 있다. 그 수를 n이라고 해 보자. 여기서 한 개의 모래알을 빼서 이제 (n-1)개의 모래알이 남아 있다고 해도 이것은 여전히 모래더미다. 다시 말해 n개의 모래알이 모래더미를 형성하면 (n-1)개의 모래알도 모래더미를 만든다.

이제 모래알을 하나씩 계속 빼 나간다고 가정해 보자. 하나씩 아무리 빼어도 모래더미라고 할 만한 것이 남아 있게 된다. 그런데 정말 오랜 시일 동안 하나씩 모래알을 빼내어 결국 두 알만 남게 된다고 해 보자. 그러면 이때 n개의 모래알은 두 알로 모래더미를 만들 수 있지만, (n-1)개의 모래알은 즉 한 알만으로는 모래더미를 만들 수 없다. 그래서 위에서 'n개의 모래알이 모래더미를 형성하면 (n-1)개의 모래알도 모래더미를 만든다'고 한 명제와 모순되어 충돌하게 된다. 그래서 패러독스가 발생한다. 위에서 예로 든 대머리와 구름의 경우도 마찬가지 문제에 직면한다. 서양철학은 아직 이 문제에 모두가 만족할 만한 해결책을 찾지 못하고 있다.

그런데 어떤 사물도 본질이 없이 공空하다고 보는 불교에서는 이런 문제가 처음부터 생겨나지 않는다. '대머리임(boldness)'이라는 어떤 고유한 속성이 존재하지 않고, 따라서 우리가 그것을 분명히 정의定義할 수 있는 것도 아니다. 우리는 "대머리"라는 말을 단지 그때그때 상황에 따라 편리하게 쓰는 편리한 개념으로만 여겨야 하며, 그것에 어떤 존재론적인 상相을 부여해서는 안 된다는 것이 불교의 가르침이다. 그것은 그냥 편리한 도구, 지시어, 또는 방편일 뿐이다.

구름의 경우도 마찬가지다. 모이고 흩어지는 구름에 어떤 본질이 존재하는 것인 양 착각하고서는 그것에 분명한 가장자리 경계를 정하려고 하는 본질주의적 태도는 우리에게 불필요한 고민만 가져올 뿐이다. 그렇게 본질을 가진 구름이란 존재하지 않는다. 구름도 공하다. 우리가 편리하게 쓰는 도구로서의 "구름"이란 말이 존재한다고 해서 어떤 본질을 가진 구름이 존재한다고 보는 것은 대단히 잘못된 생각이다. 이는 우리를 깨달음의 길에서 멀리 떼어놓을 뿐이다. 모래더미의 예에도 마찬가지의 비판이 적용

개체

된다. 대부분의 서양철학이 공과는 대립되는 본질주의적 토대 위에 이루어졌고, 따라서 그들이 위의 문제를 해결하지 못한 것은 어찌 보면 자연스러운 결과이겠다.

다시 생명과학의 문제로 돌아와 보자. 생명의 시작에 대한 질문에도 위에서의 논의가 그대로 적용될 수 있다. 그런데 이 질문에 더 올바로 대답하기 위해서는 먼저 우리가 생명을 어떻게 생각하고 있는지부터 살펴보는 것이 좋겠다. 우리는 발생 과정의 어떤 시기 전까지는 생명이 없다가 갑자기 어느 순간에 생명이 시작된다고 생각하고 있는 것 같다. 그래서 생명이란 어떤 특정한 시기에 특정한 물질적 조건을 기반으로 출현하는 어떤 것으로 여기는 듯하다. 다시 말해 생명이란 어떤 특정한 물질적 속성으로부터 창발되는 속성(emergent property)이라고 보는 것 같다.

창발적 속성이란 존재론적으로 원래 없던 것이 새로이 생겨나 실제로 존재하게 된 속성으로, 물리적 속성을 기반으로 해서 창발하지만 이러한 물리적 속성의 기반에 의거해 설명할 수 없고 또 물리적 속성으로 환원되지 않는, 나름대로의 고유한 특성을 갖는다는 속성이다. 무無에서 유有가 창조된다는 서구 종교적 관점에서는 이런 견해가 뜻이 통할지도 모르겠으나, 아무 것도 조건에 의존하지 않고서는 생겨나지 않는다는 연기의 가르침을 받아들이는 불가佛家에서는 받아들여서는 안 될 주장이다. 그리고 철학적으로도 수용할 수 없는 주장인데, 밑에서 이를 간단히 증명해 보이겠다.

부분들이 모여서 전체를 이룰 때 부분들에서는 없던 속성이 새로이 창발되어 실재實在하게 된다고 하는데, (다르마키르티와) 서양철학자들은 이때 실재한다는 것이 나름대로의 인과적 힘을 갖는 것이라고 이해한다. 아무런 인과적 힘도 없다면 실재한다고 인정해 줄 이유가 없겠기 때문이다. 그러면 쉬운 예를 들어 여러 부분이 모여 이루어진 전체로서의 책상을 생각해 보자. 네 개의 다리와 상판이 모여 책상을 이루는데, 다리는 각각 2.5kg이고 상판은 10kg이어서 책상은 20kg이 된다고 해 보자.

그런데 만약 부분이 모여 새로이 창발된 책상이 실재하는 것이어서 나름대로의 인과적 힘, 즉 중량을 갖는다면, 책상이라는 물체는 20kg의 힘을 가져야 한다. 그리고 각각의 부분을 모아 보아도 역시 20kg이 된다. 그런데 창발된 책상이 실재하고 또 부분들도 실재한다면, 우리 앞에 있는 책상처럼 보이는 이 물체는 두 종류의 실재하는 물체들이 합쳐져 있는 것일 테니 무게가 40kg이 되어야 한다. 그러나 우리가 알고 있듯이 이것의 무게는 그냥 20kg일 뿐이다. 그래서 결국 창발되어 실재한다는 책상은 실재가 아니고 그냥 우리가 부분이 모여 있는 어떤 물체를 편리하게 지시하기 위해 그렇게 이름 붙였을 뿐이다. "책상"이라는 이름으로 불리는 존재자가 있다고 해서 어떤 새로운 존재자가 이 세상에 창발된 것은 아니라는 점이 분명해 보인다. 이 점은 주지하듯이『밀린다왕문경』에도 여러 번 언급되어 논증되고 있다.

개미가 줄을 지어 이동하고 있다고 해서 그 줄이 실재하는 것은 아니다. 우리가 그냥 그렇게 줄로 인식하는 것일 뿐이다. 봄에 온 천지가 형형색색의 꽃으로 만발한 듯이 보인다고 해서 물리학이 보여주는 자연 세계가 근본적으로 색깔로 가득 차 있는 것은 아니다. 색깔이란 결국 전자기파의 일정 부분이 우리가 지닌 특별한 시각기관인 눈의 망막을 자극할 때 뇌가 그것을 해석하는 과정에서 만드는 인식용 표지(marks)일 뿐이다.

우리가 세계를 색깔로 인식한다고 해서 세계에 색깔이 새로 생겨나 실재한다고 착각한다면 이는 우리가 무에서 유를 창조(창발?)한다는 것인데, 이것은 불교의 연기관에 어긋나는 생각이다. 우리가 이 세계를 우리의 인식체계가 만드는 색깔이라는 틀을 통해 경험한다는 점을 부인하는 것은 아니다. 그렇지만 이 색깔이 창발되어 실재로 존재한다는 생각은 불교적이지 않고 또 철학적 논증으로도 견지될 수 없는 견해다. 색깔뿐 아니라 소리, 맛 등에도 같은 논증이 적용된다.

혹자는 어떠어떠한 조건이 갖추어지면 생명이 새로이 창발되어 그 나름대로의 특성을 가지고 실재한다고 주장하기도 한다. 그러나 책상이 창발된다는 생각이 옳지 않으며, 또 색깔이 나름대로의 속성을 가지고 실재한다는 견해가 그릇됨을 인정한다면, 우리는 생명 또한 없던 것이 새로이 생겨나 독자적으로 존재하는 것이라고 할 수 없다고 인정해야 할 것이다.

　그러나 생명이 전혀 존재하지 않는다는 것은 아니다. "책상"이라는 편리한 이름으로 불리는 부분의 집합체가 현상으로 존재하며, 또 사물이 색깔로 구분되고 인식되기 때문에 편리상 색깔이 현상으로 존재함을 인정할 수 있는 것과 마찬가지로, 우리는 '생명'이라는 현상이 자연 세계에 존재한다고 인정한다. 다만 그것이 나름대로의 고유한 특성을 가지고 독자적으로 존재하는 실재라고 인식하는 것은 불교적이지 않다는 점을 강조하고자 한다.

개체

8 / 발생의 불교적 이해 2

본질 없이 공空한 배아줄기세포

7장에서 필자들은 우리 인간의 발생 과정을 자세히 살펴보며 생명체의 발생을 연기의 과정으로 이해해야 한다고 주장했다. 수많은 조건이 시공時空의 좌표에 적절히 모여야 부모의 정자와 난자 두 세포핵의 융합이 가능하고, 또 핵융합이 완성된 수정란 세포의 발생도 가능하게 된다.

논의의 전개를 위해 수정란으로 발생한 이후 자궁내벽에 착상되기 전의 배반포를 다시 살펴보겠다. 수정란은 지속적인 세포 분화를 통해 외피층 세포(trophoblast cells)와 내세포 덩어리(inner cell mass)로 분화한 배아세포인 배반포(blastocyst)가 된다. 배반포를 구성하는 내세포 덩어리는 10~20개의 세포들로 되어 있고, 착상 후에는 이 내세포 덩어리가 세 개의 배엽으로 분화하며, 각각의 배엽은 혈액, 심장, 간, 뇌, 피부, 뼈 등 태아의 몸을 구성하는 조직들의 세포로 분화되고 특성화(specification)된다.

이와 같이 우리 몸을 구성하는 모든 조직은 내세포 덩어리에서 비롯된다. 그래서 만약 내세포 덩어리의 발생이 순조롭지 못하다면 태아의 발생 과정은 그 순간 모두 멈추게 될 것이다. 이 내세포 덩어리가 바로 우리가 배아줄기세포(embryonic stem cells)라 부르는 세포 뭉치이다. 배아줄기세포들은 아직 분화되지 않아 특성화되지 않은 미성숙 세포로서, 신체의 모든 조직의 세포를 만들 세 개의 배엽들 가운데 어느 것으로나 분화가 가능하기 때문에 만능세포(pluripotent cells)라 여겨진다.

그렇다면 과연 어떻게 이러한 미성숙한 배아줄기세포들이 간, 이자 등의 조직을 만들 내배엽이나 혈액, 소장, 심장, 근육 등을 만들 중배엽으로, 또는 피부, 뇌 등을 만들 외배엽으로 분화하게 될까? 배아줄기세포들 중 일정한 부분들이 내배엽이나 중배엽 또는 외배엽으로 분화할 계획이나 목적(telos)을 가지고 있어서, 그러한 각각의 목적을 실현시킬 잠재력이 실현되면 배아줄기세포들은 각각의 배엽으로 특성화되는 것인가?

위와 같은 생각은 기원전 4세기 아리스토텔레스가 모든 생명체에는 목적이 내재되어 있다고 주장한 것과 일맥상통한다. 예를 들면 병아리 안에 닭으로 커 가야 하는 목적이 처음부터 자리잡고 있어서, 병아리는 이 목적을 실현하기 위해 우리가 알고 있는 그러그러한 방식으로 커 간다고 설명하는 방식이다. 그러나 이러

개체

한 아리스토텔레스식의 설명은 병아리가 시간이 흐른 후 닭으로 발생하게 되는 미래의 결과를 가지고 현재의 병아리의 특성을 설명하는 셈이 된다. 이러한 설명법은 현재의 사건이 나중에 일어나는 사건을 인과적으로 초래한다는 보편적인 설명 방향에 역행하는 역행인과관계(backward causation)에 근거하는 설명이다.

역행인과관계에 의존하는 설명 방식은 근대 이후 수백 년 동안 우리가 이해하고 받아들여 온 과학의 올바른 설명 방법이 아니다. 아리스토텔레스의 목적론적 설명 방법은 더 이상 우리의 과학적 설명 방법이 아닌 것이다. 그래서 근대 이후 생명과학 이외의 다른 자연과학 분야에서는 아리스토텔레스의 목적론적 시각과 설명 방법이 전적으로 배제되었다.

한편 아리스토텔레스를 따르자면, 우리는 생명체가 모두 마치 목적을 실현하고자 하는 어떤 의지를 가지고 있는 것처럼 이해하게 된다. 예를 들어 올챙이가 개구리로 성장하기 위한 의지를 갖고 있고, 또 이를 실현하기 위해 주어진 발생 과정을 거치는 것처럼 이해될 여지가 있다. 그러나 이렇게 의인화擬人化된 의지를 동반하는 목적론적 설명은 올바른 과학적 설명으로 볼 수 없다.[13] 올챙이가 인간의 의지와 같은 것을 가지고 있다는 생각은 고대인들이 나름대로 세계를 이해하기 위해 투박하게 의인화된 설명 방식을 적용한 예에 지나지 않는다. 즉 우리의 인간적인 사고방식을 올챙이에게 투사(project)해서 올챙이가 개구리로 발생하는 과정을 마치 우리 인간 의지의 실현 과정처럼 이해하려 했을 뿐이다.

　그런데 만약 우리가 다음과 같은 생각을 하고 있다고 가정해 보자. "배아줄기세포들의 어느 일부는 내배엽으로 분화될 목적을 가지고 있고, 또 어느 일부는 중배엽으로 분화될 목적, 그리고 나머지는 외배엽으로 분화될 목적을 가지고 있어서, 어느 시기에 그 각각의 목적이 실현되면 배아줄기세포가 세 개의 배엽으로 각각 분화된다."라고. 그러면 우리가 이해하는 방식은 아리스토텔레스의 목적론적 설명과 같은 문제에 직면하게 된다. 세 개의 배엽으로 분화할 이후의 결과를 가지고 배아줄기세포에 그러그러한 목적이 이미 내재한다고 설명하는 식이 되고 말기 때문이다. 그래서 마치 배아줄기세포가 세 개의 배엽으로 분화할 의지를 갖고 있는 것처럼 이해하게 된다. 그러나 여기서 우리는, 아리스토텔레스의 목적론적 시각과 설명이 비과학적이듯이, 배아줄기세포가 각각의 배엽으로 분화할 설계(design)나 목적을 실현시킬 잠재력을 가지고 있다고 생각하는 것 또한 비과학적이라고 판단해야 한다.

　철학적인 관점에서 아리스토텔레스의 목적론은 위에서보다도 더 근본적인 문제에 부딪힌다. 과학혁명이 일어난 17세기 서양 근대 이후 우리는 자연 세계를 이루고 있는 구성물은 모두 근본적으로 물질적인 것이고, 이들은 물리학이 제공하는 기계론적 설명 방식으로 이해된다고 받아들였다. 모든 사물은 물질로 이루어져 있고, 모든 물질의 구조와 변화는 수학적 방법을 이용하는 물리학이 보여주는 대로 설명된다고 믿어 왔다. 여기에는 그 어떤 의지를 가진 정신적인 존재 같은 것이 끼어들 여지가 없다. (소립자 물리학의 세계를 제외한) 우리 일상생활에서 접하게 되는 어떤 존재자라도 그것의 물질적 바탕이 이해되기만 하면, 그 존재자가 앞으로 어떤 인과 과정을 거쳐 어떻게 변화해 나갈 것인가에 대한 모든 설명과 예측이 원칙적으로 가능하다고 믿어 왔다. 자연 세계의 다른 모든 영역에는 이와 같은 기계론적 접근을 통한 설명과 예측이 정통한 연구방법론이라고 받아들여지고 있고, 또 그 성공 사례가 수 세기 동안 끊임없이 축적되어 왔다.

그런데 왜 우리는 유독 생명과학 현상을 설명하는 데 있어서는 전적으로 기계론적인 접근방법을 적용하지 않고 오히려 목적론적 설명도 도입되어야만 제대로 된 설명이 가능하다고 생각할까? 생명과학 현상이 다른 모든 자연과학 현상으로부터 예외가 되어야 할 어떤 필연적인 이유라도 있는가? 생명체도 근본적으로 물질적 존재인 점을 고려한다면, 별다른 이유를 찾기 어려울 것이다. 혹시 우리가 관찰하는 여러 생명과학 현상에 같은 생명체인 우리 인간이 가지는 어떤 유사성이 발견되기 때문에, 생명과학 현상도 우리 인간의 정신세계처럼 계획이나 설계, 그리고 목적과 의지를 가지고 진행된다고 쉽게 믿게 되는지도 모르겠다. 그러나 이것은 단순한 유사성을 확인하면서 비롯되는 우리의 소박한 희망사항일 뿐이어서, 생명과학 현상에 대한 정교한 연구를 위해서 우리가 경계해야 할, 학문적으로 엄밀하지 못한 태도이다.

　예로부터 철학자들은 존재 세계를 설명할 때 존재론적으로, 그리고 인식론적으로 부담이 덜한 이론을 선호해 왔다. 인도 전통에서는 이것을 '경량화의 원리(principle of lightness)'라며 받아들였고, 서구에서는 '오컴의 면도날(Occam's razor)'의 원리라고 부르며 지금까지도 금과옥조로 여기고 있다. 존재하는 사물의 종류와 그것들을 설명하는 원리의 수數는 적을수록 좋다는 철학자들의 통찰이 바로 그것이다. 근대 이후 자연과학자들도 이 원리를 십분 받아들여 왔다. 자연과학자들은 가능하면 적은 수의 종류로 된 대상(entity)을 가지고, 가장 적은 수의 법칙과 개념으로 된 이론으로 자연현상을 설명하는 것을 이상으로 삼아 왔다.

　존재와 사유의 경제성의 원리를 위에서 진행한 논의와 연관시켜 보면, 아리스토텔레스식의 목적론과 그것이 함축하는 계획이나 설계, 목적, 그리고 의지와 같은 대상의 존재가 자연과학의 존재론과 설명론에서 환영받지 못하는 이유가 분명히 드러난다. 우리가 다른 모든 자연과학 분야에서 통용되는 기계론적 인과론과 물질적 존재자만 받아들이면서도 모든 생명과학 현상을 잘 설명할 수 있다면, 목적론과 같은 이질적인 존재론과 설계, 목적, 그리고 의지와 같은 비물질적 요소를 생명과학 이론에 추가로 도입

　　　　　　　　　　　　　　　　개체

할 이유가 없기 때문이다. 이것들은, 단적으로 말하자면, 불필요하게 남아도는(redundant) 이론과 존재자들일 뿐이다. 모두 오컴의 날카로운 면도칼로 잘라 제거해 버려야 할 대상들이다. 생명과학에서는 20세기 중반 이후 분자생명과학에 의해 이러한 제거 작업이 끊임없이 진행되어 왔다.

그런데 비록 배아줄기세포 안에 이미 각각의 배엽으로 분화할 어떤 목적이 존재하는 것은 아니더라도, 그 안에 각각의 배엽을 그 배엽이게끔 만들어 주는 그것의 본질(自性)이 내재해 있다고 가정해 보자. 그렇다면 배아줄기세포는 그것을 둘러싼 환경의 변화나 물리적 공간에서의 위치에 상관없이 그 본질을 고정불변하게 지녀야 한다. 왜냐하면 불변하는 본질적 속성(自性)은 환경이나 물리적 공간과 같은 조건에 의해 연기하며 생멸하지 않기 때문이다. 그래서 그것은 공空하지 않고 독립적으로 존재할 수 있을 것이다. 그런데 배아줄기세포는 세 개의 배엽들 가운데 그 어느 것으로도 분화가 가능한 만능성을 가지고 있다. 만능성을 가지고 있다는 것은 결국 그것이 실제로는 아무 특정한 본질도 가지고 있지 않다는 이야기와 같은 셈이다. 따라서 우리는 배아줄기세포 안에 어떤 특정한 본질이 있어 이것이 일정한 세포를 각각의 배엽으로 분화하게 만든다고 생각할 수 없다. 배아줄기세포는 자성이 없이 공하다.

만약 어떤 것이 다른 조건에 의존해서만 존재한다면 그것은 스스로를 스스로이게끔 해 줄 수 있는 그 무엇, 즉 본질(自性)을 가질 수 없다. 그런데 최근까지 보고된 수많은 실험 결과가 보여주듯이, 배아줄기세포를 생체 밖에서(*in vitro*) 성장호르몬과 여러 화학물질을 달리하며 배양해 보면, 이 배아줄기세포가 심장, 신경, 혈액, 뼈 등 여러 다양한 조직을 이루는 세포로 분화된다.[14] 배아줄기세포 어느 하나도 환경의 변화에 상관없이 고정불변하게 존재하며 분화하는 본질을 가지고 있지 않다는 점이 밝혀진 것이다.

예를 들어 배아줄기세포가 중배엽에서 분화하는 심장세포가 될 본질을 미리 가지고 있다고 가정해 보자. 그렇다면 실험실에서 아무리 성장호르몬과 화학물질을 달리하며 배양액을 바꾸더라도, 배아줄기세포는 이러한 배양액의 차이인 환경의 변화와는 상관없이 중배엽에서 분화한 심장세포로 분화될 것이다. 그러나 이런 일은 일어나지 않는다. 또 한편 어떤 배양액에서 배양된 배아줄기세포라도 외배엽에서 분화할 신경세포의 본질을 가지고 있지 않다면, 그것들이 접한 환경과는 상관없이 외배엽에서 유래하는 신경세포로는 분화되지 않을 것이다. 이 또한 사실이 아니다.

본질(自性)이 있다면 환경과는 상관없이 그 본질이 발현되어야 하고, 또 그 본질이 없다면 환경이 어떻든 그것이 발현될 수는 없어야 한다. 그러나 이 모두는 과학자들이 발표한 실험 결과와 일치하지 않는다. 왜냐하면 둘러싸고 있는 주변 환경이 배아줄기세포가 특정 세포로 분화하는 데 결정적 역할을 한다는 점이 밝혀졌기 때문이다. 결국 배아줄기세포에는 그것을 어떤 특정한 세포로 발생 또는 분화하게 해 주는 본질 같은 것은 존재하지 않는다. 필자들이 이 단락에서 사용한 논증은 실은 용수가 이미 그의 『근본중송』에서 사물이 본질이 없이 공함을 증명하기 위해 사용한 논증과 그 구조가 동일하다.

한편 배아줄기세포는 생체 안(*in vivo*) 환경뿐만 아니라 이들이 자리하는 공간적 위치에 의해서도 배엽의 특성화가 결정된다. 만약 배아줄기세포가 어떤 고정불변한 본질을 가지고 있다면 배아줄기세포가 위치한 물리적 공간의 변화에는 상관없이 배아줄기세포의 분화양상은 일정하게 고정되어 변하지 않아야 할 것이다. 그러나 이는 사실이 아니다.

뇌졸중 환자의 손상된 뇌에 배아줄기세포를 주사하는 경우를 살펴보자. 만약 배아줄기세포가 혈액세포를 만들 중배엽의 고정불변한 본질을 가지고 있다면, 배아줄기세포는 중배엽 이외에 다른 배엽으로 분화되지 않을 것이다. 그런데 손상된 뇌를 복구하기 위해 필요한 뇌세포는 외배엽에서 분화한다. 무수히 반복된 실험 결과로부터 잘 알려져 있듯이, 손상된 뇌의 위치에 주입된 배아줄기세포는 뇌신경세포로 분화하게 되어 뇌를 복구할 수 있다.[15] 공간적 위치에 따라 다르게 분화하는 배아줄기세포에 어떤

고정불변한 본질이 있을 수 없다는 점이 다시 한 번 확인된다.[16]

우리가 지금까지 살펴보았듯이, 배아줄기세포가 각각의 배엽으로 분화하고 특성화하는 과정은 오직 각각의 배아줄기세포가 위치한 물리적 공간과 그 세포를 둘러싼 국한된 환경에 의해서 결정된다. 연기와 공의 가르침을 따르는 불교계를 벗어나 보면 상식적인 본질주의적 성향을 가진 식자識者들이 대다수인데, 이런 논자들이 보고 싶어 할 배아줄기세포 안에 내재된 본질적 속성 같은 것은 존재하지 않는다. 모든 사물은 불교가 가르쳐 온 연기의 진리대로 오직 조건에 의해서만 생성, 유지, 소멸될 뿐이다. 배아줄기세포라고 해서 예외가 아니다. 배아줄기세포도 본질이 없이 공하다. 그래서 필자들은 생명과학 현상에 대한 첨단 연구도 연기와 공의 관점에서 접근할 때만 올바르게 이해될 수 있다고 결론 내린다. 물론 생명과학을 첨단에서 연구하다 보면 불교에서 가르치는 연기와 공의 진리로 이끌리게 되기 마련이기도 하다.

개체

^{9/} 노화의 불교적 이해

우리 인간을 포함해 지구의 모든 생명체는 시간이 흐르면서 생존과 번식에 필요한 생리적 기능이 점차로 퇴화되거나 세포가 분열할 수 있는 능력을 잃어가는 노화老化 과정을 겪는다. 노화하지 않는 생명체는 없다.

노화에 대한 오해

우리는 한때 질병을 얻게 되는 것이 노화의 필연적인 현상이라고 생각했었다. 그러나 이것은 노화에 대한 잘못된 인식이다. 노화는 암이나 심장질환과 같은 질병이 아니다. 노화는 질병과는 다르게 모든 생명체에서 일어나는 자연현상이다. 비록 노화의 속도와 진행은 사람마다 다르지만, 노화는 생체의 장기를 이루고 있는 모든 세포에 영향을 미친다. 예를 들면 스무 살 즈음부터 폐조직이 탄력을 잃기 시작하고 늑골을 받치는 근육이 서서히 수축하기 시작한다. 그 결과 우리가 들이마시는 공기의 최대량이 서서히 감소하게 된다. 내장기관은 음식을 분해하는 효소를 점점 덜 만들어 내어 영양분을 섭취하는 능력이 저하된다. 그리고 심장의 혈관 안에 지방이 쌓이기 시작해 혈관의 탄력이 떨어지게 되어 동맥경화증 등 질병에 걸릴 확률이 높아지기도 한다. 이러한 현상은 모든 사람에게 일어난다.

한편 우리는 사람이 나이가 들면 성격이 괴팍해지고 우울해지거나 위축되고 기억을 잃게 되어 아무 데서나 막말을 하며 추하고 우스꽝스러운 행동을 할 수 있다고 생각했었다. 그러나 이것들은 노화의 현상이 아닌 질병이나 알츠하이머와 같은 치매와 관련된 초기 병증인데, 많은 이들이 이를 노화 현상으로 혼동하기도 했다. 물론 노화 과정 때문에 우리는 그 이전보다 질병에 더 취약해지고 기억력도 가끔은 젊었을 때와 같지 않을 수도 있다. 그런데 노화 과정과는 대조적으로, 알츠하이머 질병을 앓는 사람은 알츠하이머로 진단 받기 전 약 7년 전부터 기억력 감퇴가 증가해서 알츠하이머 진단 2~3년 전부터는 기억력이 급속히 떨어진다고 보고되고 있다. 이 점은 노화 과정과 질병이 별도의 현상임을 보여준다. 곧 늙음과 병듦이 대개 병행한다고 해서 둘이 반드시 같은 현상으로 분류되어야 하는 것은 아니다.

개체

노화는 없다

인간의 기대수명은 계속 늘고 있다. 그러나 우리는 여전히 13~14세기 고려말 우탁禹倬이 쓴 시조의 한 구절인 "한 손에 막대 잡고 또 한 손에 가시 쥐고, 늙는 길 가시로 막고 오는 백발 막대로 치려 하니, 백발이 제 먼저 알고 지름길로 오더라."처럼 어느 순간 시작되는 노화를 막을 길이 없다고 생각한다. 하나둘 흰 머리카락이 나고 피부에 주름이 늘며, 관절에 조금씩 문제가 생기고 근육이 감소하며 시력이 약해지는 등 어느 순간부터 노화의 여러 특징이 나타나기 시작한다고 느낀다. 그래서 많은 사람들에게 노화란 긍정적인 젊은 시절과 반대되는 늙음이라는 어떤 부정적 속성을 본질로 가진 두려움의 대상이 되곤 한다.

그런데 만물이 공空함을 받아들이는 불교인이라면 고유한 본질을 지닌 부정적 속성인 늙음이 과연 실제로 존재하는가에 대해 의문을 품게 될 것이다. 쉼 없이 변하여 무상하기만 한 자연계에 고정불변한 것은 아무것도 없다. 그런데 이러한 자연계에 늙음이라는 고유한 속성(自性)을 가진 노화라는 현상이 존재할 수 있을까? 필자들은 생명과학에서 제안하는 노화에 대한 이론들을 살펴보며, '노화'라는 말이 지칭하는 자성을 가진 현상은 실제로 존재하지 않는다는 점을 보이려 한다.

생명과학계는 1980년도에 선충류(nematode)의 수명을 조절하는 유전자를 발견한 이후 노화에 대한 본격적인 연구를 시작했다. 그리고 노화의 원인을 유전적 요인과 환경적 요인으로 나누어 노화의 진행경로를 추적하는 연구를 진행하고 있다. 또한 이제까지 알려진 노화에 대한 학설들 가운데 설명력이 있는 이론을 간추리고 검토하여 그 가운데 가장 설득력 있고 검증 가능한 하나의 이론으로 노화를 설명하고자 시도하고도 있다. 그러나 지금까지는 그 어떤 이론도 노화를 충분히 만족스럽게 설명하지 못하고 있고, 몇몇의 이론은 서로 상반되기도 하다.

노화에 대한 이론은 크게 '프로그램된 노화 이론'과 '훼손이나 오류에 의한 노화 이론' 두 종류로 나눌 수 있다. 프로그램된 노화 이론이란 생명체 내에 생체시간표나 생체시계가 있어서 이것에 따라 몇몇 유전자가 어떤 특정한 시간에 발현되거나 발현을 멈춤으로써 노화가 진행된다는 주장이다. 예를 들면 염색체 끝부분에 위치하는 DNA 염기서열을 틸로미어(telomere)라고 부르는데, 시간이 지남에 따라 이 부분이 단백질들의 작용으로 서서히 파손되어 그 길이가 점점 짧아진다. 또 인슐린 신호전달경로를 포함한 여러 신호전달경로들은 다양한 종류의 단백질로 구성되어 있는데, 시간이 지남에 따라 이들 단백질을 만드는 유전자의 활동이 저조해지고 결국은 신호전달경로 기능이 저하되어 노화가 시작된다는 주장이 계획된 노화 이론에 속한다.

한편 훼손이나 오류에 의한 노화 이론에 의하면, 노화란 환경의 영향으로 생명체 전체가 점점 파손되는 과정이다. 과산화물이

개체

나 여러 자유기들(free radicals)이 세포내 분자들을 손상시켜 시간이 지남에 따라 세포들이 닳고 조직이 훼손되는 과정이 노화라는 주장이다.

프로그램된 노화 이론을 다시 자세히 살펴보자. 이 이론이 설득력을 가지려면, 생명체가 그 어떤 환경에 서식하더라도 모든 생명체 안에는 고유한 생체시간표나 생체시계가 있어 이것에 따라 특정한 단백질과 이 단백질을 만드는 유전자가 정확한 시간에 예외 없이 발현되거나 억제되어야 한다. 그래서 주어진 '프로그램'이라는 본질에 따라 질서정연하게 노화가 진행되어야 한다. 같은 종種에 속하는 생명체들은 고정불변한 본질로서 같은 생체시간표나 생체시계를 공유하고 있어야 하기 때문에, 그 각각의 생명체는 노화의 시작과 진행속도가 동일해야 한다. 왜냐하면 이들에게는 생존 기간 동안 같은 시간대에 동일한 종류의 단백질의 작용으로 똑같은 노화의 과정이 진행되겠기 때문이다.

그러나 이러한 예상은 틀렸다. 우리가 매일 경험하듯이, 호모 사피엔스 종에 속한 우리 인간만 보더라도 인종마다 그리고 사람마다 노화의 속도와 진행이 다르다. 같은 종에 속하는 개체들조차도 같은 생체시간표나 생체시계를 공유하지 못한다는 점이 어떤 고정불변한 '프로그램'의 존재를 부정하는 근거가 된다. 유전자 정보가 거의 일치하는 일란성 쌍둥이들조차도 신체 내부와 외부 환경 등의 영향에 의해 노화의 진행 과정이 다르다는 사실은 이제 상식이 되었다.[17] 그래서 프로그램된 노화 이론은 설득력이 떨어진다. 자연계가 쉼 없이 변화하여 무상하고 또 연기와 공에 따라 변화한다는 점을 이해하는 우리는 생명체 그 어디에도 고정불변한 프로그램 같은 것은 없으리라는 점을 쉽게 예상할 수 있다.

　다음은 훼손이나 오류에 의한 노화 이론을 좀 더 살펴보자. 우리는 오랜 시간 동안 하나의 몸을 지니며 그 몸을 사용하면서 생활하고 있다. 그래서 마치 새 자동차를 오랜 기간 사용하면 자동차 부품들이 마모되고 때로는 접촉사고 등으로 자동차가 망가지기도 하는 것처럼, 우리 몸도 시간이 지남에 따라 곳곳이 닳고 망가지기 마련이다. 우리는 이런 과정이 노화라고 생각한다.

　이런 생각은 19세기 독일의 진화생물학자였던 아우구스트 바이스만이 제시한 노화에 대한 사용마모 이론과 상통한다. 바이스만은 생체를 구성하는 체세포들이 스스로 새것으로 치환되지 못하므로, 살아있는 모든 생명체는 시간이 지나면서 마모된다고 주장했다. 그런데 과연 우리 몸을 구성하는 체세포는 시간이 흘러도 새 체세포로 대체되지 않아 마치 자동차의 부속품이 닳듯이 체세포도 점점 낡아 그 기능을 잃어가는 것일까?

　바이스만의 생각과는 달리 우리 몸의 조직이나 이들 조직을 이루고 있는 세포, 그리고 각각의 세포를 구성하는 단백질을 포함한 수없이 많은 분자들은 그 어느 순간도 정지하지 않고 쉼 없이 새 분자로 교체된다고 밝혀졌다. 세포 안에 있는 대사분자, RNA 분자, 그리고 DNA 분자는 모두 새로운 분자들로 교체된다. 오래된 구성원이 있던 위치에 새로운 구성원이 자리하기를 반복하며 세포와 세포로 이루어진 조직도 재생된다. 또한 최근의 보고에 의하면 우리의 뇌 신경세포도 재생한다. 인지능력, 특히 장기기억과 관련 있다고 알려진 뇌의 해마(hippocampus) 안의 하위조직인 치아이랑(dentate gyrus)에서 끊임없이 새 신경세포들이 자라나는 것을 발견했다. 90대의 건강한 뇌에서도 같은 결과를 얻었다.[18] 우리 신체의 모든 조직은 끊임없는 재생 과정을 겪어 나간다.

그런데 위의 논의와 관련해 철학적으로 생각해 볼 문제가 있다. 우리는 보통 노화라는 어떤 고유한 속성을 가진 현상이 있다고 믿는다. 이에 따라 그 노화의 속성이 발현되어 노화가 진행되기 시작하는 시점도 있다고 생각한다. 그런데 위에서 보았듯이, 한시도 중단 없는 생명체의 변화 과정에서 젊음을 유지하던 상태가 어떤 특정한 시점부터 갑자기 늙은 상태로 바뀌어 간다는 생각이 과연 설득력이 있을까? 생명의 시작을 언제라고 말할 수 없듯이, 노화의 시작도 언제부터라고 말할 수 없다는 점을 우리는 쉽게 알 수 있다.

우리 신체의 조직을 구성하는 세포 안에서 일어나는 교체 과정을 다시 살펴보자. 오래된 구성원이 새것으로 신속하게 교체되기 위해서는 짧은 시간 내에 새 구성원이 만들어져야 한다. 그런데 새 구성원이 언제나 최적(optimum)의 재료로 만들어지리라고 기대할 수는 없다.[19] 최적의 재료로 새 구성원이 만들어지기 어려운 이유는 물리적 위치의 한계와 시간의 제한으로 대부분의 경우 가장 적합한 재료를 찾지 못하기 때문이다. 진화의 과정에서 종을 구성하는 생명체의 생존을 위해서는 구성원 주변에서 쉽게 구할 수 있는 재료로 신속하게 새로운 구성원이 만들어져서 오래된 구성원이 있던 자리에 들어가 그것이 해오던 기능을 유지하는 것이 중요하다.

프랑스 진화생물학자 프랑수아 야콥이 그의 1977년 논문「진화와 땜장이식 수선(Evolution and Tinkering)」에서 주장했듯이, 생명체의 진화 과정이란 생명체가 서식하는 환경에서 가능하면 빨리 변이를 일으켜 그 환경에 적합하게 적응하여 자손을 번식시키는 신속하고 즉흥적인 대응 과정이다. 진화 과정에서는 얼마나 완벽한 생명체가 생산되는가 하는 질적 성과는 중요하지 않다. 그 대신 진화가 실제로 신속하고 효과적으로 이루어졌는가가 관건이 된다. 진화란 신속하고 효율적이지만 완벽하지는 못한 과정이다.

한편 한 생명체 내에서 끊임없이 일어나는 교체 과정 또한 진화 과정의 틀에서 벗어나지 않는다. 이러한 교체 과정도 신속하고 효율적으로 이루어지는 것이 중요하다. 교체가 완벽한 최상의

개체

과정이 될 필요가 없고 또 그렇게 될 수도 없다. 마치 땜장이가 물건을 땜질하며 수선하듯이, 비록 최적의 재료는 아니더라도 주위에 있는 사용하기 용이한 재료를 가지고 군데군데 신속하게 땜질식으로 수선하는 방식이 생명현상에서의 교체 과정이라고 생각된다. 이렇게 땜질식 교체를 반복하다 보면, 많은 세포와 조직이 최적의 질에 미치지 못하는 분자들로 구성될 가능성이 점점 높아질 것이다. 필자들은 시간이 지나면서 재료의 질이 점점 떨어지게 되는 이러한 땜질식 교체 과정 현상이 우리가 흔히 말하는 노화라고 생각한다.[20]

이 땜질식 교체 과정 현상과 관련해, 위에서 다소 다른 맥락에서 제기한 철학적 질문을 한 번 더 던져 보자. 종으로서 또 개체로서의 생명체의 생존이 이렇듯 처음부터 땜질 과정으로 점철되어 있다면, 어디까지가 젊음이고 또 어디서부터가 노화의 시작인가? 이렇게 답변이 불가능한 질문은 그 자체가 무의미할 수밖에 없다. 결국 늙음 또는 노화라는 현상도 자성을 가진 것이 아니라 연기와 공에 따르는 자연현상을 지칭하기 위해 우리가 편의상 붙인 이름들일 뿐이라는 점은 부정하기 어려운 또 하나의 불교적 진리다.

땜질식 교체 과정 현상을 설명하기 위해, 한국인이 많이 거주하지 않는 외국에서 오랫동안 생활해 본 사람이라면 모두 한 번씩은 겪어보았을 김치에 관한 이야기를 예로 들어 보겠다. 김치를 담그기 위해 배추를 사려고 하지만 주위에 한국 식품점은 없고, 현지 식품점은 있어도 배추를 취급하지 않는다. 현지 식품점에서 구할 수 있는 것은 샐러드용 상추나 양배추밖에 없는 경우가 많다. 할 수 없이 배추 대신 상추나 양배추를 사서 김치를 담가 식탁에 올린다. 김치 맛이 나는 이 '가짜김치'로 그런대로 한국 식단을 유지할 수 있다. 그러나 이것이 제대로 된 식단은 아니다.

이런 '이상한 김치'조차 잘 담가질 때가 있고 그렇지 않을 때도 있다. 그리고 김치에 들어가는 젓갈 등은 현지에서 아예 구할 수가 없어 냉동된 작은 새우를 사서 녹여 그 이상한 김치를 만들 때 함께 넣게 되는데, 그러면 이상한 김치는 더욱 이상해진다. 이런 작업이 반복되다 보면, 많은 재료가 현지에 있는 재료로 대체되고 김치 맛도 점점 이상해지지만 '한국 식단'은 한동안 그럭저럭 유지될 것이다. 이렇게 최적의 재료를 구할 수 없어서 현지에서 조달할 수 있는 재료로 대체해 김치를 담그는 과정이 우리가 생각하는 노화를 설명해 주는 예가 아닐까 생각한다.

그런데 우리가 여기서 유의할 점은 최적의 김치 같은 것은 처음부터 존재하지 않는다는 것이다. 물론 사람의 입맛처럼 고집스러운 것도 없어서, 서른이 다 되어 유학길에 오른 필자들에게도 음식 문제는 어려울 수밖에 없었다. 그러나 믿기 어렵겠지만 한국인의 고집불통 입맛도 변한다. 외국생활이 10년쯤 되었을 때 우리는 '아, 이 세상에는 한국 음식 말고도 맛있는 음식이 있구나!'라는 것을 미각으로도 느끼기 시작했다. 김치도 예전처럼 많이 찾지 않게 되었다. 한국의 김치 맛도 변해 왔겠지만, 우리의 입맛도 변했다. 결국 최적의 김치는 존재하지 않으며, 고정된 입맛도 없다.

최적의 건강, 최상의 젊음, 가장 멋진 얼굴 같은 것은 덧없는 이름에 불과할 뿐이며, 마찬가지로 늙음과 노화도 허망한 상념일 뿐이다. 단지 무상한 변화만이 있을 뿐이고, 그것을 편리하게 분류하고자 이름을 붙였을 뿐인데, 그 이름이 마치 무슨 고정불변한 속성을 지칭하는 것처럼 생각하고 집착해서 울고 웃고 할 필요가 있을까? 다른 모든 것과 마찬가지로 노화도 하나의 변화 과정에 붙인 이름일 뿐이다.

노화도 공空

군이 불교적 공을 이야기하지 않더라도, 위에서 보았듯이 늙음이라는 불변하는 본질은 존재하지 않으며 노화라는 본질적 속성을 가진 과정도 존재하지 않는다. 따라서 우리는 고정불변한 본질을 지닌 젊음이라는 속성 또한 존재할 수 없다고 결론지어야 한다. 다시 말해 늙음과 노화에 상반되는 젊음이란 속성은 존재하지 않는다. 그래서 이렇게 실제로 존재하지도 않는 노화에 대해 두려움이나 공포를 느낄 필요가 없다. 노화나 젊음에 대해 어느 것은 긍정적이고 다른 것은 부정적이라는 평가를 하는 것도 이치에 맞지 않다.

자연 세계에서 일어나는 모든 현상은 변화이다. 자연이 변한다는 사실로부터 이러한 변화들이 긍정적이거나 부정적이라는 평가는 논리적으로 추론될 수 없다. 어느 시공간의 좌표에 이러저러한 조건(인연)들이 모이고 흩어지는 것이 자연현상이고 변화인데, 이렇게 조건(인연)들이 관계를 맺고 있다는 사실로부터 그러 그러한 조건들의 관계는 긍정적이고 이러이러한 조건들의 관계는 부정적이라는 가치 판단은 논리적으로 유추되지 않는다.

위의 문제는 18세기 철학자 데이비드 흄의 주장, 즉 사실(is)만으로부터는 당위(ought)가 추론되지 않는다는 주장과 그 맥락을 같이한다. 흄은 무엇이 어떻다고 말하는 것(사실 진술)과 무엇은 어떠해야 한다(당위 진술)고 말하는 것은 엄연히 다르다고 주장했다. 있는 그대로 관찰이나 실험 등을 통해 객관적으로 기술한 사실 진술은 어떤 도덕적 판단이나 가치 판단도 포함하지 않기 때문이다. 그래서 자연적인 변화 과정이고 또 처음부터 땜질로 진행되는 생명현상에 대해 어디까지는 젊음이고 어디부터는 노화 과정이라는 사실판단조차 불가능한데, 거기서 더 나아가 어디까지는 좋고 어디부터는 나쁘다는 가치 판단까지 내리는 것은 근거가 없는 일이다.

늙음이라는 고정불변한 본질이 존재하지 않기 때문에 인간의 신체에 어느 순간 생겨나 존재할 것이라고 생각했던 노화라는 속성은 실제로는 존재하지 않는다. 필자들이 제7장에서도 주장했듯이, 없던 것이 새로이 생겨나 독자적으로 존재한다는 생각은 지극히 비불교적이다. 따라서 어느 순간 창발(emergence)하는 늙음이라는 본질을 가진 노화 같은 것은 존재하지 않는다. 노화도 공이다.

10/ 병듦의 불교적 이해

병病 없이 태어나 병에 걸리지 않고 성인으로 성장하여 병에 시달리지 않고 건강하게 생을 마감할 수 있으면 얼마나 좋을까. 우리는 병이란 반드시 피해야 하는 어떤 것이라고 생각한다. 내 몸이 병을 갖고 태어났거나 병들어 가고 있다는 사실을 알게 되어도 그것을 쉽게 받아들이지 못한다. 그리고 온갖 수단과 방법을 동원해서라도 병으로부터 멀리 떨어져 살고 싶어 한다. 우리는 살아가면서 크고 작은 질병을 피할 수 없다는 것을 너무도 잘 알고 있다. 그래서 이런 헛된 바람이 오히려 더욱 간절한지도 모르겠다. 그러나 병이 두렵고 무서워 생긴 이런 소극적이고 어리석은 바람은 21세기를 살아가는 불자에게는 걸맞지 않은 태도다. 필자들은 불교생명과학적 해석을 통해 질병에 대한 잘못된 이해를 해소하면서 우리의 현명치 못한 태도를 바로잡고자 한다.

개체

병이란 무엇인가

생명체의 발생이란 수없이 많은 조건이 시공時空의 좌표에 모였다 흩어지며 이루어지는 길고도 복잡한 과정이다. 우리는 이러한 과정에 아무런 이상이나 이변이 일어나지 않고 생명체가 완전하고 완벽한 성체로 발생한다고 믿고 있는 것 같다. 그러나 최근의 보고에 의하면 수정된 배아의 20%~50%만이 모체에 착상되고 이런 착상된 배아의 약 40%만이 모체 안에서 끝까지 살아남는다고 한다.[21] 다시 말해 수정란이 백 번 정도 성공적으로 만들어졌어도 그 가운데 적게는 스무 번 정도만 착상에 성공하고, 거기서 겨우 여덟 번만이 발생 과정을 완수하여 아기로 태어날 수 있다는 뜻이다. 그런데, 수정란이 생기기도 어려운데 그 가운데 8%~20%만이 아기로 태어날 가능성 있다는 것은, 실제로 일어나는 아기의 탄생이 오히려 정상에 가깝지 않은 사건이라고 생각하게 만든다. 아마도 자연에서 일어나는 정상적인 현상이란 배아나 태아가 발생 과정을 다 끝맺지 못하고 모체에서 사라지는 경우일 것이다.

　모체 안에서 성공적으로 자라고 있는 태아라 하더라도 태아 자체에 유전적 돌연변이가 일어나거나, 태아의 환경인 모체의 변화에 의해 태아 안에서도 유전적 변이가 일어날 수 있다. 그런데 우리는 언제나 태아의 발생 과정 동안 생기는 변이란 절대로 일어나지 말아야 할 것이 일어난 해로운 현상으로 간주한다. 그러나 우리가 자연현상을 끊임없이 변화하는 과정으로 이해한다면, 태아 안에 일어나는 유전적 변이나 그에 따른 태아 발생 과정의 크고 작은 변화는 실제로 당연히 일어날 수밖에 없는 정상적인 현상이라고 생각해야 할 것이다. 다만 변화의 폭이 얼마나 큰가에 따라 태아가 뚜렷한 선천적 결함을 가지고 있다거나 없다고 판단하게 되는 것이다.

태아의 순조로운 발생 과정이 크게 방해받는 경우는, 예를 들면 모체가 진정제나 호르몬제 등 약물이나 술과 담배 등을 사용했을 때이다. 이때는 태아 안에 유전적 변이가 급격히 일어나 태아가 선천성 질환이나 신체 구조나 기능에 결함이 생기는 선천성 기형을 지니게 되기도 한다. 그리고 여드름이나 주름제거 등 항노화(anti-aging)를 위해 피부과에서 처방하거나 화장품에 들어 있는 레티놀이 임신부를 통해 태아의 선천성 기형이나 질환을 초래한다는 연구도 보고되고 있다.[22] 한편 출생 후 나타나는 질병들 가운데 암(cancer)은 유전적 변형이나 환경요인에 의해 특정한 세포가 거의 무제한으로 증식하는 현상이다. 예를 들면 백혈병은 혈액에 백혈구 세포가 무제한으로 증식하여 결국 이런 백혈구 세포들이 골수를 가득 채우고 말초 혈액을 통해 전신으로 퍼지게 되어 몸 안의 주요 장기를 침범해 장기 기능에 손실을 가하는 질병이다.

그런데 여기서 잠깐 살펴보아야 할 문제가 있다. 우리는 현재

개체

선천적이거나 후천적이거나 질병과 장애의 원인을 외적인 요소와 내적인 요소로 분류하고 있다. 그러나 불교의 연기론이 말해주고 있듯이 모든 것은 서로 연결되어 있으며 생명체와 생명체를 둘러싼 환경은 끊임없는 상호작용을 통해 서로 변이하고 변화한다. 그래서 엄밀히 말해 질병이나 장애의 원인을 외적인 요소와 내적인 요소로 구분하는 분류 자체는 큰 의미가 없다.

질병과 장애를 구분하고 지칭하는 문제도 마찬가지다. 우리는 생체 내의 구조적 기능적 변화를 질병이라고 정의하고, 이런 질병으로 인해 나타나는 표현형인 신체적 구조나 기능의 변화를 기형이나 장애라고 이해한다. 그러나 실제로는 질병과 장애를 뚜렷이 구분하기 어렵다. 어떤 기형이나 장애는 질병 없이 생길 수도 있다. 그리고 질병 없이 환경조건으로 인해 기형이나 장애가 생기면, 많은 경우 그에 따른 신체적 정신적 질병을 앓게 되기도 한다. 따라서 원칙적으로 질병과 기형 및 장애를 구분하기가 쉽지 않다.

본서에서는 질병과 장애를 통틀어 질병이라고 지칭하겠다. 그리고 필자들은 많은 질병과 그런 질병을 가지고 있는 우리 몸의 상태가 실제로는 우리 생각만큼 끔찍이 부정적 상황이 아니라는 점을 보이겠다. 우리는 많은 질병을 치료 방도가 없는 불치병으로 상정하고 질병이 있는 몸을 기형이나 불구라고 부르며 두려움에 떨어 왔다. 그러나 의학의 발전과 공학기술과 의학기술이 합친 생의生醫공학기술의 발전은 질병에 대한 우리의 생각에 많은 변화를 불러오고 있다. 치료 방도가 없다고 생각했던 불치병들이 치료되고 있고, 불구라고 불렀던 몸의 증상이 고쳐지고 있다. 전에는 질병이라고 생각되던 많은 병이 줄어들고 있다.예를 들어 약 17년 전까지만 해도 만성 골수성 백혈병은 죽음에 이르는 불치병이었지만, 2000년대 초 표적항암제 방법이 개발되며 약물 치료로 평생 관리가 가능한 병이 되었다. 당뇨병은 약 50년~60년 전까지도 병이 깊어지면 다리나 손가락까지 잘라야 하는 불치병으로 알려졌으나, 지금은 약제와 식이요법 등의 방법으로 약간은 불편하지만 생명에는 지장이 없는 삶을 유지할 수 있게 되었다. 에이즈 또한 이 질병이 알려진 초기에는 끔찍한 불치병이라고 여겨졌으나, 지금은 당뇨병과 비슷하게 약제로 조절할 수 있게 되었다. 그리고 인공심장, 인공폐 등 인공장기들과 인공방광, 인공귀, 인공눈, 인공피부, 인공혈액 등의 인공기관, 그리고 인공수족과 인공근육의 개발로 우리 몸의 손상된 장기나 신체 부분을 인공물로 대체해 생명에 지장이 없는 삶을 살 수 있는 가능성이 더욱 커지고 있다.

의학과 생의공학기술의 발전으로 예전에 우리가 불치병이나 기형, 불구라고 믿었던 질병이 새로운 치료법이나 대체물로 치료가 가능하게 되었고 또 치료되고 있다. 그런데 이런 긍정적이고 희망찬 소식이 들리더라도 혹자는 이런 치료법이 상용화되는 데

개체

오랜 시간이 걸리거나 사회적 환경과 개인 사정으로 인해 개개인에게 기회가 허용되지 않는다면 아무런 소용이 없다고 비판할 수도 있다. 그리고 설령 모든 사람이 이러한 치료법의 혜택을 받게된다 하더라도 또 다른 새로운 질병이 생겨나기 마련인데, 그에상응하는 치료법을 개발할 때까지 우리는 또 그 질병을 불치병이라고 부르며 두려워할 것이다. 슈퍼 박테리아의 출현이 그런 경우다. 알려진 그 어떤 항생제로도 퇴치되지 않는 박테리아의 등장으로 현재 의료계에 종사하는 많은 이들과 이 상황을 아는 일반 사람들이 두려움에 휩싸여 있다.

아무리 의학과 생의공학기술이 발전한다고 하더라도, 우리는아마도 본래부터 가지고 있는 병에 대한 두려움을 떨쳐버리지 못할 것이다. 병이란 반드시 피해야 하는 것이라는 생각을 가지고있는 한, 병에 대한 두려움은 사라지지 않을 것이다. 그리고 우리는 여전히 내 몸이 병을 갖고 태어났거나 병들어 가고 있다는 사실을 쉽고 편안하게 받아들이지 못할 것이다.

우리는 병이라는 고정불변한 본질을 가진 속성이 있어서 모체에 있는 태아가 안타깝게도 그 속성을 얻게 될 수 있고, 또 출생후 성장하는 과정에서 남들과는 다르게 불행히도 그 속성을 얻어질병과 장애에 시달리게 된다고 생각하는 것 같다. 그러나 다른모든 것과 마찬가지로 병 또한 연기에 의해 생멸하는 것으로서자성自性을 갖지 않는다. 무엇보다도 그 병이라는 것을 앓고 있는 주체로서의 나는 존재하지 않는다는 것이 붓다의 무아無我의 가르침이다. 병을 앓고 있는 주체가 존재하지도 않는데, 불행하다는 그 주체는 누구일까?

병의 불교적 해석과 극복

병은 고정불변한 본질로서의 자성을 가지고 있는가? 태아나 성체를 구성하는 세포들은 시공간의 좌표에 따라 역할이 변하고 또다른 세포와의 접촉과 통신을 통해 끊임없이 변화한다. 만약 어떤 세포들이 질병이라는 자성을 지니고 있다면, 이 세포들의 시공간에서의 위치가 변하거나 또는 다른 세포들과 접촉하더라도 그 어떠한 변화도 있으면 안 될 것이다. 자성이 있다면 그것은 서구인들이 말하는 영혼이나 바라문교 사람들의 아뜨만처럼 고정불변의 본질을 가진 독립적 존재자여야 한다. 그래서 이 세포들 안에 어떤 변화가 일어나더라도 그들은 질병을 그대로 지니고 있어야 한다.

예를 들어 미세한 유전자 변형이나 외부로부터의 약물 투입으로 생기는 생체 안의 변화 등의 영향을 받지 않고 세포들은 질병을 그대로 지니고 있어야만 한다. 그래서 외부에서 유입되는 치료약제 등에도 영향 받지 않고 그대로 질병을 지니는 불치병의 상태로 남아 있어야 할 것이다. 그러나 우리는 질병을 지닌 세포도 유전자 변형이나 환경에 영향을 받으며, 또 치료약제에 반응을 보여 건강한 세포로 변하기도 한다는 사실을 잘 알고 있다. 따라서 질병이 가지고 있을 본질이나 자성 같은 것은 없다고 결론지어야 한다.

제9장에서는 노화老化가 어떤 자성을 가지고 우리를 엄습해 오는 두려운 존재자가 아니라는 점을 밝혔다. 이제 병에 대해서도 마찬가지 이야기를 하겠다. 병 또한 우리를 공격하는 무적의 군대도 아니고 또 무너뜨릴 수 없는 난공불락의 요새도 아니다. 그것도 연기에 의해 끊임없이 변화하는 다양한 삼라만상 가운데 있는 현상에 불과한데, 우리가 그것에 "병"이라는 이름을 붙여 마치 고유한 자성을 가진 어떤 것인 양 스스로를 속박하고 스스로에게 겁을 주고 있을 뿐이다.

한편 흥미롭게도 우리가 병에 대해 가지는 공포는 불교에서 가르치는 무상無常에 의해 초래되는 고통과는 그 원인이 정반대가 된다. 붓다는 고통을 세 가지 종류로 나누었다. 통상 말하는 육체적 정신적 고통, 만물이 무상하여 덧없고 의지할 수 없기 때문에 생기는 고통, 그리고 오온五蘊으로 되어 있어 나고 죽어야 한다는 실존적 존재자로서의 고통이 그 셋이다. 여기서 둘째의 무상과 관련된 고통에 있어서, 우리가 병이 자성을 가지고 고정불변하다고 여기며 스스로 초래하는 마음의 고통은 아이러니컬하게도 그것이 무상하지 않고 반대로 항상恒常하다고 믿기 때문에 생기는 고통이 되는 셈이다.

그러다 보니 우리는 무상해도, 또 항상해도 고통받게 되어 다소 우스꽝스럽기조차 하다. 이 문제는 한마디로 병 또한 자성이 없이 공하다는 점을 이해하고 받아들이지 못하는 데서 비롯된 어리석음으로 인한 고통이다. 그리고 우리는 무상한 모든 것이 덧없거나 고통스러워야 하는 것은 아니라는 점도 주목해야 하겠다. 무상함을 고통으로 받아들이는 이유는 연기와 공의 이치를 깨닫지 못해서일 것이다.

병이란 환경과의 끊임없는 상호작용으로 인한 변화 과정의 하나라고 이해되어야 한다. 만물이 본질이 없이 끊임없이 변화하듯이, 병도 본질이 없이 변한다. 그런데 여기서 한 가지 더 주목해야 할 점은, "병"이라는 말은 참으로 다양한 현상을 그냥 뭉뚱그려서 지칭하기 위해 사용하는 편리한 지시어에 불과하다는 것이다.

예를 들어 여름철 수영장에서 걸리기도 하는 눈병과 발가락에 난 사마귀 사이에는 어떤 공통점이 있을까? "병"이라는 추상적인 단어로 지칭된다는 사실 이외에 이 둘 사이에 별다른 공통점을 찾기 어렵다. 암, 잇몸질환, 관절염, 홍역, 자폐증, 광장공포증 등이 모두 가지고 있는 구체적인 공통의 본질을 찾기는 불가능한데, 우리는 "병"이라는 편리한 지시어로 이것들을 지칭하며 마치 그것들에 불변의 본질이 있는 듯 착각하게 된다.

위에서 살펴보았듯이, "병"의 지시 대상들도 시대와 장소, 그리

개체

고 의학 발전 수준에 따라 변하게 된다. 유대인과 기독교인의 성서에 '돌로 쳐 죽이라'고 되어 있는 동성애자들은 20세기 중반까지도 질병을 가진 환자들로 간주되었지만 지금은 그렇지 않다. 상처로 인해 생겨 생명을 위협하던 염증들은 항생제의 발달에 의해 더 이상 병으로 간주되지도 않을 정도다. 그리고 많은 종류의 정신질환은 그것을 정의하기에 따라 달리 분류되거나 정신질환이 아니라고 판단하게도 된다. 결국 병이라는 실체는 따로 존재하지 않는다. 병에 대한 우리의 두려움은 우리가 뭉뚱그려 사용하는 "병"이라는 말이 마치 고정적으로 지시하는 대상이 있다는 착각에서 비롯된다고 보아야 하겠다.

한편 '병'이라는 현상도 무지개 같은 연속 스펙트럼이나 길게 늘어 있는 범위(range)와 같이 뚜렷한 구획이 없이 점진적으로 펼쳐지는 변화의 스펙트럼이나 범위라고 생각된다. 예를 들어 몸에 독감 바이러스가 정확히 몇 마리나 증식해야 독감에 걸렸다고 보아야 할까? 10억 마리, 10억 한 마리, 아니면 10억 두 마리? 체온이 몇 도가 되어야 고열을 가진 것일까? 38.99999도, 39도, 아니면 39.00001도? 치아에 어느 정도 이상이 생겨야 치료를 시작하게 되는가? 자폐증의 정확한 기준은 무엇일까? 등등. 그리고 이런 변화는 긴 시간에 걸쳐 천천히 일어나기도 하고 때로는 짧은 시간에 갑작스럽게 생기기도 한다.

변화의 연속 스펙트럼 위에서는 '병에 걸렸다', '병에 걸리지 않았다'는 구분이 불분명해질 수밖에 없다. 그리고 언제 어떻게 일어나는 변화가 '병에 걸림'이고 '병이 없는 정상'이라는 현상인지를 정의하거나 구분하는 것은 단지 임의적인 방편일 뿐이다. 이와 같이 스펙트럼처럼 펼쳐져 연결되어 있는 범위의 현상에 대해 우리가 임의적으로 선을 긋고 구획지어 "병"이라는 이름을 붙이고 두려워하고 고통받는 것이다. 그러나 위에서 논의했듯이, 통상 병에 걸렸다는 것은 어떤 현상에 대해 시대와 상황에 따라 편리하게 이름을 붙이는 것일 뿐이지 그것이 어떤 자성을 가졌다는 것을 의미하지는 않는다.

　병은 고정불변한 본질을 가지고 있지 않고 조건에 따라 변하는 현상일 뿐이다. 그런데 우리는 이런 변화하는 현상에 "병"이라는 이름을 붙여 상相을 만들어 낸다. 그리고 그 상에 인간의 감정을 투여하여 불필요한 두려움을 가져오고 고통을 배가시킨다. 인간이 만든 병에 대한 상은 해롭고, 기형이고, 또 비정상적이라는 등 온통 부정적인 것뿐이다. 우리가 이와 같이 생각하는 이유는 우리의 몸이 원래 완벽하게 설계되어 있어서 아무런 문제가 없는 한 반드시 최적의 상태로 출생하여 건강하게 살 수 있다고 전제하기 때문이다. 그리고 모든 자연현상은 규칙과 법칙에 의해 일어나므로 발생 과정, 성장 과정, 신체적 조건 등과 같은 자연현상 각각에 해당되는 최고의 기준이 있다고 전제하기 때문이기도 하다.

　　　　　　　　　　　　　　　　　　　　　개체

그러나 연기와 공을 이해하는 불자라면 쉽게 파악하겠듯이, 이 두 전제는 물론 잘못되었다. 생명과학적 시각에서 보더라도 우리의 몸은 최적의 상태로 설계된 것이 아니다. 제9장에서 논의하였듯이, 진화의 긴 시간을 거치는 동안 생명체들은 땜질식으로 생존을 지속하며 완벽하지 못한 상태를 지니게 된다. 이것이 정상이다. 신속하지만 완벽하지 못한 땜질 과정이 진화의 진면목이기 때문에 어떤 생명체도 최적의 완벽한 조건을 지닐 수는 없다. 그리고 붓다의 가르침인 무상과 공을 받아들인다면, 이 세상 어디에도 고정불변한 최적이나 최상의 생명체와 생명현상이 존재할 수 없다는 점도 쉽게 이해할 수 있다. 이와 같이 병에 대한 상을 만드는 전제들은 모두 잘못되었다. 그래서 틀린 전제를 바탕으로 한 병에 대한 상은 당연히 잘못되었기 때문에 불자라면 마땅히 버려야 할 것이다.

그런데 우리가 현재 고칠 수 없는 병에 걸렸을 때는 어떻게 대처해야 할까? 우리가 위에서 논의한 것처럼 병의 본모습을 연기와 공의 시각에서 이해한다면 병듦을 그래도 좀 덜 비극적으로 받아들일 수 있을 것도 같다. 그렇다고 해도 병이 주는 통증 등이 없어지는 것은 아니겠고, 평소 활동이나 수명에 부정적인 변화가 오지 않는 것도 아니다. 이러한 변화가 우리에게 불만족스럽고 고통스러움은 이론의 여지가 없겠다. 하지만 우리가 붓다의 연기와 공의 가르침에 따라 병에는 "병"이라고 불리는 현상은 있으나 실제로 자성을 가진 병이란 존재하지 않음을 받아들이고, 또 붓다의 무아의 가르침에 따라 병을 앓는 '나'라는 사람은 주체로서 존재하지 않는다는 점을 받아들인다면, 우리는 병을 그래도 조금 더 멀리서 심호흡하며 바라볼 수 있지 않을까 생각해 본다.

개체

¹¹/ 죽음의 불교적 이해 1

죽음이란 무엇인가

인생을 한번 멋지게 잘 살아 보려 평생 노력해 왔는데, 누구나 중년 이후가 되면 어느덧 죽음이 가까이 다가와 있다고 느끼는가 보다. 어떻게든 피하고 싶으나 그 누구도 피할 수 없는 무섭도록 냉혹하고 평등한 자연현상이 죽음이라는 것을 우리는 잘 알고 있다. 그래서 모두가 죽음이란 단어 앞에서 내가 이렇게 죽으려고 지금껏 이리도 고생하며 살아왔나 하는 무한한 실존적 자괴감을 느끼게 되는지도 모르겠다.

우리는 흔히 죽음을 삶의 끝자락을 만드는, 또는 삶을 파괴하는 어떤 상태라고 이해한다. 죽음은 온전히 부정적인 어떤 존재자여서 어느 순간 새로이 불쑥 생겨나서 아무런 사전 연락 없이 무작정 찾아오는 최악의 불청객이라고 생각하기도 한다. 우리는 흔히 누구나 죽는다고 쉽게 말하곤 하지만, 막상 내가 죽는다고 생각하면 죽음이란 참으로 비정상적이고 불합리한 현상이라고 생각하는지도 모르겠다. 죽음이란 오로지 나 혼자만이 겪어 내야 하는 극한의 외로움을 동반하며 이 세상과 영원히 단절되는 극심한 두려움과 고통이 따른다고 믿는다. 그래서 나뿐만 아니라 그 어느 누구도 죽음을 반갑게 맞이하거나 기대하며 살아가지는 않는다고 생각한다.

그러나 죽음이 과연 이토록 온전히 암울하고 두렵고 부정적이기만 한 자연현상일까? 죽음이란 우리의 삶과 정반대되는 어떤 본질적인 부정적 속성이 새로이 창발된 것이고, 이렇게 죽음이 가진 부정적 힘의 영향으로 삶의 긍정적인 형태가 없어지는 것인가? 그런데 한편 우리가 불교적 시각에서 이 문제를 조망해 본다면, 이렇게 두렵고 고통스럽다고 표현된 죽음의 부정적인 상相에 갇혀 있는 내 자신이 더 암울하고 답답하게 느껴지기도 한다.

지금까지 필자들이 인간의 발생과 노화 그리고 병듦을 불교적으로 이해하고 논의하며 내린 결론은, 모든 자연현상이 연기한다는 것이었다. 모든 현상이 변화와 관계에 의해 생멸하며 그 자체로 본질을 지니고 있지 않아서 모든 것이 공空한 환幻이라는 결론이었다. 죽음도 예외는 아니다. 모든 존재자는 끊임없는 인연화합에 따른 변화의 과정으로서 존재한다. 삶과 죽음이란 이러한 변화 과정의 부분 부분에 이름 붙인 것일 뿐이지, 죽음과 삶이 각각 스스로의 본질을 지닌 두 개의 동떨어진 실체로서 존재하

개체

는 것은 아니다. 죽음도 삶과 같이 연기하여 자성을 갖지 않고 공하다.

논리적 개념으로서의 '죽음'

죽음이 무자성無自性이고 공함임을 계속 논의하겠지만, 지금은 잠시 삶을 무화無化시킨다는 죽음의 본성에 대한 서양철학적 논의를 시도해 보겠다. 위에서도 말했지만 죽음이란 삶을 소멸시키는 어떤 부정적인 대상 또는 속성으로 받아들여져, 서양에서는 서양식 큰 낫을 든 그림 리퍼Grim Reaper로, 또 한국에서는 검은 옷을 입은 저승사자로 대변되곤 한다. 죽음은 이렇듯 우리가 원치 않는데도 기어코 찾아오고야 마는 어떤 부정적인 대상 또는 사건으로 간주되었다. 그렇지만 "무無가 무화無化한다.(Nichts nichten, Nothing naughts)"라고 주장한 20세기 초반 하이데거 같은 사람을 제외하고는, 서양에서는 무를 실체로 생각하지 않았고 따라서 무가 가진 어떤 부정적인 무화의 힘 같은 것의 존재를 상정하지도 않았다.

20세기 초반 비트겐슈타인은 우리의 언어가 가진 많은 어휘가 존재 세계에 그 대상을 가지고 있지만, "그리고", "또는", "만약…… 그러면……", "아니다"(and, or, if…… then……, not)와 같은 어휘들은 존재 세계에 그 대상을 가지고 있지 않다고 보았다. 그것들은 경험 세계에 대한 우리의 경험을 정리하기 위해 사용하는 논리적 연결사들로서 우리 인식체계 안에만 존재하는 논리적 개념들일 뿐이라고 보았다. 실제로 우리는 "그리고"가 가리키는 대상이나 "이 꽃은 장미가 아니다"에서 "아니다"가 가리키는 대상이 세상에 존재하지 않는다는 것을 안다. 그래서 이런 단어들이 논리적 개념에 불과하다는 비트겐슈타인의 주장은 분명히 설득력이 있고, 실제로 20세기 중반 이후 서양철학에서는 정설로 받아들여지고 있다.

"Nothing"은 존재하는 어떤 것(thing)에 대한 이름이 아니고 아무것도 없다는 뜻이다. "Nobody"도 걸음이 빠르거나 느린 또는 키가 크거나 작은 어떤 사람의 이름이 아니라, 아무도 없다는 뜻이다. 이 둘 모두 지시하는 대상이 존재하지 않는 논리적 개념을 표현하는 단어들일 뿐이다. Nothing이나 Nobody가 실재하는 대상이라고 간주하거나 상상한다면 어리석다고밖에 할 수 없다. "공(emptiness)"도 마찬가지다. 우리는 이 단어가 '본질과 실체가 없다'는 논리적 개념을 표현하고 있을 뿐 본질을 가지고 실체로서 존재하는 어떤 대상을 가리키지 않는다는 점을 깨달아야 한다.

'죽음'과 같이 부정적인 개념에 대해서도 같은 통찰을 적용해야 한다. 필자들은 독자들이 "죽음"이라는 단어가 가리키는 구체적인 대상이 무엇인가 한번 실제로 관찰해 볼 것을 권한다. 도대체 "죽음"이라는 말이 무엇을 지칭하는가? 검은 갓에 검은 옷을 입은 저승사자일 수는 없다. 그렇다면 생명의 에너지를 소멸시키는 어떤 어둡고 음험한 기운을 말하는 것인가? 그러나 우리는 그런 것의 존재가 과학적으로 증명될 수 없다는 점을 잘 안다. 서양 철학에서는 일반적으로 '부정적 존재자는 실제로 존재하지 않는다'는 주장이 설득력 있다고 받아들여져 왔다. 필자들도 이 견해가 옳다고 생각한다.

그래서 '죽음'이라는 개념은 '삶'에 대해 논리적으로 반대인 개념으로 생겨났다고 이해하는 것이 적절하겠다.[23] 살아있는 생명체가 보이는 현상에 대해 기술하는 표현이 있다. 예를 들어 신진대사, 심장박동, 뇌파 등이다. 그런데 우리가 이런 것들이 더 이상 존재하지 않는다고 말하기 위해 '아니다'라는 논리적인 부정 연결사를 이용해 '심장박동이 더 이상 존재하지 않는다', '뇌파가 존재하지 않는다', '신진대사가 존재하지 않는다'와 같은 기술 (descriptions)을 모두 나열하기가 번거롭기 때문에 새로 짧은 단어 하나를 만들어 쉽게 '죽음'이라고 표현했다고 보는 것이 옳겠다. 말하자면 '죽음'이라는 말은 이 모든 부정적 기술을 뭉뚱그려 쉽게 표현하는 약속 언어일 뿐이지, 그것이 따로 지시하고 있는 고유한 본질을 가진 실체로서의 대상은 없다고 보는 것이 논리적으로 옳다고 본다.

세포의 죽음(cell-death or apoptosis)

위의 철학적 논의가 보여준 '논리적 개념으로서의 죽음'이 함축하는 요점은 잠시 접어두고, 11장의 나머지에서는 우리가 통상 가지고 있는 죽음에 대한 견해로 돌아와 생명과학에서 연구되고 있는 프로그램된 세포의 죽음(programmed cell-death) 또는 세포 사멸(apoptosis) 현상을 논의하겠다. 그러면서 죽음이란 필연적으로 부정적인 현상이 아니고 오히려 삶을 위해 반드시 필요한 생명현상이라고 설명하면서 죽음에 대한 시각의 전환을 꾀해 보겠다.

(1) 세포가 죽어야 하는 이유

건강한 성인 몸에서는 하루 평균 천억(10^{11}) 개 정도의 세포가 죽어 나간다고 알려져 있다.[24] 죽은 세포가 있던 자리에 새 세포가 생겨나 자리하게 된다. 이것이 매일매일 일어나는 (세포의) 죽음이다. 그러나 우리는 우리 몸 안에서 매 순간 일어나는 세포의 죽음과 새 세포의 생성, 즉 삶의 쉼 없는 반복을 전혀 눈치 채지 못한다. 그런데 만약 내 몸 안의 '나의' 세포의 죽음을 알아차릴 수 있다면, 우리는 그 죽음에 대해 두려움을 느껴야 할까? 사실 내 몸을 유지하기 위해서 하루 평균 천억 개 세포들이 죽어야 한다는 것은, 다른 말로 표현하면, 하루 평균 천억 개 정도의 그토록 많은 세포들이 죽지 않으면 내 몸에 이상이 생길 것이라는 뜻이

개체

다. 나의 세포들이 죽지 않으면 내 몸에 이상이 생긴다는 것을 알고 난 이상, 우리는 이제 하루하루 일어나는 나의 (세포들의) 죽음에 대해 부정적인 두려움을 가질 것이 아니라 긍정적인 안도의 숨을 내쉬어야 할 것이다. 나의 (세포들의) 죽음은 나의 생존을 위해 반드시 필요한 죽음이기 때문이다. 이 죽음이 없으면 우리는 살지 못한다. 삶이란 죽음을 포함하고 있다.

여기서 한 가지 짚고 넘어갈 것이 있다. 독자들도 필자들과 같이, 세포가 그냥 세포가 아니라 내 몸을 구성하는 나의 세포라고 지칭해 보면, 이 지칭에 의해 우리의 감정이 미세하게 달라진다는 점을 느낄 것이다. 다시 말해 "나의"라는 지칭어에서 비롯된 나에 대한 집착이 무심하게 바라보았던 세포들에 덧씌워져 지금껏 객관적으로만 취급했던 세포들의 의미가 주관적인 '내 세포들'로 변한다.

객관적이던 사물이 갑자기 주관적인 어떤 것으로 전환되며, 유쾌하지 못한 감정을 동반하게 되는 우리 심리상태의 변화야말로 바로 붓다가 가르친 무아無我에 대한 무지에서 비롯된 가장 근본적인 고통의 예이다. 붓다의 무아의 가르침을 이해하면서 자성을 가진 채 불변하다는 나의 존재를 흔쾌히 부정할 때, 다시 말하면 '내가 존재한다'는 집착을 버릴 때, 우리는 객관적 시각에서 보았던 세포들의 죽음이 더 이상 주관적인 '내 세포들의 죽음'이라고 생각하지 않게 될 것이다.

다시 생명과학 이야기로 돌아와 보자. 발생 과정인 배아발달 과정에서도 세포는 끊임없이 새로 만들어지고 또 쉼 없이 죽는다. 예를 들면 신경계 발생에 있어서 신경세포의 죽음은 없어서는 안 되는 중요한 발생 과정이다. 척추동물의 발생 과정 동안 중추신경계나 말초신경계의 많은 부분에서 신경세포의 반 이상이 죽어야만 정상적인 발생 과정이 진행된다. 고양이의 경우 발생 과정 동안 망막신경절(retinal ganglion)을 이루는 세포의 80% 이상이 죽어야 제대로 된 발생 과정을 거친 눈을 가지고 태어날 수 있다.

사람의 경우 배아발달 과정에서 만들어지는 뇌세포의 2/3에 해당되는 세포들이 죽어야 정상의 뇌를 가진 아기로 태어날 수 있다. 만약 뇌 발생 과정에서 세포가 죽지 않는다면 뇌 발생 진행이 중단되거나, 아니면 커다란 혹이 붙은 뇌를 가진 태아로 발생할지도 모른다.[25] 따라서 세포의 죽음은 세포의 수를 조절하는 기능을 가지고 있어서 생명체의 발생 과정에서 없어서는 안 되는 생명현상이다. 세포들이 죽어야 생명체가 발생할 수 있고, 세포가 죽지 않으면 생명체는 죽는다. (세포의) 죽음이란 생명체를 살리기 위한 긍정적인 생명현상이다.

세포의 죽음은 배아발달 과정에서 각각의 기관의 구조를 만드는 데 반드시 필요한 생명현상이다. 사람의 배아발달 과정 동안 세포들의 죽음으로 각각의 손가락 발가락 사이에 적당한 공간이 만들어져 손가락 발가락이 분리된다. 만약 세포가 죽지 않는다면 손가락이나 발가락 사이가 연결된 물갈퀴 모양의 손가락과 발가락을 가진 태아가 발생할 수도 있다. 그리고 세포의 죽음은 눈이나 심장 같은 기관이 발생하는 위치를 확보하고 방광, 요도, 생식기 등의 구조를 만드는 데 반드시 필요하다. 세포가 죽지 않는다면 눈이나 심장 기관이 발생할 공간이 확보되지 못하여 이러한 기관의 발생이 중단될 수 있고 방광, 요도, 생식기 등의 관들이 부분적으로 또는 완전히 막힐 수 있다.

생명현상의 지속을 위해서는 세포들이 끊임없이 죽어 나가야 한다. (세포의) 죽음이란 생명을 지속시키는 데 꼭 필요한 과정이며 또한 정상적인 현상이다. 다시 말하면 한 생명체의 세포의 죽음은 그 생명체의 삶을 위해 반드시 필요하다.

(2) 관계의 변화와 세포의 죽음

세포를 죽게 하는 여러 조건 가운데 인테그린이라는 단백질을 예로 들어 보겠다. 커다란 단백질 분자들의 모임인 인테그린은 세포벽에 걸쳐 세포 안으로, 그리고 세포 밖으로 각각 단백질 분자들의 일부가 나와 있는 구조를 가지고 있다. 세포 안으로 나온 인테그린의 일부는 세포의 골격에 영향을 미치는 액틴세포골격(actin cytoskeleton) 단백질과 결합하고, 세포벽 밖으로 돌출된 인테그린의 일부는 세포외기질(extracellular matrix)의 구성원인 피브로넥틴이라는 당단백질과 결합한다. 그리고 피브로넥틴은 세포외기질을 구성하는 다른 단백질들과 결합하여, 세포를 세포외기질과 물리적으로 결합시킨다. 이렇게 결합된 세포는 이들 세포외기질 단백질들을 통해 다른 세포들과의 결합이 가능하게 된다. 이와 같이 세포와 세포의 연결은 인테그린 단백질을 통한 물리적인 결합으로 이루어지며, 이 연결을 통해 세포의 성장 및 분화를 조절하는 신호들이 세포 안팎으로 전달되며 조절된다.

　그런데 인테그린과 세포외기질을 구성하는 피브로넥틴과의 결합이 이루어지지 않으면 세포가 쪼그라들다가 결국은 죽게 된다. 다시 말하면 세포 안과 세포 밖의 물리적인 결합이 이루어지지 않아 세포가 세포외기질과 분리되고, 결국 다른 세포들로부터 분리되면 세포는 죽게 되는 것이다. 따라서 세포의 죽음이란 세포와 세포외기질과의 관계의 변화로 인해 일어난다. 이와는 반대로 암세포인 경우는 암세포와 정상세포 간에 결합이 이루어지면서 정상세포가 죽게 된다. 정상의 세포와 암세포가 결합하지 않아야 암세포가 죽을 텐데 그 반대의 현상이 일어나니, 우리 입장에서 보면 이루어져서는 안 될 결합이 이루어져 정상세포가 죽게 되는 것이다. 이 경우도 세포들의 죽음은 세포와 세포 사이의 관계 양상의 변화로 발생한다. 그래서 세포의 죽음이 세포와 세포 사이의 접합이 손실되거나 또 그 반대로 접합이 이루어져 일어나는 현상으로 이해된다.

다른 모든 생명현상과 마찬가지로 세포의 죽음도 연기에 의해, 곧 관계의 변화에 의해 일어난다. 지금까지 필자들이 반복적으로 강조했듯이, 연기 또는 관계의 변화에 의해 생멸하는 현상은 모두 본질이 없이 공하다. 세포의 죽음 또한 그것이 단순한 논리적 개념의 차원을 넘어서 실제로 존재하는 어떤 현상이라고 해도, 우리가 굳이 집착하거나 또는 두려워할 이유가 없는 공한 현상일 뿐이다.

(3) 관계와 부분

공장 굴뚝에서 나오는 증기를 물 분자 간의 관계의 측면에서 살펴보자. 그리고 이 예를 통해 세포의 죽음이 관계의 변화에 의한다는 위의 주장을 일반적인 불교적 관점으로 다시 한 번 조명해보겠다. 공장 굴뚝에서 바로 나오는 증기는 각각의 물 분자 사이의 거리가 좁아서 물 분자들이 촘촘히 모인 현상이다. 다시 말하면 물 분자들 간의 접합(관계)이 단단하여 우리에게 증기라는 형태로 보인다. 그러나 시간이 지날수록 물 분자는 공기 중에 퍼져나간다. 그래서 물 분자들 사이의 거리가 점점 멀어지고 그들 간의 밀접한 관계가 끊어지게 된다. 아마도 이 순간부터 우리 눈에는 증기와 같은 형태가 보이지 않게 될 것이고, 그래서 우리는 증기가 사라졌다거나 없어졌다고 말할 것이다.

그러나 비록 증기의 형태는 사라졌으나, 이후 어떠어떠한 조건이 모이게 되어 물 분자들이 구름의 형태로, 때로는 비의 형태로 다시 우리 눈에 보이게 된다. 증기가 사라졌다는 것은 증기를 이루는 물 분자들이 서로 더 멀어졌다는 것으로 물 분자들 사이의 관계가 변한 것이다. 이와 같이 물 분자 사이의 관계의 변화에 의해 그것들이 증기로, 물로, 그리고 얼음으로 불리게 될 뿐이다.

증기의 예로 죽음을 해석해 본다면, 죽음이란 단지 인연이 모였다가 흩어지는 과정일 뿐이지 있던 것이 없어지는 것이 아니다. 또 한편 원래는 존재하지 않던 어떤 부정적인 것(죽음)이 새로 생겨나는 것도 아니다. 위에서 세포의 사멸 과정에서 살펴보았듯이, 세포의 죽음이란 다른 것과의 관계에 의해 생겨나기도 또 미루어지기도 할 뿐이다. 그런데 여기서 한 세포가 죽는다고 하더라도 그것을 이루고 있는 분자들이 흩어질 뿐이지 그것이 무無로 돌아간다는 것은 결코 아니다. 흩어진 분자들은 따로 다른 곳에서 다른 세포들의 일부를 구성하게 될 수도 있다.

조건이 모였다가 흩어지고 다시 모였다가 흩어지는 빈틈없이 연결된 과정에서 우리는 어떤 일부 구간의 현상을 임의적(arbitrary)으로 따로 떼어내어 탄생, 발생, 노화, 그리고 죽음이라는 단어로 편리하게 표현하며 우리의 인식내용을 정리한다. 그러나 이 모든 것은 쉼 없는 변화와 관계의 양상에 대해 그때그때 만들어 놓은 임시적이고 임의적 표현일 뿐이다. 죽음을 포함해서 연기로 생멸하는 모든 현상은 자성이 없이 그저 공할 뿐이다.

개체

죽음과 윤회

매순간마다 우리 몸 안에서 세포가 죽어 나가고 죽은 세포가 있던 자리에 새로운 세포가 생겨나 자리한다. 세포의 죽음과 새 세포의 생성이 쉼 없이 반복된다. 여기서 우리는 일종의 세포 윤회를 볼 수 있다. 그리고 한 세포 안에서 일어나는 단백질 분자의 재생 과정을 통하여 분자의 죽음과 새로운 분자의 생성이 끊임없이 반복되는 과정이 분자의 윤회라고 생각할 수도 있겠다. 말하자면 이러한 윤회의 과정으로 '나의' 세포들이 태어나고 죽고 다시 태어나고 죽는 윤회를 겪는다고 생각할 수 있다. 이와 같은 관점으로 생명현상을 바라본다면 윤회란 그리 거창하고 특이한 어떤 것이 아닐지도 모른다. 우리가 통상 고민하는 윤회의 문제라는 것은 실제로는 존재하지도 않는 어떤 불변하고 독립적인 개체로서의 '나의 존재'에 대한 미망迷妄으로부터 비롯되었을 것이다.

12/ 죽음의 불교적 이해 2

죽음과 나

모든 생명체는 죽는다. 이전 세대의 생명체가 죽고 새로운 생명체가 발생하는 것은 지극히 당연한 자연현상이다. 다음 세대의 생존을 위해 현세대의 생명체가 죽어야 한다는 것도 지극히 당연한 논리이다. 그런데 우리가 당연하다고 받아들이는 이러한 자연현상과 그에 따른 논리가 '나'라는 대상에 적용될 때는 왜 자연스럽거나 당연하다고 느껴지지 않는 걸까?

모든 생명체를 객관적으로 바라보던 우리의 시각이 나에게 초점을 맞추는 순간부터 나에 대한 특별한 감정과 집착이 일어난다. 그리고 우리는 여느 생명체와는 달리 특별한 나를 고집하게 된다. 불변하는 자성을 가진 독립체로서의 나의 존재를 믿는 무지無知와 그 믿음에 대한 맹목적인 집착이다. 이로 인해 나의 죽음은 더 이상 객관적인 자연현상이 아닌 몹시도 주관적인 의미로

개체

다가온다. 이러한 우리 심리상태의 변화는 붓다가 가르친 무상과 무아에 대한 무지에서 비롯된 가장 근본적인 고통이다. 붓다의 무아의 가르침을 이해하고 나에 대한 무지와 집착을 바로잡을 수 있다면, 우리가 객관적 시각으로 보았던 생명체의 죽음과 주관적인 나의 죽음이 둘이 아니고 하나라는 점을 깨달을 수 있다.

생명체들이 죽어야 하는 이유

지금까지 생명과학자들이 죽음에 대해 많은 가설을 제시했으나, 그 어느 하나도 만족스럽지 못하다. 시간이 흐르면서 생명체 안에 돌연변이가 축적되어 생명체에 해로운 영향을 끼쳐, 결국에는 생명체를 죽음으로 이끈다는 가설이 있다.[26] 그런데 이 가설은 모든 돌연변이는 해롭다는 가정에 근거한다. 그러나 이것은 잘못된 가정이다. 돌연변이로 인해 다양해진 생명체들은 돌연변이가 일어나지 않는 생명체보다 변화무쌍한 환경에 더욱 잘 적응하여 생존할 수도 있다. 이러한 돌연변이는 생명체의 생존에 이로운 변이라고 생각된다. 따라서 죽음에 대한 돌연변이 축적 가설은 문제가 많다.

한편 소멸하는 생명체들은 끊임없이 변하는 환경에 적응하지 못하는 생명체들이다. 이들은 자손을 적게 생산하거나 생산하지 못하여, 결국은 그 생명체들이 속한 집단의 유전자 풀(gene pool)을 감소시킨다는 가설이 있다. 소멸이란 생명체들의 환경에 대한 적응도와 번식력(또는 번식률)에 반비례한다고 암시하고 있다. 그러나 이 가설은 환경에 적응한다는 것이 자손을 많이 번식하는 것과 동일하다고 전제한다는 데 문제가 있다.

환경에 대한 적응도(또는 적합도 fitness)와 번식력(또는 번식률)은 동일한 개념이 아니다.[27] 만약 이 둘이 동일한 개념이라면 환경에 적응 잘하는 생명체들은 환경 적응력이 낮은 생명체들보다 언제나 더 많은 자손을 생산해야 할 것이다. 그러나 변화에 잘 적응하여 오래 생존하지만 자손은 하나의 개체만 생산하는 생명체들이 실제로 존재할 수 있고, 그에 반해 환경의 변화에 적응을 못해 오래 생존하지 못하나 많은 수의 자손을 생산하는 생명체들이 존재한다. 따라서 환경 적응도와 번식력은 같은 개념이 아니다. 소멸하는 생명체들이 반드시 번식 능력이 낮아서 소멸한다고 주장할 수는 없다. 따라서 적응도와 번식력으로 죽음을 설명하려는 이 가설도 문제가 있다.

필자들은 지금까지 생명과학자들이 죽음에 대해 제안한 가설은 근본적으로 모두 '죽음이란 어떤 본질을 가진 현상으로서, 어느 순간 새로이 생겨나 삶을 소진하는 부정적인 현상'이라는 전제하에 만들어졌다고 생각한다. 생명과학자들은 돌연변이가 생명체 내에 축적되면 이 해로운 변이로 인해 생명체 내에 지금까지 없었던 새로운 현상인 죽음이 창발한다고 생각한다. 또 한 생명체의 죽음이란 적응력과 번식력이 낮아지면 불현듯 생겨나는

개체

현상이라고 생각한다. 지금까지 없었던 것이 갑자기 창발되어, 지금까지 지니고 있던 생명체의 속성으로는 도저히 설명되지 않는 질적으로 전혀 다른 속성이 죽음이라고 전제한다. 그런데 죽음에 대한 창발론적 해석에 근거하여 만들어진 생명과학 이론은 죽음이 왜 일어나야 하는지, 또 왜 늙으면 죽는지를 설명하지 못한다.

필자들은 제11장에서 죽음이란 단지 인연이 모였다가 흩어지는 과정일 뿐이지 있던 것이 없어지는 것이 아니며, 또 한편 어떤 부정적인 것(죽음)이 새로 생겨나는 것도 아니라고 주장했다. 조건이 모였다가 흩어지고 다시 모였다가 흩어지는 끊임없는 과정에서, 우리는 어떤 일부 구간의 현상을 임의적으로 떼어내 우리가 임의로 만들어 놓은 단어, 예컨대 "탄생", "발생", "노화", 그리고 "죽음"이라는 단어로 편리하게 지칭하고 표현할 뿐이다. 탄생, 발생, 노화, 그리고 죽음은 연기하는 현상에서 보이는 관계의 변화일 뿐이며, 이 모두는 본질 또는 자성 없이 공하다. 그래서 우리가 '죽음'이라는 자성을 가진 어떤 것이 실재한다고 잘못 믿으며 죽음이 왜 일어나야 하는지, 또 왜 늙으면 죽는지 묻는 것 자체가 실은 우리가 처음부터 문제가 될 수 없는 것을 문제로 삼은 어리석음으로 인해 생긴다는 점을 깨달아야 한다.

그런데 왜 생명체는 영원히 생존하지 않고 우리가 죽음이라고 임의로 이름 붙인 그러그러한 관계와 변화의 현상을 나타내는 것일까? 생명체가 죽지 않고 영원히 생존할 수도 있지 않았을까? 영생永生하면서 번식할 수도 있었을지 모른다. 그런데 왜 지구상의 모든 생명체는 번식하며 늙고 죽는 관계와 변화의 유형을 따르는가? 이 질문에 대답하기 위해 저자들은 네 종류의 가능 세계(possible world)를 상상해 볼 것을 제안한다.

첫 번째 가능 세계에서는 모든 생명체가 죽지 않고 영생하며 번식도 한다. 그런데 생명체가 죽지 않고 또 자손까지 생산하므로, 그들이 속한 집단이나 종種의 개체수가 기하급수적으로 증가할 것이다. 결국 너무도 많은 개체가 제한된 공간에서 제한된 자원을 소모하며 고갈시켜, 결국 모든 생명체는 소멸하게 되고야 말 것이다. 두 번째 가능 세계에서는 모든 생명체가 영생하지만 번식하지는 않는다. 그런데 자손을 생산하지 않고 생명체가 영원히 산다면, 그들 각각의 집단이나 종 안에 아무런 제대로 된 변이가 일어나지 못하게 된다. 그러면 환경의 변화에 대한 적응력과 적응도가 극히 낮아져 결국은 모든 생명체가 쉽게 멸종될 수 있다. 한편 세 번째 가능 세계에서는 생명체가 영생하지 못하고 번식하지도 않는다. 생명체가 자손을 생산하지 않고 죽는다면 모든 생명체는 쉽게 멸종할 것이다. 지금까지 살펴본 세 개의 각각 다른 가능 세계에서는 생명체의 집단이나 종이 멸종되거나 소멸될 가능성이 높다.

이제 마지막 하나 남은 가능 세계를 살펴보자. 이 가능 세계에

개체

서는 모든 생명체가 죽게 되지만 번식하여 자손을 생산한다. 생명체가 영원히 생존하지 않지만 집단과 종의 개체 수가 줄어들더라도 새로 자손이 생산되어 개체수를 채우게 되어 쉽게 멸종되지 않을 것이다. 그리고 자손들이 태어날 때마다 생기는 변이의 도움으로 집단이나 종의 건강하고 풍부한 유전자 풀이 계속 유지될 것이다. 그런데 이 가능 세계가 바로 현재 생명체가 살아가고 있는 우리의 세계이다!

생명체들이	영생한다	죽는다
번식한다	멸종	진화와 생존
번식하지 않는다	멸종	멸종

우리는 위의 논의로부터 지구상에 현존하는 모든 생명체가 그들의 유전자 풀을 유지할 수 있는 방법은 그들이 영생하는 것이 아니라 번식하며 늙고 죽는 관계와 변화의 유형을 따르는 길밖에 없다는 점을 확인할 수 있다. 생명체의 죽음은 그들 생명체가 구성하는 종의 생존을 가능하게 하여 미래에도 그 종에 속하는 생명체가 살아남는 데 반드시 필요하다.

태어나지 않았으니 죽지도 않는다

우리는 위에서 생물학적 측면에서 생명체들과 종의 생존을 위해 죽음이 필요할 수밖에 없다고 논의했다. 그러면서 암묵적으로 우리가 죽음을 묵묵히 받아들여야 한다는 점도 보이려 했다. 그런데 죽음이 종의 차원에서는 그렇다고 하더라도, 우리 개개인이 혼자서 맞아야 하는 죽음이라는 중대한 사건에도 우리가 그렇게 의연히 대처할 수 있는가는 다른 차원의 문제다. 그래서 이제부터는 개인의 죽음이라는 문제를 불교적 관점으로 접근하며 조명해 보겠다. 불교에서는 죽음의 문제를 '해결'하려 한다기보다는 처음부터 그런 문제가 존재하지도 않는다는 점을 밝혀 죽음의 문제를 '해체'한다는 점을 보이겠다.

불교에서는 깊은 진리를 이해할 준비가 안 된 사람들에게는 같은 사람이 나고 죽고 또 나고 죽는 윤회를 반복하니까 이생에 좋은 업을 많이 지어 더 나은 다음 생을 기약하라고 가르치는 방편을 펴 왔다. 그러다가 『밀린다왕문경』에서는 좀 더 준비가 된 밀린다 왕 같은 이에게는 나가세나 존자가 촛불 켜는 비유를 통해 자아 또는 영혼이 없으면서도 – 즉 무아이면서도 – 윤회가 가능하다는 점을 보였다. 재료와 모양 그리고 색깔이 다른 여러 초를 하나씩 켜서 타들어가게 하는데, 첫 번째 초가 꺼져 가게 되면 그것으로 두 번째 초를 켜고, 이것도 다 타들어 가면 그것으로 세 번째 것을 또 켜면서 여러 초를 하나씩 켜고 태우는 상황을 상상해 보자. 여기서 여러 촛불(여러 生)에 공통된 것은 아무 것도 없지만 – 즉 무아가 맞지만 – 그 촛불들이 모두 인과관계로 이어져 있으니 윤회가 있다는 비유다.

개체

그런데 불교에서는 가장 많이 준비가 된 사람들을 위해서는 또 다른 방법으로 죽음에 접근한다. 아라한들이 무루열반無漏涅槃에 든 후에도 존재하느냐, 또 어디로 가느냐는 질문에 붓다는 그렇다 또는 그러하지 않다는 답변을 하지 않은 채 그 질문 자체를 모두 부정한다(dismiss). 논자에 따라 해석의 차이가 있겠지만, 이는 그 질문 자체가 잘못된 질문이었기 때문이다. 무아의 진리를 깨달았다면 아라한들이 처음부터 존재하지도 않았다는 점을 알아야 하고, 존재한 적도 없는 그들에 대해 '그들이 열반 후 존재하느냐', 또 '어디로 갔느냐'와 같은 질문들은 물어져서는 안 되는 질문들이기 때문이다.

　본질 또는 자성을 가진 실체로서 존재한 적이 없으니 태어난 적도 없고 따라서 죽을 일도 없다. 이렇듯 죽음이란 처음부터 존재하지도 않는 것인데, 존재하지도 않는 것이 어떻게 문제가 될 수 있겠는가. 이와 같이 불교는 죽음이라는 문제를 해결하려 하지 않고 오히려 그런 문제가 실은 문제로서 존재할 수도 없다는 점을 보이며 그 문제 자체를 해체해 없애는 지혜를 최고로 여긴다.

죽음에 대한 불교적 낙관주의[28]

불교에 대한 일반적인 오해 가운데 불교가 비관주의고 허무주의라는 견해들이 있다. 먼저 불교는 삶을 고苦라고 본다는 비관주의가 있다. 그러나 이는 '고'가 원래 고통이라기보다는 '불완전' 또는 '불만족스럽다'는 뜻을 가진 "duḥkha"라는 산스크리트어를 중국어로 번역하는 과정에서 생긴 오해다. 불만족스럽기 때문에 바로잡아야 한다는 것이 불교의 입장인 점을 고려하면, 불교를 결코 비관주의로 볼 수 없다는 점이 분명해진다. 또 한편 공을 '공허하다', '덧없다'는 식으로 잘못 이해하기도 하는데, 이것의 영어 번역 'emptiness'와 맞물려 불교가 허무주의라고 오해되기도 했다. 그러나 이것은 공의 가르침이 원래 사물이 본질 또는 자성이 없어서 실체 또는 실재로서가 아니라 현상으로서만 존재한다고 보는 대승의 철학적 요점을 오해해서 나온 결과다.

붓다가 영생이나 내세에 대한 논의 자체를 부정하는 경전 구절들이 있는데, 아마도 그래서 죽음에 대한 불교의 입장이 비관주의고 허무주의라는 비판이 모두 가능한지도 모른다. 그러나 이것 또한 오해에 기인한다. 필자들은 불교가 실제로는 (삶과) 죽음에 대해 오히려 가장 적극적이면서도 흥미진진한 태도를 가지고 있다고 본다. 붓다의 가르침에 따르면 우리 개개인은 색수상행식色受想行識의 오온五蘊이 모여 이루어져 있다. 물질적 토대인 몸과 네 가지 정신적 상태가 모여 평균 80여 년 동안 서로 그룹을 지어 상호작용하며 그 밀접한 관계를 지속하는 것이 우리가 통상 말하는 개개인의 삶이다.

이 삶을 다섯 명의 선수가 함께 뛰며 이루는 농구팀의 활동에 비유해 볼 수 있겠다. 이 팀이 누구에 의해서 의도적으로 조직된 것이 아니고 선수들 각각이 자발적으로 모여 서로 주장(captain)의 자리를 그때그때 매일 바꿔 가면서 연습하고 경기에 임한다고 가정해 보자. 그러면 이것은 마치 인연에 의해 오온이 모여 색수상행식 각각이 서로 상호작용하면서 이것들을 통제하는 어떤 자아나 영혼이 없이도 - 고정된 주장이 없이도, 무아無我여도 - 잘 살아가는 우리 삶의 모습과 같다고 보아도 무방할 것 같다.

다섯 명 각각의 선수들은 이런저런 변화의 과정을 거치며 나름대로 팀에 기여하고 공헌할 것이다. 가끔은 한 선수가 다른 팀으로 옮기기도 하며 그 자리에 다른 팀의 선수가 새로 들어오기도 한다. 그러다가 선수들 사이에 이렇게 여러 관계와 변화의 과정을 거치며 존속하던 팀이 언젠가는 해체될 수 있다. 이 팀의 선수들과 그들의 경기를 좋아하던 팬들에게는 아쉬운 일이겠지만, 그렇다고 그것이 그렇게 비극적인 사건은 아니다. 많은 경우 선수들은 각각 다른 팀에 다시 들어가 그곳에서 또 새로운 관계와 변화의 과정을 거치면서 나름대로의 활동을 계속할 것이기 때문이다.

그래서 팀의 해체가 팀을 무로 돌리는 것이 아니라 잠시 모여 있던 선수들을 이제 다른 모임의 일원으로 보내는 것일 뿐이라고 보는 것이 옳겠다. 실은 처음부터 '팀'이라는 것이 독립적인 실체로서 존재한 적이 없었고, "팀"이라는 말도 단지 다섯 명의 선수들의 모임을 지칭하는 편리한 단어로서만 존재했다. 그래서 "팀의 해체"라는 표현 또한 우리가 편리상 쓰는 것일 뿐이라서, 엄밀히 말하자면 존재하지도 않았던 것을 해체한다는 것이니 잘못된 표현이다.

그러면 색수상행식으로 이루어져 있는 '나'의 활동과 '나'라는 팀의 '해체', 곧 죽음을 위의 비유와 관련지어 생각해 보자. 우리 개개인은 살아있는 동안 끊임없이 다른 사람들과 상호작용하며 그들의 삶과 직접적 간접적으로 영향을 주고받는다. 그들이 하는 말, 의지, 감정 등의 모든 의식작용과 물리적 행위에 내가 영향 받으며, 나 또한 그들에게 정신적 물질적으로 영향을 주게 된다.

하나의 예로 우리가 하는 말에 주목해 보자. 평생 내가 하는 말이 다른 사람들에게 얼마나 많은 영향을 직접 간접적으로 미치게 될까를 생각해 보면 깜짝 놀라게 된다. 나 또한 다른 사람들이 한 말의 내용이 – 책이나 방송 등에 나오는 말까지 포함해서 – 나의 사유에서 절대적으로 많은 부분을 차지하고 있음을 깨닫게 된다. 말 뿐만 아니라 나와 다른 사람들이 보이는 정서와 의지 또한 서로에게 막대한 영향을 끼치고 있다.

색수상행식으로 모여 있는 '나'의 해체가 모든 것의 소멸을 의미하지는 않는다는 점이 이제 분명해졌다고 보인다. 몸은 다시 자연으로 돌아가 다른 생명체의 일부가 된다. 간혹 의식을 가진 유정물의 몸이 되기도 한다. 그래서 죽는다고 해서 몸이 전적으로 없어지는 것은 아니다. 그저 흩어질 뿐이다. 의식작용들 또한 이미 온 생애 동안 다른 사람들의 의식작용과 인과적으로 연결되어 있었으니 이미 존재했던 그 인과적 연결고리를 통해 계속 변화되어 나간다. 실은 한 개인이 살아있는 동안에도 그의 수상행식의 의식작용은 끊임없이 변화했기 때문에, 한 개인에 있어서조차 시간의 경과에도 불구하고 하나의 동일한 의식과 내용으로 존재했던 것은 아무것도 없다. 단지 상이한 의식과 그 내용이 시간의 경과에 따라 인과적으로만 연결되어 있었을 뿐이다.

그래서 수상행식에 '죽음'이라는 사건을 통해 해체의 과정이 새로 생긴다고 하더라도 이것이 수상행식에 특히 새로운 사건일 이유는 없다. 살아있는 오랜 기간 동안 많은 다른 사람들과의 상호작용 과정에 존재해 있었던 여러 인과적 연결고리들 가운데 몇몇 고리들이 없어질 뿐, 이미 오랜 시간에 걸쳐 생성된 수많은 연결고리를 통해 퍼져 나간 나의 의식의 내용은 여러 곳에서 (다른 사람들의 의식 안에서) 계속 다양한 영향을 미치며 변화해 나가고 있을 것이기 때문이다. 몸뿐만 아니라 우리의 의식과 그 내용도 없어지는 것이 아니다. 그저 흩어질 뿐이다.

인연이 모여 삶이 시작하는 것을 출생이라고 하고 그 인연이 흩어지는 것을 죽음이라고 하지만, 근본적으로 출생과 죽음은 자성 없이 끊임없이 변화하는 현상에 대해 우리가 편의상 임의적으로 붙인 말에 불과하다. 고통스러울 것도 허무할 것도 없다. 그리고 분명한 것은, 우리 삶을 구성했던 어떤 것도 무로 소멸되지는 않는다는 점이다. 위에서 논의했듯이, 색수상행식의 모든 것 각각이 인연이 다해 흩어지게 되면 다른 곳에 가서 다른 것들과 새 인연으로 모이게 된다는 점이 흥미진진하고 고무적이지 않을 수 없다. 불교는 그 교리상 근본적으로 삶과 세상에 대해 다분히 낙관주의적 관점을 표방하고 있다.

개체

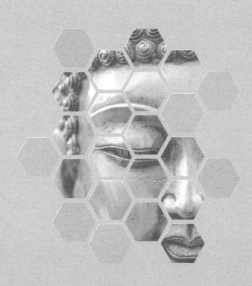

IV

종種(Species)

13 / 종種의 불교적 이해 1[29]

필자들은 제1장에서 모든 개개 생명체는 무상하여 고정불변한 본질을 갖고 있지 않기 때문에 우리가 생명체를 정의하거나 확인할(identify) 수 없다고 밝혔다. 나아가 주어진 생명체를 다른 생명체들로부터 구분할 수 없게 되고, 그와 유사한 생명체들의 집단인 종의 존재를 확인하거나 정의할 수도 없게 된다는 논의를 폈다. 그래서 필자들은 우리가 생명체들의 진정한 모습을 공空의 관점에서 이해한다면, 지금까지 생명계를 성공적으로 분류했다고 믿어 왔던 종의 범주의 존재에 대해서도 다시 검토해 보아야 할 것이라고 암시했다.

많은 생명과학 철학자들은 종의 존재를 인정하며 생명과학의 시각으로 해석되는 단일한 종의 개념을 도출하려 노력해 왔다. 그러나 이들의 시도는 종의 개념에 내재한 문제점들을 더욱 확연히 드러낼 뿐이었다. 필자들은 생명과학이 해결하지 못하는 종의 존재와 그 개념이 가진 문제점을 집중적으로 논의하고, 붓다의 가르침을 통해 그 개념을 재해석하며 문제점을 해결할 수 있다는 점을 보이겠다.

종과 본질주의

두루미와 여우가 각각 다른 종에 속한다는 것을 모르는 이는 없다. 그렇다면 두루미를 두루미로, 여우를 여우이게끔 해주는 것은 무엇인가? 두루미의 긴 부리와 여우의 혀가 그것인가? 긴 부리를 가진 생명체는 두루미 이외에도 황새, 백로, 플라밍고 등 많은 종류의 조류가 있고, 혀를 가진 생명체는 개구리부터 인간까지 수없이 많다. 그렇다면 두루미를 황새나 백로 또는 플라밍고가 아니라 바로 두루미이게끔 해주는, 그리고 여우를 개구리나 고양이 또는 사람이 아닌 바로 여우이게끔 해주는 것은 과연 무엇인가? 그러한 무엇인가가 실재實在한다면 이 무엇은 생명체 안에 존재해야 한다. 그리고 그것은 어떤 상황에서도 절대로 변하지 않아야 한다. 그래야만 주어진 생명체를 그 생명체로 규정지어 주고 또 확인해 줄 수 있기 때문이다.

이 무엇에 대해서 지금부터 약 2,400년 전 그리스의 철학자 아리스토텔레스는 '무엇을 그것이게끔 해 주는 것, 이것 없이는 무엇이 그것일 수 없는 것'을 그것의 본질이라 부르며, 본질은 모든 생명체 안에 실제로 존재하는 고정불변의 속성이라고 이해하고 주장했다. 그리고 아리스토텔레스는 본질의 개념을 도입해 비슷한 생명체의 무리를 하나의 종으로 분류하며 생명 세계를 나누어 설명하기 시작했다. 따라서 아리스토텔레스에 의하면 두루미, 황새, 그리고 백로는 그들 각각에 내재된 고정불변의 본질적 속성이 있어 각각 다른 종으로 분류되는 것이다. 그래서 두루미와 여우가 각각 다른 종이라는 점은 두말할 필요가 없다.

아리스토텔레스의 본질주의는 오랜 세월 동안 아무런 의심 없이 받아들여지고 유지되어 왔다. 18세기 스웨덴의 생명과학자였던 칼 본 린네 또한 아리스토텔레스의 본질주의에 입각한 종의 개념을 충실히 계승하며, 생명체를 분류하는 계층적 방법을 도입하였다. 린네는 개체 집단을 변종 또는 아종, 그 위에 종, 종 위에 차례로 높은 범주인 속, 목, 강을 상정했다. 그리고 이 다섯 등급에 따라 생명체를 분류하고 계층지었다. 또한 린네는 아리스토텔레스의 생명체 정의의 방법을 응용하여, 생물의 학명을 종과 속으로 명명하는 이명법二名法을 제안했다. 지금까지도 린네의 계층적 분류체계에 과의 범주 등을 추가함으로써 범주들을 세밀하게 나누고, 총 범주의 수를 21개로 늘린 린네식의 분류 방법이 사용되고 있다.

린네의 다섯 등급의 계층적 분류체계는 종이 존재하고 각각의 종을 결정짓는 나름대로의 본질이 존재한다는 아리스토텔레스의 본질주의에 철저히 입각하여 세운 학설이었다. 린네는 새로운 종은 신이 창조하지 않으면 생겨날 수 없다고 믿었으며, 설령 종에 속하는 구성원들이 모두 없어진다고 해도 종은 사라지지 않는다고 생각했다. 그런데 만약 종이나 본질이 실제로 존재한다는 전제가 보장되지 않는다면, 종의 범주나 높은 등급들을 상정하기가 불가능하게 된다. 다시 말해 종의 존재가 확보되지 않는다면, 린네의 계층적 분류체계의 근거가 없어지게 되고, 결국은 자연세계를 등급체계로 분류하려는 린네의 시도는 실패로 돌아가게 된다.

린네와 그 후 생명과학자들은 하나의 종 안에서 아종이나 변종이 나타나는 것을 계속 관찰하게 되었다. 반복되는 관찰이 암시하는 것은 종이 실제로 고정되어 있지 않고 변화한다는 것이었다. 이들 생명과학자들은 생명체가 변하는 것은 인정했다. 그러나 그럼에도 불구하고 종을 결정짓는 고정불변한 본질이 엄연히 존재하고 있어, 아종이나 변종이 존재하더라도, 생명체 집단을 종으로 구별할 수 있다고 믿었다.

다윈의 종과 미완의 반反본질주의

1859년 찰스 다윈은 그의 저서 『종의 기원』에서 아리스토텔레스의 본질주의에 기반을 둔 종의 존재에 대해 의심하는 논지를 제시했다. 그는 하나의 종이 다른 종으로 변형되기도 하고, 두 개이상으로 종 분화되기도 하며, 때로는 사멸되는 것을 관찰했다.

하나의 종에 속하는 개체들이 강이나 사막 같은 지리적 요건의 변화로 오랫동안 고립된 채 진화하면 원래의 종과는 다른 변형 형태를 지니게 된다. 또 때때로 생명체가 서식지를 옮기면 원래의 종과는 다른 변형된 종으로 진화하기도 한다.

예를 들어 200년 전에 사과파리의 조상은 산사나무에만 알을 깠는데, 지금은 같은 종의 파리가 산사나무뿐만이 아니라 일반 사과나무에도 알을 깐다. 이러한 현상은 200년 전 산사나무에서만 서식하던 사과파리 중 많은 수가 그 이후 서식지를 산사나무에서 일반 사과나무로 옮겨가면서 가능해진 결과이다. 그리고 이런 현상이 오랜 기간 동안 지속되며 사과파리가 진화한다면, 사과파리 종 내의 종 분화가 불가피하게 된다.

다윈이 생각한 종은 창조되어 불변하는 것이 아니라, 진화 과정에서 변형되고 분화하는 어떤 것이었다. 그래서 그는 종의 진화 과정을 인정하면서도, 종에 내재한 불변하고 고정된 본질적 속성의 존재를 받아들일 수는 없었을 것이다. 사실 다윈은 『종의 기원』 출판 전 식물학자인 조셉 후커에게 보낸 서신에서, 종이란 정의할 수 없는 것이라 생각하며, 정의할 수 없는 것을 정의하려 애쓰는 동시대의 자연주의자들을 비판했다.[30] 또한 다윈은 종과 변종을 구분하는 기준이 모호하다고 지적하며, 『종의 기원』 초반에 "종이 변종과 특별히 차이가 나지 않기 때문에 종은 그저 편리상 유사한 개체들을 한 집단으로 묶어주는 임의적인 것이라 여긴다."[31]라고 기술했다.

아마도 다윈에게 종이란 생명체가 진화하며 분화하는 과정에서 임의의 어느 한 단계나 시기를 뜻하는 이름 정도로 간주된 것 같다. 그리고 그의 관심은 아마도 종 자체가 아니라 '변이에 의한 유전'인 종 분화에 있었던 것 같다. 수많은 종 분화 현상이 다윈이 진화를 이해하는 방식인 '변이에 의한 유전'이라는 과정을 잘 보여주기 때문이다. 그래서 다윈의 1859년 초판의 원래 제목인 『자연선택으로 설명하는 종의 기원』[32]이 말해 주듯이, 그의 책은 종 자체가 아니라 진화의 과정인 종 분화를 자신의 주장인 자연선택의 메커니즘으로 설명할 수 있다는 점을 주장한 것일 수도 있다.

이와 같은 다윈의 종에 대한 통찰은 아리스토텔레스 이후 2,200년 이상 믿어 의심치 않았던 본질주의를 부정하는 혁명적인 시도였다. 그러나 한편으로는 다윈이 그의 『종의 기원』에서 제시한 계통수(phylogenic tree)에 대한 논지로부터 본다면, 그가 비록 종의 존재는 부정했지만 '고정불변한 어떤 것'의 존재에 대한 전제를 얼마나 철저히 배제했는지는 사실 의문이다. 왜냐하면 다윈이 주장한 계통수는 조상과 후손의 관계를 표현하는 계통으로 구성된 것으로, 조상과 자손 간의 하나의 계통을 이루는 개체들이 '고정불변한 어떤 것'을 공유한다는 점을 전제로 하고 있기 때문이다. 만약 이 '고정불변하여 개체들이 공유하는 어떤 것'이 전제되지 않는다면 주어진 하나의 계통을 그러한 계통이라고 정의하지도 못했을 것이다.

결국 다윈이 종의 실재적 존재는 부정했지만 '계통'이란 개념 속에 숨어 있는 어떤 공통된 것, 즉 상동성(homology)을 찾으려 했던 시도는, 다윈 스스로는 자각하지 못했겠지만, 고정불변하여 한 계통의 모든 개체들이 공유할 수밖에 없는 어떤 것이 존재한다고 스스로 믿고 있었다는 점을 암시한다. 아마도 그 또한 마음 속 깊은 곳에서는 여전히 '그 무엇'인가를 갈망하고 붙잡고 있었던 것은 아닐까.

또한 다윈이 『종의 기원』에서 종의 존재를 부정하고 종의 개념에 대해 별달리 신경을 쓰지 않고 있으면서도, 다른 한편으로는 여전히 종 분화에 대해 논의하고 있다는 점이 실은 논리적으로 선결문제 요구의 오류를 범하는 실수라고 비판받을 수도 있겠다. 왜냐하면 종 분화는 종의 실재와 명확한 개념이 전제되지 않고서는 이야기할 수 없기 때문이다. 그래서 필자들은 다윈의 반본질주의 시도는 미완성으로 그쳤다고 판단한다.

종 개념의 문제

20세기에 들어와 계통분류학과 유전학 그리고 진화론을 통합하려는 시도가 이루어졌고, 이와 더불어 종의 본질과 개념에 대한 논의가 다시 활발해졌다. 여러 다양한 종의 개념들이 제안되었고, 이와 동시에 단일한 개념으로 종을 설명하고자 하는 열망도 커졌다. 그 중 하나가 형태학적 종의 개념이다. 이는 형태상의 유사점을 공유하는 생명체의 집단을 종이라고 정의하는, 우리가 편리하게 사용해 오고 있는 개념이다. 생명체의 생김새뿐 아니라 형태상의 구조나 생리 기능 등을 고려하며 종을 구분한다. 예를 들면 뱀과 쥐는 생김새, 몸 구조, 그리고 생리 기능 등 전체적인 형태상에 차이가 있으므로 다른 종이다.

그런데 이 종 개념이 가진 문제점은 어떤 개체들이 형태상으로 극명한 차이를 보이더라도 같은 종에 속하는 경우가 있다는 것이다. 예를 들어 삿갓조개의 수컷과 아귀(anglerfish)의 수컷은 그들의 암컷과 비교하면 아주 작은 기생충 정도의 크기여서 '난쟁이 수컷'이라 불리기도 한다. 이런 암수 간의 커다란 형태적 차이에도 불구하고 이들은 동일종이다. 그래서 형태상의 차이만으로는 종을 구분하기가 충분치 않다. 그리고 좀 더 근본적인 문제는 형태학적 유사점과 차이점을 분별하는 작업이 필연적으로 주관적일 수밖에 없다는 데 있다.[33] 개체 간에 형태학적 유사점과 차이점을 찾는 일이란 근본적으로 생명과학자들의 주관적인 시각과 그들이 받아들이는 학설에 영향을 받기 마련이기 때문에 그 분별 기준이 객관적이지 않다.

한편 종의 개념 중 에른스트 메이어가 제안한 생물학적 종의 개념이 아마도 제일 잘 알려진 개념일 것이다. 이에 따르면, 종이

란 실제로 교배가 가능하여 이 교배로 생식이 가능한 자손을 생
산할 수 있는 집단으로 정의된다.[34] 개체들이 형태상으로 유사하
다거나 서식지를 공유하고 있더라도, 교배가 이루어지지 않는다
면 같은 종이 아니다. 서양의 들종다리 새는 동양의 들종다리 새
와 형태상으로 거의 동일하다. 그러나 이들 간에 교배가 이루어
지지 않으므로 두 종류의 들종다리 새는 각각 다른 종이다.

　그런데 위와 같은 생물학적 종의 개념도 그다지 만족스럽지 않
다. 이 개념에는 모든 생명체 집단이 유성생식인 교배를 한다는
전제가 요구되는데, 동물계에는 박테리아 같은 무성 생명체가 수
없이 많다. 유성생식을 종의 기준으로 삼는 생물학적 종의 개념
으로 무성생식을 하는 생명체를 분류할 수는 없다.

　마지막으로 다윈도 생각했을 법한 개념인, 1960년대부터 활발
히 논의되기 시작한 계통발생학적(phylogenetic) 종의 개념을 살
펴보자. 계통발생이라는 단어가 말해 주듯이, 하나의 조상과 그
계보에 해당하는 생명체의 집단에 관한 종의 정의이다. 마치 나
무에서 가지가 뻗어 자라고, 하나의 가지가 두 개 이상의 새로
운 가지들로 분기(branching)되어 자라듯이, 종이란 한 가지에서
둘 이상의 새로운 가지들로 분기되기 전까지의 분절(segment)
이라고 이해하면 되겠다. 그래서 종이란 하나의 조상 계통에서
둘 이상의 자식 계통으로 분기되기 전까지의 생명체들의 집합
으로 정의한다.[35] 이와 같이 계통발생학적 종의 개념은 분기진화

(cladogenesis)에 근거한다.

그러나 위에서 살펴본 다른 두 개념과 마찬가지로 계통발생학적 종의 개념도 그리 만족스럽지 못하다. 무성 생명체인 박테리아의 경우 부모 계통이 자식 계통으로 분열하여 새로운 종들로 진화하는 분기진화 형태를 따르는데, 문제는 박테리아가 생식할 때마다 분기가 일어난다는 것이다. 하나의 부모 계통이 둘 이상의 자식 계통으로 분기하여 얼마만큼의 시간이 진행된 후 다시 분기해야 계통발생학적 종의 개념을 적용할 수 있는데, 박테리아 경우는 부모에서 분기가 일어난 후 곧바로 분기가 계속해서 일어나기 때문에 분기진화에 근거한 계통발생학적 종의 개념으로는 박테리아의 종을 정의할 수 없다는 것이다.[36]

지금까지 살펴본 바와 같이 세 가지의 종 개념 가운데 그 어느 하나도 모든 생명체들에 해당하는 '종'에 대해 만족스럽게 설명하지 못하고 있다. 필자들은 그 이유가, 다윈의 통찰과도 같이, 고정불변한 본질을 가지는 종이 실재로서 존재하지 않는데도 불구하고, 종의 개념을 정의하려는 헛된 노력을 하고 있었기 때문이라고 생각한다. 끊임없이 변화하는 진화의 과정에서 고정불변한 종의 기준이나 개념이 가능하지 않다는 점은 어찌 보면 당연하다. 그럼에도 불구하고 우리는 실제로 존재하지도 않는 종을 여전히 존재하는 것처럼 여기며, 이러한 '종'에 의하여 생명체의 집단을 분류하고 있다. 불교적 통찰을 결여한 서양의 본질주의적 사고방식이 생명과학에 있어서도 우리를 또 하나의 난관에 빠지게 하고 있다.

14/ 種種의 불교적 이해 2

동일성을 찾으려는 인간의 집착

끊임없이 변화하는 진화의 과정에서 고정불변한 어떤 것도 존재할 수 없고, 따라서 그것을 규정하기란 불가능하다. 그 어떤 것도 예외일 수는 없다. 고정불변한 종이 존재할 수 없기 때문에 엄밀히 말하면 종 개념은 가능하지도 않다. 그런데 오랫동안 진화의 단위가 종이라는 가정을 암묵적인 사실로 받아들여 왔던 탓인지 몰라도, 종의 존재를 부정하거나 종 개념을 포기하기가 그리 쉽지 않다. 제13장에서 논의했듯이, 린네도 하나의 종 안에서 나타나는 아종이나 변종들을 관찰했음에도 불구하고, 종을 고정불변하다고 생각했다.

　최근에 몇몇 생명과학 철학자들은 종이란 종 특유의 본질을 내재하고 있는 자연종(natural kind)이 아니라고 주장했다. 그들이 제안하는 종이란 진화 과정에서 선택된 형질이 세대를 거쳐 인과적으로 유전되는 개체들의 집단이다. 역사적인 존재로서 시공간의 제약을 받는 일종의 개별자(individual)를 종이라 규정한다.

그런데 이러한 주장은 모든 생명체가 유성생식을 통하여 부모와 자식이 인과적으로 연결되어 있는 것을 전제한다. 그러나 우리가 잘 알고 있듯이 생명계에는 무성생식을 하는 무성 생명체가 수없이 많다. 그래서 이들의 종의 개념도 제13장에서 논의한 생물학적 종 개념의 문제점과 같이, 무성생식을 하는 생명체를 분류할 수 없다는 문제가 있다. 또한 이들의 종의 개념은 '진화 과정에서 선택된 어떤 형질이 종을 규정짓는 역할을 한다'는 점을 내포한다. 질적인 형질이 부모에서 다음 자식세대로 변함없이 유전되어야 종으로서 존재할 수 있다는 의미이다.

그런데 문제는 '하나의 종을 필요충분하게 정의하는 형질이 있는가' 하는 점이다. 예를 들어 진화 과정에서 선택된 어떤 특정한 형질이 인간 집단을 충분히 만족스럽게 정의할 수 있는지는 의문이다. 이들이 비록 종의 본질의 존재는 부정하지만, 진화 과정에서 선택된 형질이 유전되어야만 종이라고 주장하면서, 종이란 '변함없는 동일한 무엇'이 유전되는 것이라는 생각을 하고 있는 것 같다. 이들의 마음속 깊은 곳에서는 여전히, 존재하지도 않는 '그 동일한 무엇'의 존재를 믿고 있는지도 모르겠다.

또한 최근에 생명과학 철학자들 가운데 몇몇은 린네가 제안한 분류체계에 있어, 개개의 종이 너무 다양해서 모든 종을 하나의 범주로 통합하는 종 범주를 규정짓기가 불가능하다고 주장하고 있다. 이들은 각각의 종의 존재를 인정하며, 분류체계를 가능하게 하는 가장 낮은 범주인 종 범주의 존재를 의심하고 부정하기 시작한 것이다.[37]

필자들은 지금부터 생명과학자와 생명과학 철학자뿐만 아니라 우리 대부분이 일상적으로 받아들이고 있는 전제를 하나씩 살펴보며 이런 전제가 모두 문제를 가지고 있다는 점을 논의하겠다. 우리는 참으로 다양한 인종의 사람들을 모두 인간이라고 규정한다. 개개인의 크고 작은 차이에도 불구하고, 이들 모두가 동일하게 지니고 있는 무엇이 있기 때문에 인간이라는 한 집단으로, 즉 하나의 종으로 존재한다고 쉽게 생각한다. 그리고 과거의 개개인과 현재의 개개인, 그리고 미래의 개개인이 모든 면에서 완전히 동일하지는 않으나, 이들이 공유하는 그 무엇으로 인해 정도의 차이는 있으나 많이 비슷하리라고 예상한다.

이것은 단지 인간에만 해당되지 않는다. 우리는 각각의 종에 속하는 많고 많은 생명체가 모두 서로 동일한 무엇을 지니고 있기에, 그렇게 하나의 종으로 과거, 현재, 그리고 미래에 존재한다고 생각한다. 그리고 이러한 동일성에 대한 믿음은 과거의 자연현상과 현재의 자연현상, 그리고 미래의 자연현상이 커다란 오차나 예외 없이 대부분은 규칙적으로 반복된다는 전제에 기반을 둔다. 그런데 자연현상이 규칙적으로 반복해서 발현된다는 것은 자연에 법칙이 있다는 뜻이다. 따라서 우리가 수많은 생명체들 간의 차이에도 불구하고 어떤 동일한 무엇이 있다고 믿는다면, 자연법칙의 존재를 이미 받아들이고 있다는 것을 암시한다.

이렇게 우리는 자연의 법칙에 따라 현재의 자연현상을 과거에 반복해서 일어났던 동일하거나 비슷한 자연현상에 비추어 설명한다. 그리고 미래에도 동일하거나 비슷한 자연현상을 예상할 수 있다고 믿고 있다. 그런데 만약 자연에 법칙이 있다는 전제가 틀리거나 문제가 있다면, 생명현상이 규칙적으로 반복해서 발현된다는 근거가 없어지게 된다. 그리고 각각의 동일한 무엇이 개개의 생명체 안에 규칙적으로 반복해서 발현된다는 근거도 없어지고 만다. 그리하여 각각의 생명체 집단인 종이 존재한다는 주장이 무색해지게 된다.

그렇다면 우리는 자연법칙이 과연 존재하는지 살펴보아야 한다. 법칙이라면 시간과 공간의 제약에서 자유로워야 하고 예외가 있으면 안 된다. 우리는 어떤 현상이 확률적으로 높은 빈도로 발현된다고 해서 이 현상을 법칙적이라고 하지 않는다. 우리는 그것이 예외 없이 엄격한 규칙성을 보여야 법칙이라고 여긴다. 그렇다면 시공간에 구애받지 않고 예외가 없는 법칙이 자연에 존재할까? 자연 안에서 끊임없이 변화하는 진화의 과정에서 시간, 공간 등의 수많은 조건에 구애받지 않는, 즉 예외가 없는 법칙이 존재할까? 대답은 간단하다. 그러한 법칙은 자연에 존재하지 않는다. 지금까지 어느 누구도, 예외 없이 엄격한 자연의 법칙을 발견하지 못했다. 생물학뿐 아니라 화학이나 물리학도 마찬가지다. 한동안 절대불변의 진리라고 여겨졌던 자연법칙도 오류로 밝혀져, 새로운 과학이론의 법칙으로 교체되었고, 이 교체 과정은 현재도 진행 중이며 또 앞으로도 계속될 것이다.

그런데 왜 우리는 존재하지도 않는 자연의 법칙이 있다고 믿고, 그 전제하에 본질의 다른 이름인 '동일한 무엇'이 있다고 생각할까? 또 이를 근거로 종 범주는 존재하지 않으나 개개의 종은 존재한다고 주장하고 있는 것일까? 그것은 아마도 근본적으로 우리의 잘못된 오랜 습관과 애착 및 집착에서 기인한 것이라고 생각된다. 우리는 어지러이 널려 있는 각각의 물건을 지금까지 했던 방식에 따라 종류별로 분류하고 정리하려는 오랜 습관과 정리정돈에 대한 애착과 집착이 있다. 많고 많은 다른 생명체들이 자연에 분포해 있을 때도 우리는 물건을 분류 정리하듯, 생명체들을 우리가 감당할 수 있을 만큼의 제한된 수의 집단으로 분류하려는 경향이 있다. 그런데 우리의 작업이 자연을 있는 그대로 그 부분이 가진 속성에 따라 분류한다는('cut the nature at its joints') 아무런 보장도 없다. 그럼에도 불구하고 우리는 우리 인식능력의 한계와 또 실제적인 편리에 따라 그냥 그렇게 분류한다.

우리는 이 제한된 수의 집단에 각각 이름을 붙이고, 이러이러한 이름을 가진 집단의 생명체들은 그러그러한 동일한 무엇을 가지고 있다고 믿기 시작한다. 그리고 아마도 우리는 어느 순간부터, 논리적으로는 순환의 오류임에도 불구하고, 이 각각의 동일한 무엇으로 인해 생명체들이 각각의 집단으로 분류될 수밖에 없다고 주장할지도 모르겠다. 또한 우리는 한 집단을 구성하는 생명체들이 그러그러한 동일한 무엇을 모두 지니고 있다는 점을 관찰한다고 믿는다. 그러면서 이 무엇으로 인해 그 집단이 그러한 집단으로 규정된다고 주장하게 되는지도 모르겠다. 덧붙여, 우리는 이 무엇이란 주어진 그 집단을 규정짓는 본질이라고 정의할 것이다. 그리고 그 집단을 구성하는 생명체들에 이러한 본질이 내재하므로 현재의 그 집단은 과거에도 존재했었고 미래에도 존재할 것이라고 주장할 것이다.

그런데 지금까지의 우리의 모든 생각은 우리 인간의 오랜 습관인 분류하고 정리하려는 성향과, 가능하면 적은 수의 집단들로 정리정돈하려는 버릇에서 비롯된 것이다. 우리는 임의적이며 논리적 오류를 품고 있는 습관과 집착을 바탕으로 실재로서 존재하지 않는 자연의 법칙과 본질이 실재한다고 믿는다. 그리고 더 나아가 이러한 개념으로부터 도출되는 종을 포함한 많은 개념을 실체화(reification, hypostatization)시켜 놓고는 그것들이 실재한다고 하는 잘못된 주장을 펴고 있는 것이다. 우리는 이 모든 것이 사상누각이라는 사실을 자각하지 못하고 있다.

본질에 대한 집착의 연장

그런데 20세기 후반부터 급속히 발전하는 진화발달 생명과학 연구 결과에 따르면, 제각기 다른 많은 생명체 집단에서 발달상 또는 형태상 동일한 형질들이 나타나는 것이 보고되고 있다. 그 원인을 분자선상에서 살펴보면, 여러 다른 생명체의 초기 발생 과정에서 동일한 특정 유전자가 발현되거나 특정한 발달 메커니즘이 공유되기 때문이라고 설명하고 있다.

생명체들의 차이에도 불구하고 동일하게 발현하는 특정한 유전자를 호미오 유전자라고 부른다. 호미오 유전자는 인간을 포함한 동물과 곰팡이, 그리고 식물의 초기 발달 과정을 조절하는 유전자로 알려져 있다. 호미오 유전자 가운데 호미오박스 유전자, 줄여서 혹스 유전자는 몸체를 구획화하는 역할을 한다고 알려져 있다. 포유동물의 몸체를 머리 부분과 꼬리 부분으로 나누는 역할을 하는 혹스 유전자의 기능이 초파리나 지렁이와 같이 다른 생명체에서도 몸체를 구획화하는 기능을 한다고 보고되었다. 또 다른 호미오 유전자인 페어드 박스 유전자, 줄여서 팍스 유전자는 눈(eye)의 발생을 조절하는데, 척추동물뿐만 아니라 초파리나 오징어 등에서도 같은 역할을 한다고 알려져 있다. 이와 같이 생명체의 초기 발생 단계를 조절하는 호미오 유전자의 존재는 끊임없이 변화하는 진화 과정을 거치면서도 잘 보존되고 있는 유전자라고 이해되고 있다.

종

그래서 어떤 이들은 호미오 유전자 같은 것을 생명체의 본질이라고 생각할 수도 있겠다. 그리고 이와 같은 본질의 존재로 생명체가 개개의 종으로 구분되고, 또 개개의 종을 아우르는 종 범주로 구분될 수 있다고 주장할 수도 있다.

그런데 여기서 우리가 좀 더 자세히 살펴보면, 진화의 과정에서 보존되는 것은 호미오 유전자가 가진 유전자 선상의 동일성이 아니라, 단지 그들이 가지고 있다고 우리가 해석하는 기능일 뿐이라는 사실이다. 인간의 혹스 유전자와 생쥐의 혹스 유전자는 DNA 염기 배열상 구조적으로 비슷하지만 동일하지는 않다. 또 인간의 혹스 유전자와 초파리의 혹스 유전자는 DNA 염기 배열상, 엄밀히 말해서, 구조적으로 그리 비슷하지도 않다. 여기서 동일한 것은 호미오 유전자의 구조가 아니고, 다만 우리가 보는 그들의 기능이 유사할 뿐이다.

그런데 기능이란 여러 조건이 만나서 발현되는 작용이다. 조건에 좌우되는 기능은 조건에 따라 언제나 변하기 마련이다. 기능은 본질이 될 수 없다. 왜냐하면 본질 또는 자성自性이라면 조건에 상관없이 스스로 발현되어야 하는데, 기능은 그럴 수 없기 때문이다. 그런데도 만약 혹자들이 여전히 호미오 유전자의 기능이 본질이 될 수 있다고 주장한다면, 필자들은 이들의 주장에 반박하기 위해 호미오 유전자 가운데 눈의 발생을 담당한다는 팍스 유전자의 예를 들어 설명해 보겠다.

팍스 유전자의 기능이 바로 본질(자성)이라면, 인간이나 초파리, 물고기, 오징어에 구분 없이 팍스 유전자가 가진 동일한 기능이 생명체의 다름과 상관없이 똑같이 발현되어야 한다. 그래서 인간의 눈이 사물을 보는 방식이나 초파리, 물고기, 오징어 등이 사물을 보는 방식이 모두 동일해야 한다. 어떤 것이 본질(자성)이라면 그것은 어느 조건에도 좌우되지 않고 같은 방식으로 발현되어야 하기 때문이다. 그러나 우리가 잘 알고 있듯이 인간이 눈으로 사물을 보는 방식과 초파리, 물고기, 오징어 등이 사물을 보는 방식은 놀라울 정도로 모두 다르다.

한편 우리가 잘 아는 대로 박쥐는 눈을 가지고 있으나 장님이나 다름없어서 초음파로 물체를 확인하며 생존한다. 그리고 물고기 집단 안에서도 수심 200미터 이상의 깊은 바다에서만 사는 심해어류들은 팍스 유전자에 돌연변이가 생겨 눈의 기능이 매우 약해지거나 퇴화되어 있다. 그런데 팍스 유전자 자체가 본질(자성)이라면 물고기가 살고 있는 환경(조건)에 의해 유전자에 돌연변이와 같은 변화가 일어나서는 안 된다. 또 팍스 유전자의 기능이 본질(자성)이라면 그 유전자에 돌연변이가 일어나도 이러한 변화와는 상관없이 정상의 물고기 눈의 기능을 유지해야만 한다. 그러나 이것은 물론 불가능하다. 이 모든 경우가 호미오 유전자나 그들의 기능이 본질(자성)이라고 볼 수는 없다는 점을 보여준다.

한편 붓다 당시부터 인도에서 상식으로 통하던 비재귀성의 원

196

종

리(the principle of non-reflexivity)를 적용해 보면 위와 같이 여러 생명체 집단을 관통하는 어떤 본질(자성) 같은 것이 존재할 수 없음이 더욱 분명히 드러난다. 칼은 버터를 자를 수 있지만 스스로를 자를 수는 없다. 귀는 소리를 들을 수 있지만 귀 스스로를 들을 수는 없다. 손가락은 달을 가리킬 수는 있지만 달을 가리키는 그 손가락 자체를 가리킬 수는 없다. 눈은 다른 사물을 볼 수 있지만 사물을 보는 눈 자체를 볼 수는 없다. 그런데 칼의 본질(자성)이 자르는 것이라면, 어떤 조건에도 상관없이 또 어떤 악조건에도 불구하고, 그 스스로도 자를 수 있어야 하는데, 이것은 절대적으로 불가능하다. 이것이 바로 칼에 본질(자성)이 존재하지 않는다는 철학적으로 결정적인 증거이다.

이와 같은 비재귀성의 원리는 귀, 손가락, 눈, 그리고 존재한다고 여겨지는 모든 것의 경우에 그대로 적용된다.[38] 팍스 유전자라고 해서 예외일 수는 없다. 생명과학자들이 무비판적으로 쉽게 말하듯이 팍스 유전자의 본질(자성)이 보는 것(seeing 또는 vision)이라면 팍스 유전자 자체가 사물을 볼 수 있어야 하는데, 이것은 물론 얼토당토하지 않은 이야기다. 여러 생명체 집단을 관통하며 존재하는 전적으로 동일한 유전자 구조나 어떤 본질 또는 기능 같은 것은 존재하지 않는다. 이것들은 무엇인가라도 붙잡으려는 우리의 집착이 만들어 낸 허상들일 뿐이다.

한편 초파리의 초기 발생단계에서 외배엽이 신경외배엽으로 발생하는 신경체계 형성의 기작(메커니즘)이 쥐의 초기 신경체계 형성 과정에서도 발견된다는 연구 결과가 발표되었다.[39] 이에 힘입어 어떤 이는 진화 과정에서 보전되는 부분적 발생의 기작이 생명체의 본질이 아니겠냐고 주장할 수도 있겠다. 그런데, 이미 위에서 진행한 논의와 연결된 비판이 되겠지만, 이러한 발생의 기작이란 우리의 머릿속에서 만들어 낸 허상으로서, 단지 일종의 청사진에 불과하다. 그러나 청사진은 본질이나 자성이 될 수 없다. 왜냐하면 본질이라면 존재 세계에 실재하는 어떤 것이어야 하는데, 청사진이란 실재하는 것에 대한 그림 또는 그림자일 뿐이기 때문이다. 그래서 발생 기작을 본질 또는 자성이라고 볼 수 없다.

우리는 근본적으로 우리가 가진 제한된 인식능력과 언어의 한계 때문에 사물의 본질과 자성을 찾게 되고, 또 찾았다고 생각하는 본질에 집착하며 쉽게 살아가려고 하는지도 모른다. 아마도 그래서 이런 집착에서 우리를 자유롭게 하는 연기와 공의 진리를 좇아 그에 따라 수행하며 사는 불자들의 삶이 더욱 소중하고 특별한 것 같다.

종

V

유
전
자

15/ 유전자 개념과 그 변천의 역사

필자들은 지금까지 생명과학에서 다루는 주요 주제인 발생, 노화, 병듦, 죽음, 종種 등에 대해 고찰하며 이러한 개념들이 가지고 있는 문제의 근원이 본질주의에 있다는 점을 밝혔다. 그리고 본질주의의 틀 안에서 형성된 생명과학의 개념들은 생명체의 진정한 모습과 그 변화의 과정을 담아내지 못한다고 주장했다. 변화무쌍한 생명체는 실제로 존재하지만, 그렇다고 해서 고정불변한 본질적 속성(自性)을 지니고 스스로 존재하는 어떤 것, 즉 실체實體로서 존재하지는 않는다. 생명체는 조건에 의존하고 그것과 상호작용하며 끊임없이 변하는 존재이기 때문이다. 필자들은 생명체와 생명과학 현상을 연기의 가르침으로 재해석하며 지금까지 본질주의의 틀에 머물러 있음으로써 야기되어 온 생명과학의 여러 문제점을 해소해 왔다.

이번 장부터는 생명과학 연구의 기본단위인 유전자에 대해 논의하기로 한다. 우리는 모든 생명체가 고정불변한 본질인 유전자를 가지고 있다고 생각하고, 이러한 유전자의 실체를 DNA로 여기고 있다. 따라서 유전자인 DNA는 고정불변의 본질을 가지고서 스스로 복제하는 기능을 발휘하여 부모세대에서 자식세대로 유전정보를 전달한다고 이해해 왔다. 그런데 불교의 가르침대로 모든 생명현상도 공空하고 연기한다는 점을 받아들인다면, 여기서 유전자와 유전현상은 이에 따르지 않는 예외적인 생명현상이라는 뜻이 된다. 생명계의 모든 것이 무상하며 공하다고 하더라도 유전자만은 고정불변하여 주위 환경의 조건과는 상관없이 유전자가 가지고 있는 유전정보를 다음 세대로 유전시킨다는 뜻이 된다.

이제 우리는 유전자 개념을 고찰하며 본질주의에 기반을 둔 유전자 개념의 문제점을 논의해 보겠다. 그러면서 발생, 노화, 병듦, 죽음, 그리고 종과 마찬가지로 유전자도 조건에 의존하며 연기하기 때문에 실체로서 존재하지 않고 공하다는 점을 보이겠다. 이번 제15장에서는 우선 생명과학의 역사 속에서 유전자의 개념이 형성된 배경과 유전자가 어떻게 DNA와 동일시되었는지를 살펴보기로 한다. 필자들은 생명과학의 용어와 생명과학 현상에 대한 설명이 독자들에게 낯설 수 있다는 점을 잘 알고 있기에 최대한 일상적인 용어를 사용하며 논의를 진행하려고 노력하겠다.

유전자

고정불변한 유전자

유전자란 유전인자로 세대를 거치며 형질을 전달하는 기능을 한다는 뜻을 가지고 있다. 부모세대에서 자식세대로 형질을 전달하기 때문에 이를 일종의 인과관계로 본다면, 유전자를 원인인자라고 이해할 수 있다. 자식들이 부모의 눈, 코, 입, 손가락, 발가락 등 뚜렷이 나타나는 형질을 닮기도 하는 한편, 부모가 가지고 있지 않은 형질이 자식세대에 나타나기도 한다. 이럴 때 부부는 "저 아이가 누구를 닮아 저럴까?" 하고 반문하기도 한다. 모든 자식이 부부의 반반을 닮아야 한다고 생각하는데, 그렇지 않은 경우가 왕왕 있기 때문이다. 그래서 옛날 우스갯소리와 같이 "얘는 다리 밑에서 주워 온 아이다"라는 등의 표현을 불러일으키는 상황이 종종 연출된다. 이는 부모세대에서 자식세대로 형질을 전달하는 유전자가 고정불변하고, 아버지와 어머니의 고정불변한 유전자 각각 하나씩이 온전히 자식에게 전달되어야 한다는 전제에 기반을 둔, 틀에 박힌 생각에 기인한다. 여기서 무엇이 잘못되었을까? 19세기 말 그레고어 멘델은 형질이 뚜렷하게 구분되는 완두콩을 가지고 교배시켜 나타나는 형질들로 부모와 자식세대의 관계를 설명하고자 했다. 멘델은 대립형질을 가진 순종들을 교배시켜, 그 자식 제1세대인 잡종 1대에서는 부모의 형질만이 발현되는 것을 관찰했다. 그리고 그 자식세대를 자화 수분하여 얻은 잡종 2대에서는 순종인 부모가 가지고 있지 않던 형질이 나타나는 것을 발견했다. 이 실험은 부모세대의 형질을 자식세대로 전달하는 그 무엇이 없다면 가능하지 않은 자연현상이라는 사실을 암시했다. 멘델은 그 무엇을 '인자'라고 불렀다. 그리고 잡종 2대에서 순종인 부모가 가지고 있지 않던 형질이 나타나는 것은 아마도 '인자'가 전달하는 유전형질에 변이가 생겨서 일어나는 현상이라고 추측했다.

그런데 멘델 이전 19세기 말까지 사람들은 유전현상이란 질적인 변화여서 숫자를 이용해 측정할 수 있는 것이 아니라고 믿었다. 그러나 멘델은 완두콩의 교배실험을 통해, 발현된 형질을 지닌 완두콩들을 직접 하나 하나 세며, 유전현상은 질적인 현상이 아니라 사실은 측정할 수 있는 양적인 변화의 현상임을 시사했다. 유전현상이 측정 가능해졌다는 사실은 누구나 객관적인 방법으로 관찰, 실험, 설명할 수 있다는 뜻이다. 이로써 유전현상의 과학화가 이루어진 것이다.

멘델의 실험으로 시작한 유전학의 초기에는 유전형질의 전이와 변이에 대한 연구가 주류를 이루었고, 멘델의 인자는 이론상 존재해야만 하는 개념으로 제시되었다. 인자 개념에 해당하는 지시대상으로서의 실체에 대해서는 전혀 아는 바가 없었다. 그러다가 1909년에 들어와 월하임 조한슨이 멘델이 지칭했던 '인자'를 '유전자(gene)'라고 명명하며, 멘델의 인자 개념이 지니고 있던 뜻을 이어받는다. 즉 유전자란 부모세대의 형질을 자식세대로 전달하는 기능을 하는 이론상의 존재가 된 것이다.

한편 멘델의 유전학의 발달과는 독립적으로 19세기 말부터 염색체의 형태학과 세포의 분열 과정에 대한 연구가 이루어지고 있었다.[40] 세포학자들은 세포가 분열하는 동안 세포 안에 있는 염색체의 행동을 현미경을 통해 관찰했다. 염색체가 쌍으로 나타났다가 그 염색체쌍이 각각 갈라져 서로 멀어지다가 사라졌다. 그리고 다시 염색체쌍으로 나타나는 일련의 특이한 현상이 관찰되었다. 세포학자들은 이러한 염색체의 행동이 유전현상과 유전형질의 변이를 연구하는 데 중요하지 않을까 생각했다.

이론상의 존재인 유전자의 기능에 초점을 두고 유전현상을 이해하려는 멘델의 유전학과, 유전현상을 물질적인 존재인 염색체의 형태의 변화로 이해하려는 염색체 이론은 한동안 접점을 찾지 못했다. 유전현상을 이해하는 데 있어서, 두 개의 다른 시각인 기능적 시각과 물질적 시각 사이의 대치 상황이었다. 이 두 이론의 화합은 20세기 초 생명과학자들인 토마스 모건과 허먼 뮬러가 초파리의 유전현상을 연구하며 이루어진다.[41]

만약 멘델의 '인자'나 '유전자'가 염색체의 부분이라면, 이론상으로만 존재하던 유전자가 물리적 공간을 얻게 된다는 뜻이 된다. 더 나아가 염색체에 자리하는 각각의 유전자의 위치와 그들 간의 거리를 측정할 수 있는 가능성이 생기게 되는 것이었다. 또한 하나의 세포 안에 염색체가 쌍으로 존재하는 것은, 모든 유전자가 두 개의 복사본으로 존재한다고 설명할 수 있다. 그래서 부모 각자가 가지고 있는 유전자 두 개의 복사본 중 하나가 자식세대로 전달된다고 이해될 수 있다. 따라서 유전자가 염색체의 부분일 수도 있다는 가정은 이론상의 존재인 유전자가 물리적으로 조작이 가능한 실체로 존재한다는 결론을 도출해 낸다. 이러한 생각은 멘델의 유전학을 기계론적으로 이해하는 기초가 되었다.

사실 멘델의 유전학에서 유전자는 유전형질을 전달하는 역할을 하는 기능의 단위로만 생각됐었다. 그러나 이제 멘델의 유전학이 염색체 이론을 만나면서, 유전자는 염색체의 부분으로 유전자 형질을 다음 세대로 전달할 뿐만 아니라, 유전자 형질을 재조합하고 또 유전자 형질에 돌연변이를 일으키는 기능을 할 것이라 추측되었다. 따라서 멘델의 유전학과 염색체 이론의 융합을 통해, 어떤 것이 유전자라면 이것은 유전자 형질을 전달하는 단위이고, 유전자 형질을 재조합하는 단위이며, 돌연변이의 단위여야 한다고 제안되었다. 실제로 존재하는 대상에 대해서는 전혀 아는 바가 없는 상태에서, 유전자 개념이 지시하는 유전자의 속성에 대한 추론이 이루어진 것이다.

1940년대에 들어와 생명과학자들은 단세포인 세균(박테리아)을 연구하며 세포 안에 핵산, 효소, 단백질, 지질(lipid) 등 여러 물질을 관찰했다. 그리고 이들 중 단백질이나 지질이 아닌 핵산이 독성이 없는 세균을 폐렴균으로 만든다는 것을 알아냈다. 핵산은 그 후 데옥시리보 핵산(deoxyribonucleic acid, DNA)과 라이보 핵산 (ribonucleic acid, RNA) 두 종류가 있다고 알려졌다. 그리고 불안정해 쉽게 변하는 RNA보다 안정된 DNA가 독성이 없는 폐렴균에 들어가 그것을 독성이 있는 폐렴균으로 변환시키는 핵산이라고 생각했다. 쉽게 변하지 않는 DNA가 유전형질을 전달하는 기능을 한다고 추측한 것이다.

그리고 1953년, 우리가 너무나 잘 알고 있듯이, 프란시스 크릭과 제임스 왓슨 등 일군의 생명과학자들이 DNA의 분자구조를 알아냈다. 연구 초기에 로절린드 프랭클린이 찍은 엑스레이 사진으로 입체의 DNA 분자 배열이 두 가닥의 나선형이라는 것을 짐작할 수 있었다. 두 가닥 나선형 가설이 결정적으로 생명과학계에 받아들여지게 된 이유는, 1953년『네이처Nature』과학 잡지에 실린 크릭과 왓슨의 논문에서 이중나선형 가설이 어떻게 유전물질이 자가복제를 하는지 설명할 수 있었기 때문이었다.[42] 두 가닥 DNA 분자들의 연속적 배열이 나선형으로 비틀려 있던 것이 풀리며, 각각의 가닥이 그에 상보적인 새로운 가닥을 만들 틀이 된다. 이 두 개의 틀로 각각 새로운 가닥이 만들어지고, 새로운 가닥은 틀로 작용한 원래의 가닥과 결합하여 나선형으로 비틀려진다. 하나의 이중나선이 이러한 복제기작을 거쳐 두 개의 이중나선으로 증가된다. 이와 같이 이중나선형 가설은 유전물질의 기작을 성공적으로 설명할 수 있었다.

일련의 실험과 추가적인 제안을 통해 1950년대 후반부터는, 유전자란 변하지 않는 핵산인 DNA라는 믿음이 기정사실화되었다. 실체가 없이 기능만 알려져 있던 유전자 개념이 고정불변한 지시 대상을 갖게 된 것이다. 그리고 유전자는 DNA이고 DNA는 유전자라는 동일성 관계가 성립되었다.

멘델의 유전학 이래로 유전자를 기능의 단위라고 이해했는데, 이제는 구조적 시각으로 접근하며 유전자를 DNA 분자들의 배열이라고 이해하게 되었다. 다시 말해 유전자가 분자 유전자(molecular gene)로 이해되고, 기능적 유전자가 구조적 유전자로 전환된 것이다. 이와 더불어 형질들을 관찰하며 연구하던 유전학과 다른 여타 생명과학의 연구 분야들이 이때부터 모두 분자 차원의 세계에서 이야기가 이루어졌고, 이에 따라 분자유전학의 시대가 시작되었다.

유전자와 DNA가 동일시된 이후, 크릭은 DNA에서 외가닥의 RNA가 만들어지고 외가닥의 RNA는 단백질을 합성시킨다는 가설을 제안했다. DNA에서 RNA가 만들어지고 나아가 단백질이 합성된다는 가설은 '센트럴 도그마Central Dogma'라는 이름을 얻으며 생명과학계 전반에 걸쳐 받아들여졌다.[43] 고정불변한 유전자가 다름 아닌 DNA이기에, DNA 분자들은 변하지 않는다. 따라서 DNA 분자들에 저장되어 있는 유전정보는 고정불변하다. DNA 이외에 다른 어떤 분자들도 스스로 고정불변의 유전정보를 가질 수 없다. 유전정보를 가지고 있는 DNA가 외가닥의 RNA를 만들면 그때가 되어서야 비로소 RNA는 DNA가 가지고 있던 유전정보를 전달받는다. 그 후 RNA가 그 유전정보를 이용하여 특정한 단백질을 만든다.

　결국 DNA가 가지고 있는 유전정보는 단백질을 만드는 정보라는 것이다. 그리고 하나의 DNA는 하나의 단백질을 만드는 정보를 지니고 있다는 것을 의미한다. 다시 말해 하나의 DNA(하나의 유전자)에 하나의 단백질이 대응한다는 뜻이 되겠다. 한편 DNA만이 유전자이기 때문에, 유전자가 가지고 있는 속성들은 오직 DNA만이 갖는다. 따라서 DNA는 유전자 형질을 전달하는 단위이고, 유전자 형질을 재조합하는 단위이며, 돌연변이의 단위가 된다. 그리고 DNA만이 자가복제한다는 사실도 빼놓을 수 없다.

　지금까지 우리는 유전자 개념의 지시대상이 DNA로 받아들여지게 되는 과정을 살펴보았다. 멘델의 유전학이 염색체 이론과 융합한 후 분자 차원의 세계로 들어가 분자유전학으로 환원되며, 기능에 초점을 둔 멘델의 인자는 '유전자'로 새로 명명되어지고, 유전자는 염색체의 부분일 수 있다는 추측을 낳았다. 그 후 핵산의 하나인 DNA의 분자구조의 발견과, 그 구조가 함축하는 DNA의 자가복제 기작에서 비롯된 센트럴 도그마 이론의 위력적 영향으로, 기능적 유전자는 물리적이고 구조적 존재인 DNA와 동일시되었다. 어떤 것이 유전자라면, 그것은 유전자 형질을 다음 세대로 전달해야 하고, 유전자 형질을 재조합할 수 있고, 유전자 형질에 돌연변이를 일으킬 수 있어야 한다. DNA가 그 모든 기능을 수행한다. 그리고 센트럴 도그마의 틀에서 DNA는 유전자 정보를 전달하여 단백질 합성을 가능하게 하고, 자가복제를 한다. 그래서 DNA가 바로 유전자인 것이다. 이와 같이 DNA 분자가 명실공히 '유전자'라는 직함을 얻게 된다.

다음 장에서는 센트럴 도그마의 틀에서 보고되어 온 예외적인 예들을 소개하면서 DNA가 곧 유전자라는 동일성 명제(identity statement)에 의문을 던져 보겠다. DNA가 고정불변의 본질을 가지고 유전자의 역할을 수행한다면 그런 DNA는 연기하지 않아서 무상하지 않으며 따라서 결국 공의 가르침에 해당되지 않는 방식으로 존재한다는 것인데, 현대 분자유전학이 과연 불교의 가르침에 배치되는 이론으로 남아 있을 수 있는가를 살펴보겠다.

16/ 유전학에 대한 이분법과 불교적 반론

우리는 제15장에서 1953년 DNA의 분자구조가 밝혀진 이후 유전자가 개념적으로 DNA의 분자화학구조와 동일시되었고, 이를 바탕으로 센트럴 도그마가 주장되어 생명과학 분야에 받아들여졌다는 사실을 살펴보았다. 이번 장에서 필자들은 센트럴 도그마로 설명할 수 없는 생명과학 현상을 살펴보며 유전자와 DNA가 동일할 수 없다는 점을 보이겠다. 그리고 한 걸음 더 나아가 유전자와 DNA를 동일시해서 생겨난 유전학과 후생유전학(後生遺傳學, epigenetics)의 이분법적 문제점을 논의하며, 불교적 관점으로부터 이분법적 유전학의 해체를 시도하겠다. 분별은 깨달음뿐만이 아니라 유전학을 위해서도 피해야 한다.

도그마의 붕괴

논의의 편의를 위해 센트럴 도그마가 시사하는 바를 네 가지로
정리하면 다음과 같다.

- 불변의 유전정보를 가지고 있는 DNA는 변하지 않는다.
- DNA의 유전정보는 RNA를 거쳐 단백질로만 전달된다.
- DNA의 유전정보는 단백질을 합성하는 정보이므로 하나의
  DNA에 하나의 단백질이 합성된다.
- 유전자가 가지고 있는 속성은 RNA나 단백질이 아닌 오직
  DNA만의 속성이기 때문에 모든 분자구조 가운데 DNA가
  최우선으로 존재한다.

센트럴 도그마에 의하면 유전자인 DNA에 저장된 유전정보가
온전히 단백질을 만드는 데 쓰이기 때문에, DNA 배열은 모두 남
김없이 단백질을 만드는 정보를 가지고 있어야 한다. 그런데 전
체 DNA 배열들 중 90%에서 99%에 해당하는 배열이 단백질의
정보를 가지고 있지 않으며, 이들이 어떤 기능을 하는지도 아직
까지 알려져 있지 않다.[44] 또한 DNA 배열 중에 어떤 부분은 다른
DNA 배열 부분을 조절하는 역할만 하는 것으로 보고되었다. 이
발견 이후 단백질의 정보를 가지는 DNA 배열인 구조적 유전자
와 구조적 유전자를 조절하는 역할만 하는 DNA 배열인 조절적

유전자

유전자라는 두 종류의 유전자 개념이 제안되었다. 이러한 일련의 실험보고들은 DNA 배열이 모두 단백질을 만드는 정보를 가지고 있다는 전제를 의심하게 만든다.

한편 핵막이 있는 진핵세포의 핵 안에서 DNA가 RNA로 만들어질 때 일어나는 현상도 센트럴 도그마가 시사하는 바와 다르다는 것이 보고되었다. 센트럴 도그마에 의하면 DNA의 유전정보가 온전히 외가닥의 RNA로 전달되어야 하므로, DNA 배열에서 만들어진 외가닥의 RNA에는 어떤 변화도 일어나면 안 된다. 그러나 DNA에서 RNA가 만들어질 때 외가닥의 미성숙 RNA의 중간 부분이 잘려나가고 잘라진 외가닥 RNA 부분들이 서로 접합한다.[45] 이러한 현상은 DNA의 유전정보가 외가닥의 RNA로 온전하게 전달되지 않는다는 것을 뜻한다. 다시 말해 DNA가 본래 가지고 있던 정보와 RNA가 DNA로부터 전달받은 유전정보가 다를 수 있다는 것을 암시한다. 따라서 DNA의 모든 정보가 변함없이 RNA로 전달된다는 전제가 흔들리게 된다.

한편 센트럴 도그마에 의하면, DNA에서 전달된 유전정보를 가진 RNA는 그 정보로 특정한 단백질(아미노산의 사슬)을 합성한다. 그래서 하나의 DNA의 유전정보는 하나의 특정한 단백질에 상응한다고 생각했다. 그러나 단백질이 만들어진 후 이 아미노산의 사슬에 많은 변형이 일어나는 것이 관찰됐다. 아미노산의 사슬이 이상하게 꼬이고 접혀 단백질의 삼차원의 구조가 변한다거나, 인산, 아세틸, 지질(lipid), 당(sugar), 황(sulfur), 메틸기(methyl), 수산기(hydroxyl) 등 다양한 분자들이 아미노산의 사슬에 달라붙어 다양한 종류의 단백질들로 변형시킨다.

변형된 단백질들은 원래 RNA가 전달받은 정보로 만들어져야 하는 단백질과는 다른 단백질들이다. 설사 단백질이 온전히 DNA의 유전정보로 만들어졌다고 할지라도, 여러 종류의 단백질 변형 과정을 거치면서 DNA 원래의 유전정보와는 다른 단백질들이 만들어지고 만다. 따라서 센트럴 도그마에서 이야기하는 전제, 즉 유전자(DNA)가 단백질을 합성하는 정보를 가지고 하나의 유전자에서 하나의 단백질이 나온다는 주장은 참이 아니다.

또한 유전정보는 언제나 DNA에만 저장되어 있고, 이 유전정보가 RNA로, 그리고 다시 단백질로 이동한다는 전제에 반하는 보고가 발표되었다. 레트로바이러스Retrovirus는 DNA가 아닌 외가닥의 RNA를 가지고 있다. 이 바이러스가 숙주에 들어가면, 바이러스의 RNA는 바이러스가 가지고 있던 역전사 효소의 작용으로 RNA에서 DNA를 만든다. 이렇게 만들어진 바이러스의 DNA는 RNA에서 전달된 유전정보를 지니게 되고, 숙주의 DNA에 끼어들어가 숙주를 감염시키는 과정을 시작한다.

한편 광우병이나 알츠하이머Alzheimer 질병에 중요한 역할을 한다고 알려진 프리온Prion 단백질은 단백질이 유전자의 역할을 한다고 보고되었다. 삼차원의 프리온 단백질 구조는 일반적으로 질병을 일으키지 않는 정상적인 구조와 이와는 다르게 꼬이고 접혀진 독성을 지닌 구조로 나누어진다. 그런데 독성 프리온 단백질은 정상의 프리온 단백질 구조를 비정상의 독성 단백질 구조로 변환시켜 질병을 일으킨다. 이렇듯 프리온 단백질과 앞의 레트로바이러스의 예는 DNA에만 유전정보가 저장되어 있고 이 유전정보가 RNA를 거쳐 단백질로만 전달되기 때문에, 모든 분자 가운데 DNA가 최우선으로 존재해야 한다는 센트럴 도그마의 전제가 틀리다는 점을 시사한다.

한편 센트럴 도그마에 의하면 불변의 유전정보를 가지고 있는 DNA는 변하지 않는다. 그래서 모든 세포와 각각의 세포를 구성하는 수없이 많은 분자들이 어느 순간도 정지하지 않고 쉼 없이 새 분자로 교체되는 무상함을 보인다고 해도 DNA만은 변하지 않아야 한다. 그러나 이러한 전제의 추론과는 반대로, DNA 분자들도 세포가 새 세포로 교체될 때 함께 새 DNA 분자들로 교체된다. 앞에서도 설명했듯이, 세포 안에 있는 대부분의 대사분자는 1~2분마다 새 분자로 교체되고, RNA 분자는 약 두 시간마다 새로운 RNA 분자로 교체된다. 생명체의 모든 분자나 세포는 끊임없는 재생 과정을 거친다.

생물계에서 찰나생 찰나멸 하지 않는 것은 없다. 같은 분자라도 지금 이 순간과 다음 순간이 같지 않으므로, 같은 세포라도 어제와 오늘의 그 세포를 구성하는 분자들은 같지 않다. 무상한 생명현상에서 DNA만이 예외일 수 없다. 생물계를 구성하는 것 가운데 불변하는 분자는 이 세상 어디에도 없다. DNA를 포함한 모든 분자는 끊임없이 새로이 교체되며 변하고 있다. 따라서 센트럴 도그마가 전제하는 고정된 유전정보를 가지고 있는 불변하는 DNA는 존재하지 않는다.

지금까지 생명과학자들의 실험보고들을 살펴보며, 센트럴 도그마가 시사하는 전제들이 우리가 결코 아무 의심 없이 받아들여야 하는 참인 명제들이 아니었다는 점을 살펴보았다. 그러므로 위에서 필자들이 논의의 편리상 정리했던 다음과 같은 센트럴 도그마의 네 가지 전제들은 모두 거짓으로 판명난다.

- 불변의 유전정보를 가지고 있는 DNA는 변하지 않는다. (거짓)
- DNA의 유전정보는 RNA를 거쳐 단백질로만 전달된다. (거짓)
- DNA의 유전정보는 단백질을 합성하는 정보이므로 하나의 DNA에 하나의 단백질이 합성된다. (거짓)
- 유전자가 가지고 있는 속성은 RNA나 단백질이 아닌 오직 DNA만의 속성이기 때문에 모든 분자구조들 가운데 DNA가 최우선으로 존재한다. (거짓)

위에서 논의한 바와 같이, 유전자는 DNA일 수도 있고, RNA나 단백질이 될 수도 있다. 따라서 '유전자 = DNA'라는 등식은 성립되지 않는다. 그리고 DNA, RNA, 단백질 등 모든 분자들은 끊임없이 새 분자들로 교체된다. 그래서 모든 분자 중 DNA만이 최우선으로 존재해야 할 이유가 없다. 이와 같이 센트럴 도그마를 지탱하고 있는 전제들이 거짓으로 밝혀지면서 현재 생명과학의 패러다임인 센트럴 도그마가 무너지고 있다.

유전자의 상실

멘델의 유전학에서 시작한 유전자의 개념은 유전형질을 전달하는 역할을 하는 기능의 단위였다. 그 후 멘델의 유전학이 염색체 이론과 융합되며, 유전자 형질을 재조합하고 유전자 형질에 돌연변이를 일으키는 기능이 추가되었다. 이는 유전자 개념에 해당하는 실제로 존재하는 지시대상에 대해서는 전혀 아는 바가 없는 상태에서 이루어진 유전자의 속성에 대한 추론이었다.

이후 형질들을 관찰하며 연구하던 유전학이 분자의 차원에서 연구되기 시작하며 분자유전학의 시대를 맞았고, 이와 함께 유전자는 변하지 않는 핵산인 DNA일 수밖에 없다고 제안되었다. 1953년 DNA의 이중나선형 구조가 밝혀지고 이 구조에 근거한 DNA의 기작이 제안되면서, 유전자가 DNA와 동일시되었고, DNA는 명실공히 유전자 개념의 실제로 존재하는 지시대상이 되었다. 더불어 DNA는 유전자 개념이 가지고 있던 모든 속성을 물려받았고, 이 속성은 DNA의 기작과 유전현상을 분자 차원에서 설명하는 이론인 센트럴 도그마의 전제들이 되어서 현재까지 생명과학계에서 정설로 받아들여지고 있다.

그러나 필자들이 지금까지 논의한 바와 같이, 센트럴 도그마를 구성하는 전제들이 가진 치명적인 문제점이 나타나고 있고, 가장 중요한 전제인 "유전자는 DNA다"라는 동일성 명제가 거짓으로 드러나고 있다. 유전자 개념에 해당하는, 실제로 존재하는 지시 대상이 DNA나 RNA 또는 단백질이라는 사실은 "유전자는 DNA다"라는 동일성 진술(identity statement)이 참이 아니라는 점을 명확히 밝혀주기 때문이다. 그래서 DNA가 유전자라고 생각했기 때문에 존재적 우선순위에서 그 어느 분자보다 우위에 있던 DNA의 위상과 DNA-중심 사고방식은 모두 재고되어야 한다.

이분법적 유전학의 한계

DNA-중심의 유전학과 이로부터 구분되는 후생유전학은 센트럴 도그마의 패러다임 안에서 필연적으로 발생할 수밖에 없는 이분법적 결과다. 필자들은 본고에서 DNA-중심 유전학의 심각한 문제점을 밝힘과 동시에, 이러한 유전학의 속성과는 상반되는 후생유전학의 문제점도 함께 살피면서, 센트럴 도그마의 패러다임이 만든 이분법적 유전학이 근본적으로 잘못되어 있다는 점을 보이려 한다. 말하자면 필자들은 DNA-중심 유전학이 한 극단이라면 후생유전학은 다른 쪽 극단이고, 이 두 극단은 모두 잘못된 견해라고 주장한다. 그리고 이를 통해 이런 양극단의 견해들이 존재하게 된 근원이 되는 센트럴 도그마의 패러다임 자체가 가진 문제점을 부각시키려 한다.

후생유전이란 다음 세대로 유전되는 정보가 DNA 염기배열에서 비롯된 것이 아니라, DNA 이외 다른 곳에서 생긴 변화로 말미암은 것이라는 뜻이다. 이는 센트럴 도그마의 패러다임에서 DNA-중심 유전학의 현상이 아닌 그 이외의 모든 유전현상을 통틀어 지칭하는 말이기도 하다. 후생유전 현상이라고 거론되는 대표적인 예는 DNA 염기배열에 메틸기인 분자들이 붙어 DNA 염기배열의 정보와 다른 변형된 유전정보를 전달하게 되고, 이 변형된 정보는 다음 세대로 유전되기도 한다.

한편 후생유전 현상이 관찰되지만 이 현상이 다음 세대로 전달되는지가 의문인 예도 있다. 진핵생물의 DNA 염기배열이 이중삼중으로 뒤틀리고 꼬여 만들어지는 염색체가 될 때 관여하는 단백질인 히스톤Histone이 있다. 이 단백질의 삼차원 구조에 변화가 생기면, 이 변화로 말미암아 DNA 염기배열의 정보와는 다른 단백질이 만들어지곤 한다. 그러나 이 변화가 다음 세대로 유전된다는 보고는 아직 없다.

그런데 흥미롭게도 후생유전학의 원래 의미는 현재 우리가 이해하는 후생유전학의 뜻과는 다소 차이가 있다. 1947년 콘래드 와딩톤이 처음 후생유전학이라는 명칭을 사용했는데, 이 명칭을 통해 그는 생명체에 나타나는 형질들, 즉 표현형을 보며 하나의 유전자가 여러 다른 형질을 발현시키는 속성을 가진다고 제안했다. 와딩톤의 후생유전학이란 하나의 유전자가 여러 표현형을 발현시킨다는 유전형과 표현형과의 관계에 대한 가설이었다. 그후 1994년 로빈 할리데이가 와딩톤의 후생유전학과는 다른 뜻을 가진 후생유전학의 개념을 제안한다. 할리데이의 후생유전학은 DNA 배열의 변이에 따르지 않는 핵 안에서의 유전현상에 대한 연구라고 정의된다. 현재 사용하는 후생유전학의 뜻은 할리데이의 정의대로 DNA 배열의 변이에 의하지 않는 유전현상을 뜻한다. 그리고 넓은 의미로, DNA 염기배열과 상관없이 생긴 변화로 인해 형질이 발현되어 유전되는 현상을 후생유전학적 현상이라고 이해하고 있다.

그런데 최근에 이러한 후생유전학의 정의를 의심케 하는 실험결과들이 보고되었다. 전체적인 DNA 배열에 변이는 없으나 DNA 배열을 구성하는 부분들[46]이 비정상적으로 활성화되거나,[47] 또는 DNA 배열을 구성하는 분자들의 위치 변화로 인해 생기는 후생유전학적 현상이 관찰되었다.[48] 이들은 DNA 염기배열 안의 변화로 인해 일어난 후생유전학적 현상들이다. 그런데 현재 통용되고 있는 후생유전학의 정의에 의하면 이 예들은 후생유전학적 현상이라고 부를 수 없다. 왜냐하면 DNA 배열 상에서 일어난 변화로 유전현상이 일어났기에 할리데이가 정의한 후생유전학적 현상이 아니기 때문이다. 그런데도 생명과학자들은 이러한 현상이 센트럴 도그마의 패러다임에서 통상 일어날 수 있는 DNA-중심의 유전현상이 아니기 때문에 이들을 후생유전학적 현상이라고 주장한다. 이러한 혼동은 지금까지 생명과학계에서 사용하고 있는 후생유전학에 대한 정의나 그들의 이해가 얼마나 두루뭉술하고 허술한가를 보여주고 있다.

그런데 여러 생명과학자들이 명확히 정의되지도 않은 후생유전학을 연구하고 부각시키려 하는 이유는 무엇일까? 혹시 후생유전학적 현상이 라마르크가 제안했던 획득형질 현상과 비슷하다고 생각되어서가 아닐까? 라마르크의 진화론은 환경에서 획득한 형질이 다음 세대로 유전된다는 가설로, 기원전 4세기 아리스토텔레스의 목적론과 그 궤를 같이 한다. 아버지가 대장장이로 팔뚝에 강한 근육이 생기면, 그 팔의 형질이 다음 세대로 유전되어 자식들도 강한 근육의 팔뚝을 가지게 된다는 식의 이론이 라마르크의 진화론이다. 그러나 우리가 이미 살펴본 대로 라마르크의 진화론은 다윈에 의해 잘못된 이론으로 밝혀졌다. 이런 문제를 포함해서 후생유전학에 대한 정의가 불투명하고 반례들이 계속 보고되고 있는 현재 상황에서 후생유전학을 계속 거론하며 연구를 진행한다는 것은 올바른 학문의 길이 아닐 것 같다.

필자들은 DNA-중심 유전학과 후생유전학이라는 양극단의 두 견해는 모두 잘못되었다고 판단한다. 센트럴 도그마라는 DNA-중심의 패러다임이 무너지고 있는 현 상황에서, 이 패러다임 안에서 만들어진 DNA-중심의 유전학과 후생유전학의 이분법은 해체되어야 한다고 본다.

17/ 유전자의 불교적 이해 1

지금까지 필자들은 1953년 DNA의 분자구조가 밝혀진 후 생명과학 분야에서 센트럴 도그마로 자리잡은 DNA-중심의 패러다임에 대해 논의했다. 그리고 센트럴 도그마로 설명할 수 없는 생명과학 현상을 거론하며 유전자와 DNA가 동일할 수 없다고 주장했다. 이 패러다임 안에서 만들어진 DNA-중심의 유전학과 후생유전학이라는 양극단의 두 견해는 모두 잘못되었고, 나아가 이러한 이분법은 해체되어야 한다고도 주장하였다. 필자들은 이제부터 이 두 극단을 배제한 생명과학적 중도中道의 관점에서 본 유전자 개념을 제안한다. 먼저 유전자를 어떤 실체가 아니라 생명과학적 기능(function)으로 이해해야 하는 이유부터 살펴보겠다.

본질 없이 공空한 유전자

19세기 말 멘델이 처음으로 추론한 유전(인)자란, 자연현상에서 부모세대의 형질을 자식세대로 전달하는 그 무엇이었다. 그 이후 어떤 것이 유전자라면 이것은 유전자 형질을 다음 세대로 전달할 뿐만 아니라 형질을 재조합하고 또 유전자 형질에 돌연변이를 일으키는 기능도 한다고 이해되었다. 이 모두는 유전자의 기능에 대한 추론이었다. 이후 멘델의 유전학과 염색체 이론의 융합이 이루어지며, 기능으로만 이해되어 오던 유전자가 실재하는 어떤 것(thing, object)으로 생각되기 시작했다. 그 후 DNA의 분자구조와 기작이 밝혀지면서 DNA가 지금까지 추론한 유전자의 기능을 수행하는 것을 관찰하게 되었다. 그래서 결국 DNA가 유전자일 수밖에 없다는 결론에 도달하며, DNA로서의 유전자는 고정불변한 본질적 속성을 지닌 실체實體로 자리잡게 된 것이다.

그러나 제16장에서 논의했듯이 "유전자는 DNA다"는 문장은 동일성을 나타내는 명제가 아니다. 그러나 그렇다고 해서 유전자가 RNA나 단백질과 동일하지도 않다. 레트로바이러스의 RNA나 프리온 단백질의 경우에만 RNA나 단백질이 유전자의 역할을 한다고 보고되었을 뿐이기 때문이다. 그런데 이런 문제들이 있다고 해서, 유전자가 고정불변한 본질적 속성을 지닌 어떤 실재實在가 아니라고 단정 짓기는 아직 이르다. 왜냐하면 혹자는 유전자의 본질은 부모세대의 형질을 자식세대로 전달하는 어떤 기능

유전자

(function)이라고 생각할 수도 있기 때문이다. DNA, 레트로바이러스의 RNA, 또는 프리온 단백질이라는 실체가 아니라, 이 각각 다른 분자구조를 토대로 생성되어 작용하는 어떤 공통된 기능이 유전자의 본질이라고 볼 수 있는 가능성이 있다.

본질이란 '무엇을 그것이게끔 해 주는 것, 이것 없이는 무엇이 그것일 수 없는 것'이다. 만약 '부모세대의 형질을 자식세대로 전달하는 기능'이 유전자의 본질이라면, 이 기능은 유전자를 유전자이게끔 해주는 것, 이러한 기능이 없이는 유전자가 유전자일 수 없는 것이 되겠다. 그렇다면 유전자는 부모세대의 형질을 자식세대로 제대로 전달하는 기능을 어떤 조건이나 환경에도 좌우되지 않고 발휘해야 한다.

그러나 제16장에서도 논의했듯이, 어떤 유전자는 다른 유전자가 발현하는 것을 조절하는 역할만 할 뿐 '부모세대의 형질을 자식세대로 전달하는 기능'을 수행하지 않는다.[49] 또 어떤 유전자는 중간에 삭제되어 아무런 기능도 발휘하지 못하고 사라지기도 한다. 한편 대부분의 유전자는 단백질 생성 과정을 거치는 동안 여러 변형이 일어나 부모세대의 형질을 온전히 자식세대로 전달하는 기능이 발현되지 않기도 한다. 또한 메틸기 등 유전자 이외의 분자들이 유전자에 달라붙어 자식세대에서 유전형질이 다르게 발현되기도 한다.

어떤 것이 본질(自性)이라면 어느 조건에도 좌우되지 않고 그 본질이 같은 방식으로 나타나야 한다. 그러나 유전자의 본질이라고 생각한 '부모세대의 형질을 자식세대로 전달하는 기능'은 환경과 조건에 따라 많은 변화를 보인다. 따라서 통상 생각하는 유전자의 기능은 유전자의 고정불변한 속성, 즉 본질이 될 수 없다. 이러한 논의는 유전자의 기능이라고 알려진 다른 모든 기능들에도 적용된다. 조건이나 환경에 따라 변하는 기능은 그 어떤 것도 유전자의 고정불변한 본질적 속성일 수 없다. 유전자는 고정불변한 본질적 속성 또는 자성을 가지고 있지 않다. 유전자는 공空하다.

연기하는 유전자

위에서 유전자의 기능은 유전자의 본질이 될 수 없다는 점을 논의했다. 그렇다면 유전자의 기능과 유전자를 어떤 관계로 이해해야 할까? 유전자란 그러그러한 기능을 행하는 행위자로 생각해야 하나? 이런 질문을 하는 이유는 생명과학 분야에서는 정도의 차이는 있을 수 있으나, 유전자를 마치 의도를 가지고 행동하는 행위자처럼 설명하고 표현하기 때문이다.

예를 들면 "유전자는 전사하여(transcribe) RNA를 만들고, 번역하여(translate) 단백질을 만든다." "이러이러한 유전자는 그러그러한 표현형을 발현시킨다."라는 식이다. 두 문장 모두 유전자를 어떤 행동을 하는 행위자처럼 설명하고 있다. 우리는 이러한 예를 단지 은유적인 표현방식이라고 생각할 수도 있다. 한편으로는 유전자 안에 그러그러한 기능이 내재되어 있어 그 기능을 발현하는 것이 유전자의 목적이라고 이해하는 이들도 있다. 그러나 이러한 이해방식은 기원전 4세기 아리스토텔레스의 목적론적 사고와 그 궤를 같이하는 것으로서, 잘못된 생각이다.

유전자를 그러그러한 기능을 행하는 행위자로 이해한다면, 우선 유전자라는 행위자가 존재하고 그 행위자가 행위를 통해 발현하는 기능이 존재한다는 이분법적 사고를 하는 것이다. 이는 잘못이다. 과연 유전자와 유전자의 기능을 따로 떼어놓고 생각할 수 있을까? 행위자인 유전자가 미리 존재하고 있고, 유전자가 그러그러한 기능의 행위를 한다고 생각할 수 있나? 아니면 그러그러한 기능이 미리 존재하고 있어서 그것이 유전자를 형성하는 것인가? 두 경우 모두 틀리다. 행위자와 행위가 서로 관계 속에 존재하듯이, 유전자와 유전자의 기능도 서로의 관계 속에서만 존재한다.

행위자와 행위가 둘이 될 수 없듯이 유전자와 유전자의 기능이 둘일 수 없다. 유전자와 유전자 기능은 서로 관계하면서만 존재한다. 유전자는 조건들과 관계하고 결합하면서 그 기능을 수행하며 연기한다.

기능적 속성으로서의 유전자

필자들은 연기하며 공한 유전자를 기능적으로 이해해야 한다고 생각한다. 먼저 심장을 예로 들어 보자. 심장이란 보통 '혈액을 펌프질하는 내장기관'이라고 기능적으로 정의된다. 포유류, 파충류, 조류, 양서류, 어류 등은 모두 나름대로 혈액 펌프로서의 심장을 가지고 있다. 그러나 이들의 심장구조는 각각 다르다. 조류와 포유류는 완전히 분리된 이심방 이심실을 가지고 있고, 파충류는 이심방에 불완전한 이심실을 가지며, 양서류는 이심방 일심실의 심장을, 그리고 어류는 일심방 일심실을 가지고 있다고 알려져 있다. 심장구조는 다르지만 혈액을 펌프질한다는 기능면에서는 모두 동일하다. 우리는 이런 구조의 차이점을 인지했든 하지 않았든, 심장이 무엇인지를 심장이 수행하는 기능으로 이해한다. 따라서 심장이라는 내장기관은 그것의 물리적 구조가 아니라 그것이 담당하는 인과적 역할로 특화된 기능적 속성으로 이해되고 정의된다.

또 다른 예로 눈(eye)을 들어 보자. 눈이란 '사물을 보는 기관'으로 정의된다. 그런데 여러 다른 생명체들의 눈은 물리적으로 다양한 구조를 가지고 그 기능을 수행한다. 예를 들면 대부분의 척추동물은 망막이 있는 눈을 가지고 있는 데 반해, 초파리와 같은 절지동물은 겹눈을 가지고 있다. 척추동물의 눈과 절지동물의 눈은 구조적으로 큰 차이가 있지만, 사물을 본다는 기능면에서는 동일하다. 따라서 눈도 심장과 같이 물리적 구조가 아니라 그것이 담당하는 인과적 역할로 특화된 기능적 속성으로 이해되고 정의되어야 한다. 이러한 논의는 생명체의 다른 많은 기관에도 그대로 적용될 수 있다.

필자들은 심장이나 눈과 같이 유전자도 유전자와 관련된 기능적 속성으로 이해되고 정의되어야 한다고 주장한다. 어떤 것이 유전자라는 것은 그것이 변이하고, 형질을 전달하고, 생명체의 발달에 필요한 생산물을 만들어 낼 수 있는 기능을 가진다는 뜻이다. 그런데 필자들은 제16장에서 매우 다양한 물리적 구조들이 유전형질을 전달하고, 생명체의 발달에 필요한 생산물을 만들어 내는 역할 등의 기능을 수행한다는 점을 언급했다. 단백질의 정보를 가지는 구조적 DNA 다발, 구조적 DNA 다발과 조절적 DNA 다발을 합친 것, 그리고 레트로바이러스의 경우는 RNA, 또 프리온 단백질 등 물리적으로 다양한 구조들 각각은 서로 구조적 공통점을 가지고 있지는 않지만 모두 유전자 기능을 발휘한다.

김재권 교수가 심리철학과 형이상학에 도입한 '이차 기능적 속성'의 정의를 유전자 개념에 도입해 보면,[50] 물리적으로 다양한 여러 구조들은 유전자 기능을 수행하는 일차 속성들이라 부를 수 있다. 그리고 유전자라는 속성은 구조적 DNA 다발, 구조적 DNA 다발과 조절적 DNA 다발을 합친 것, RNA 다발, 프리온 단백질 등 물리적으로 다양한 구조를 지닌 분자들이라는 일차 속성들의 집합을 토대로 정의된 이차 속성이라고 보게 된다. 유전자를 기능적 속성으로 정의하면, 이 기능적 속성은 자동적으로 이차 속성으로 이해된다. 그래서 어떤 것이 유전자라는 이차 기능적 속성을 지닌다는 것은, 그것이 변이하고, 형질을 전달하고, 생명체의 발달에 필요한 생산물을 만들어 낼 수 있는 기능 등의 인과적 역할을 하는 일차 속성들 – 구조적 DNA 다발, 구조적 DNA 다발과 조절적 DNA 다발을 합친 것, RNA 다발, 프리온 단백질 등 물리적으로 다양한 구조를 지닌 분자들 – 중 하나를 가진다는 뜻이 된다.

만약 외계인이 있고 그들은 지구의 생명체들이 가지는 탄소에 기반을 둔 물질이 아닌, 예를 들어 황(sulfur)으로 만들어진 물리적 구조로 되어 있다고 가정해 보자. 이때, 이 외계인들이 황에 기반한 어떤 분자구조를 가지고 있고, 또 그것이 우리가 정의하는 유전자의 기능대로 돌연변이하고 유전형질을 전달하고 생물체의 발달에 필요한 생산물을 만들어 낼 수 있다면, 우리는 이 외계인들도 유전자를 가지고 있다고 말할 수 있겠다. 따라서 유전자 기능의 인과적 역할을 수행하는 일차 속성의 영역은 다양한 물리적 구조들로 이루어진 '열린' 영역으로 생각해야 할 것이다. 이 영역은 닫혀 있지 않다.

실체가 없이 개념으로만 존재하는 유전자

이차 기능적 속성으로 정의되는 유전자가 다양한 물리적 구조들을 가진다는 것은 무엇을 암시하는가? 다시 말해 유전자가 다양한 물리적 구조에 예화例化되고 실현되는 다중실현(multiple realization)의 현상을 어떻게 이해해야 할까?

필자들은 유전자가 나타내는 다중실현성이 진화의 기작인 자연선택 과정의 결과물로 이해될 수 있다고 생각한다. 생명체들 안에서 다양하고 상이한 물리적 구조가 유전자의 기능을 수행한다. 그리고 이러한 생명체들이 서식하는 환경과의 상호작용을 통해 적응하고 살아남아 번식한다. 다시 말해 물리적으로 다양하고 상이한 구조들이 유전자의 역할을 수행하고, 이로 인해 발현된 형질들이 자연선택되기 때문에, 유전자는 일차 속성들이 다양한 물리적 구조들을 가진다고 설명될 수 있다.

그런데 우리가 여기서 주목해야 할 점이 있다. 자연선택 과정을 거쳐 선택된 여러 다양한 물리적 구조들, 즉 일차 속성들 사이에서는 아무런 공통된 구조적 속성도 공유하고 있지 않다는 것이다. DNA와 RNA, 그리고 탄소가 아닌 황에 기반한 외계인의 유전자 사이에 어떤 구조적 공통성을 찾아 이들의 공통된 본질을 찾아내기는 불가능하다. 따라서 어떤 것이 유전자를 갖는다는 것은, 그것이 유전자를 예화 또는 실현시키는 다양한 일차 속성들 가운데 하나를 갖는다는 뜻으로만 이해해야 한다. 다시 말해 이차 기능적 속성인 유전자란, 실제로는 주어진 일차 속성, 즉 물리적 구조의 집합에서 어떤 특정한 물리적 속성을 그때그때 하나씩 골라내기 위해 사용하는 이차 기능적 개념 또는 지시어라는 것이다.

유전자는 주어진 영역 안에서 유전자의 인과적 역할을 수행하는 어떤 일차 물리적 속성을 골라내기 위해 사용하는 이차 기능적 개념 또는 지시어이다. 그래서 유전자 스스로가 가진 실체는 없다. 말하자면 유전자는 그 스스로 존재하는 실체가 아니고, 단지 개념 또는 지시어로서만 존재한다. 따라서 어떤 것이 유전자를 갖는다는 것은 주어진 일차 속성들 가운데 하나를 갖는다는 뜻이다.

그런데 유전자는 단지 개념으로서만 존재하기 때문에 일차 속성들 가운데 하나를 갖는다는 것은, 유전현상을 실현시키는 물리적 속성들 가운데 하나가 있다는 것 이외에 또 다른 추가적인 물리적 사실은 없다. '유전자'라는 비물질적인 추상적 대상은 존재하지 않는다. 그리고 유전자가 개념으로만 존재하기 때문에, 유전자는 그것을 실현시키는 속성들로부터 창발하는 새로운 속성이 아니다. 그래서 이제부터 우리는 유전자를 이차 기능적 속성으로 이해하기보다는 일차 속성들에 대한 이차 지시어 또는 이차 개념으로 바꾸어 정의하는 것이 옳겠다.

유전자

개별자로서의 유전자

그렇다면 생명과학 분야에서 사용되고 있는 유전자는 단지 개념으로만 이해해야 하나? 생명과학자들이 말하는 유전자는 필자들이 위에서 논의한 일반적 개념으로서의 유전자는 아닐 것이다. 필자들은 추상적 개념으로서의 유전자가 시공時空에 구체적으로 예화된 개별자(token)로서의 유전자가 생명과학자들이 말하는 유전자를 뜻한다고 생각한다. 유전자란 실제로는 단지 상이한 개별자들이 모인 그룹들일 뿐이고, 각각의 개별자들은 주어진 그룹의 다른 구성요소들과 아무런 본질적 물리적 속성도 공유하지 않는다.

실제로 유전자를 연구하는 생명과학자들은 특정한 생명체계 안에서 특정한 유전자를 탐구한다. 예를 들면 초파리라는 생명체계 안에서 호미오 유전자 중 하나인 팍스 유전자를 연구한다. 따라서 실제 상황에서 언급되는 유전자는 일반적인 개념으로서의 유전자가 아니라 구체적인 시공에 예화된 개별자로서의 특정 유전자이다. 그래서 생명과학자들이 실제로 연구하는 유전자는 유전자의 추상적인 기능이 그것을 수행하는 주어진 물리적 구조에 실현된 특정 개별자라고 이해해야 한다.

^{18/} 유전자의 불교적 이해 2

제17장에서 필자들은 유전자는 본질(自性)이 없이 공하며 조건들과 관계하고 결합하면서 연기한다고 논의했다. 그리고 유전자는 기능과의 관계에서만 존재하기 때문에, 유전자는 그것과 관련된 기능적 속성으로 이해되고 정의되어야 한다고 주장했다. 어떤 것이 유전자라는 것은 그것이 변이하고, 형질을 전달하고, 생명체의 발달에 필요한 생산물을 만들어 낼 수 있는 기능을 가진다는 뜻이다. 이러한 기능적 속성으로서의 유전자는 실제로는 주어진 물리적 구조들의 영역 안에서 유전자의 인과적 역할을 수행하는 어떤 물리적 속성을 골라내기 위해 사용하는 개념 또는 지시어로 이해되었다. 그리고 유전자가 개념이나 지시어로만 존재하기 때문에, 유전자는 그것을 실현시키는 속성들로부터 창발하는 새로운 속성이 아니라고도 논의했다. 그런데 이렇게 단지 개념으로만 존재하는 유전자는 실제로 생명과학 연구 분야에서 사용하는 유

유전자

전자의 개념이 아니다. 필자들은 생명과학자들이 다루는 유전자란 추상적 개념으로서의 유전자가 구체적인 시공에 구체적으로 예화된 개별자로서의 유전자를 뜻한다고 주장했다.

이번 제18장에서 필자들은 유전자 개념이 실현되는 물리적 속성들을 추상적 차원의 일반적인 논의에서는 분자망分子網으로 이해하고, 실제 상황에서 구체적으로 언급되는 유전자 개별자의 인과적 역할을 수행하는 물리적 토대는 분자 네트워크(molecular network)로 보자고 제안한다. 구체적인 분자 네트워크도 기능에 기반을 둔 개념이어서, 유전자 개별자의 기능에 관계하는 분자들과 그들 간의 관계들로 이루어져 있다. 그리고 이렇게 기능하는 분자 네트워크는 그때그때 주어진 조건에 의해 연기하는 현상으로 이해하면 된다. 분자 네트워크는 분자망의 부분으로 이해하며, 분자 네트워크가 연기하는 현상이듯이 분자망 또한 연기하는 현상이라고 주장하겠다.

활발발活潑潑한 유전자의 기능과 분자망(molecular net)

제17장에서 필자들이 언급한 이차 기능적 속성으로서의 유전자와 이것의 존재론적 토대인 일차 물리적 속성들을 기억해 보자. 어떤 것이 유전자라는 이차 기능적 속성을 지닌다는 것은 그것이 변이하고, 유전형질을 전달하고, 생명체의 발달에 필요한 생산물을 만들어 내는 등의 인과적 역할을 수행하는 일차 속성들을 가

진다는 뜻이다. 그런데 유전자의 기능을 하는 물리적 토대들 가운데는 구조적 DNA 다발, 구조적 DNA 다발과 조절적 DNA 다발을 합친 것, 또 레트로바이러스의 경우 RNA 다발, 그리고 프리온 단백질 등 물리적으로 다양한 구조를 지닌 분자들이 있다는 사실이 밝혀졌다. 다시 말해 이렇게 다양한 구조를 지닌 분자들이 유전자의 기능을 가지고, 생명체의 발생 과정과 진화 과정에서 주어진 역할을 수행한다.

생명체의 발생이나 진화를 포함한 모든 생명현상은 생명체들의 안팎에서 일어나는 쉼 없이 변화하는 분자들의 끊임없는 역동적인 관계들로 이루어져 있다. 이것은 시간과 공간 속의 다양한 조건들과 반응하며 이루어지는 동적인 현상이다. 모든 생명현상이란 죽은 듯이 멈춰져 있는 정적인(static) 상태가 아니라 이렇게 활발발한 양태를 보인다. 따라서 생명현상을 올바르게 이해하고 설명한다는 것은 생명현상의 진정한 모습인 활발발함을 이해하고 설명하는 것이다.

그런데 지금까지 생명과학자들은 생명현상을 정적인 현상으로만 설명하고 있었다. 주어진 생명현상을 이해하기 위해 그 생명현상이 일어난 공간을 세포나 세포핵 등으로 제한하고, 그렇게 제한된 공간에서 그 생명현상에 관여한 구성원들을 그냥 열거할 뿐이었다. 그리고 이렇게 열거된 구성원들이 그 생명현상을 일으키는 원인이라고 생각하고 설명해 왔다. 더 나아가 이러한 구성원을 다 모으기만 하면 그러한 생명현상이 일어나는 것을 예측할 수 있다고도 암시해 왔다. 때로는 제한된 공간에 있는 어떤 구성원을 없애면 그 생명현상이 나타나지 않는 것을 관찰하면서, 그 구성원이 바로 그 생명현상의 원인이라고 설명했다. 즉 그 구성원만으로 그 자연현상을 발현시킬 수 있다고 암묵적으로 생각해 온 것이다.

언뜻 보기에는 공간을 제한하고 원인 요소 하나하나를 나열하는 현재까지의 생명과학적 설명 방법이 생명현상을 이해하는 데 적절하다고 보일 수도 있다. 그러나 필자들은 이런 방법론은 너무 임의적(arbitrary)일 뿐만 아니라 원인 요소들 사이의 관계를 고려하지 않고 원인 요소 하나하나의 존재만 생각하기 때문에 활발발한 생명현상의 진정한 양태를 설명하는 데 역부족이라고 주장한다.

센트럴 도그마에 기반을 둔 현재 분자생명과학에서 이루어지고 있는 연구와 그 결과의 해석들이, 모두 바로 앞에서 언급된 방식으로 이루어지고 있다. 주어진 생명현상에 관여하고 있는 물질적 공간을 임의로 제한하여 그 생명현상에 관여하는 물리적 조건의 수를 임의로 줄인다. 그리고 그 제한된 공간에서 주어진 생명현상에 관여하는 구성원을 골라내어 나열한다. 예를 들어 현재 분자생명과학은 유전자 기능으로 진행되는 생명현상이 일어나는 공간을 세포 안으로 제한하고, 그 공간에서 일어나는 생명현상에 관여하는 구성원인 구조적 DNA 염기다발이나 조절적 DNA 염기다발, RNA 염기다발, 또는 프리온 단백질 등을 단지 나열할 뿐이다. 그리고는 이렇게 나열된 구성원들이 유전자의 기능을 수행한다고 설명한다.

그러나 구조적 DNA 염기다발이나 조절적 DNA 염기다발 등이 존재한다고 해서 이것들이 반드시 유전자의 기능으로 작용한다는 것은 아니다. 왜냐하면 진정으로 활발발한 유전자 기능을 설명하기 위해서는 DNA 염기다발의 존재뿐만 아니라 그 생명현상에 관여하는 모든 분자들을 고려해야 한다. 특히, 이러한 분자들 사이 관계들의 중요성을 인지하고 그 관계들에 초점을 맞추어 설명해야 한다. 낱낱이 흩어져 있고 서로 간에 아무런 관계가 없이 존재하는 분자들의 정적인 상태로는 활발발한 자연현상을 설명할 수 없다. 다시 말해 분자들 간의 역동적인 관계들을 생각하지 않는다면, 동적인 유전자 기능을 제대로 이해하거나 설명할 수 없다고 생각한다.

동적인 유전자 기능은 DNA 염기의 다발뿐만 아니라 그 생명현상에 관여하는 RNA 염기 분자들, DNA 염기와 RNA 염기에 작용하는 많은 단백질 분자들 등 모든 분자들과 그들 간의 관계로 이해되어야 한다. 즉 유전자의 기능으로 변이하고, 형질을 전달하고, 생명체의 발달에 필요한 생산물을 만들어 내는 인과적 역할을 수행하는 물리적 기반은, DNA 분자들과 RNA 염기 분자들, 그리고 단백질 분자들 등 물리적으로 다양한 구조를 지닌 분자들과 이 하나하나의 분자들 간의 관계들로서의 '열린 물리적 공간 영역'이라고 생각한다. 필자들은 이러한 물리적 기반을 분자망이라고 명명한다. 그리고 이러한 분자망을 유전자 개념의 분자선상에서의 물리적 기반이라고 이해한다.

유전자 개별자와 분자 네트워크

필자들이 제17장에서 주장하였듯이, 실제 생명과학 연구 분야에서 통용되는 "유전자"라는 말은 추상적 개념으로서의 유전자가 구체적인 시공에 예화된 개별자로서의 유전자를 지칭하는 것으로 이해해야 한다. 유전자 개별자로서 그것의 활발발한 인과적 역할을 수행하는 데는 서로 간에 아무런 관계없이 존재하는 구조적 DNA 염기 분자들이나, 조절적 DNA 염기 분자들, 레트로바이러스 경우에는 RNA 염기 분자들, 또는 프리온 단백질 분자들만으로는 가능하지 않다. 이렇게 수없이 다양한 분자들에 더해서 구조적으로 매우 다양하고 시간과 장소에 따라 끊임없이 변하는 분자들 사이의 관계들도 추가로 요구된다.

　유전자 개별자의 물리적 토대는 그 분자들 간의 역동적 관계를 고려하지 않으면 그 기능을 설명할 수 없다. 필자들은 유전자 개별자의 이러한 물리적 기반을 분자 네트워크라고 명명하며, 이 분자 네트워크를 유전자 개별자의 물리적 토대 또는 실현자

(realizer)로 보자고 제안한다. 유전자 개별자란 분자선상에서 그 유전자 개별자의 인과적 역할에 참여하는 분자들과 그들의 역동적인 관계들(상호작용들)로 구성된 분자 네트워크이다. 분자 네트워크의 활동은 각각 분자 구성원들 간의 관계, 즉 시시각각으로 변하는 역동적인 관계로 설명될 수 있다.

흥미롭게도 최근에 생명과학자들은 유전자의 기능을 설명하려는 시도로 '네트워크'라는 새로운 모델을 생명과학에 도입했다. 초파리 발생 초기 때 몸체의 부분을 나누고 각 부분을 특화하는 데 관여하는 호미오 유전자 가운데 하나인 *Sex combs reduced*(Scr) 유전자가 있다. 생명과학자들은 Scr의 기능을 Scr 유전자와 단백질들 간의 관계로 이해하며, Scr 유전자의 기능은 Scr 조절적 유전자 배열과 다른 호미오 단백질들로 구성된 '유전자 조절 네트워크'에 의해 이루어진다고 설명한다.[51] 이들은 이러한 유전자 조절 네트워크에 의한 접근방식이 생명체의 발생 프로그램이 어떻게 작동하고 어떻게 진화하는가에 대한 연구에 새로운 시각을 제공한다고 주장한다.

이와 궤를 같이해 최근에는 생명과학에 시스템 개념이 도입되면서, 생명체란 서로 연결되어 있는 하나의 시스템이라고 이해하기 시작했다. 세포도 상호 연결되어 있는 하나의 시스템으로 이러한 세포가 지니는 시스템이라는 속성은, 세포를 구성하는 개별적인 세포 구성원들의 집합에서 창발하는 새로운 속성이라고 주장한다. 시스템 생물학(system biology)이 진행되면서, 세포의 다양한 기능들을 이해하고 설명하기 위해, 분자와 분자 간 상호작용 네트워크, 유전자 전사 조절 네트워크 등 여러 네트워크 모델이 제안되고 있다.[52] 그리고 각각의 네트워크로 세포 각각의 기능을 설명하려 시도하고 있다. 필자들은 생명과학자들이 생명현상을 구성하는 구성원들 개개의 존재뿐만 아니라 구성원들 간의 관계의 중요성을 인식하기 시작했다는 점이 대단히 고무적이라고 생각한다. 구성원들 사이의 관계에 대한 관심이 활발발한 생명현상을 이해하는 첫걸음이라고 생각하기 때문이다.

그러나 여기서 주의해야 할 점들이 있다. 그것은 유전자 조절 네트워크, 분자와 분자의 상호작용 네트워크, 유전자 전사 조절 네트워크 등 시스템 생물학에서 제안하는 네트워크들은 모두 창발하는 새로운 속성으로 이해되고 있다는 점이다. 그러나 필자들이 반복해서 언급했고, 특히 제7장에서 자세히 논의했듯이, 어떤 특정한 물질적 속성의 기반으로부터 창발되는 속성이 존재한다는 생각은 지극히 비불교적이며 철학적으로도 수용할 수 없는 주장이다. 또 다른 문제는, 시스템 생물학에서 제안하는 네트워크들은 여전히 센트럴 도그마에 기반을 둔 접근방식이라는 것이다. 그런데 우리가 센트럴 도그마를 구성하는 전제들의 문제점을 직시하고 인지한다면, 시스템 생물학에서 사용하는 네트워크 방법론은 근본적으로 받아들일 수 없다.

필자들이 주장하는 유전자 개별자의 물리적 기반인 분자 네트워크는 분자선상의 유전자 개별자의 기능에 참여하는 DNA 염기 분자들뿐만 아니라 모든 다양한 분자들과 그들 간의 관계들(상호작용들)을 포함한다. 분자 네트워크 모델은 DNA 다발만이 유전자 개별자의 인과적 역할을 수행하는 유일한 특권을 가지고 있다는 것을 부정한다. 그래서 이 새 모델은 DNA 분자들뿐만 아니라 RNA 분자들, 단백질 분자들, 그리고 여러 다른 분자들과 그들 간의 관계들이 유전자 개별자의 기능을 수행한다고 이해하고 설명하게 해 준다.

그리고 분자 네트워크는 센트럴 도그마에 기반을 둔 유전학과 후생유전학의 이분법을 해소시킨다. 후생유전 현상이란, 예를 들면 유전자의 기능이 DNA 염기배열이 아닌 DNA 염기배열에 붙은 메틸기 분자들에 의해 수행되는 생명현상으로 유전현상과 구분되어 설명되고 있었다. 그러나 필자들이 제16장에서 논의했듯이, 후생유전 현상과 유전현상의 구분은 만족스럽지 못하다. 그런데 필자들의 분자 네트워크는 DNA 분자들뿐만 아니라 RNA 분자들, 단백질 분자들, 그리고 메틸기 분자들 등 여러 다른 분자들을 포함하고 있고, 또 그 분자들 사이의 관계들이 유전자 개별자의 기능을 수행한다고 설명한다. 따라서 분자 네트워크 접근방식에는 처음부터 후생유전현상과 유전현상의 구분이 없다. 센트럴 도그마에 기반을 두어 문제가 발생하는 후생유전학과 유전학의

유전자

이분법은 분자 네트워크 접근방법에서는 존재하지 않는다.

한편 필자들이 주장하는 분자 네트워크는 시스템 생명과학자들이 생각하는 바와는 반대로 창발하는 새로운 속성이 아니다. 유전자 개별자인 분자 네트워크는 그때그때 주어진 장소에서 유전자 개별자의 인과적 역할을 담당하는 분자들의 모임과 그것들의 관계들로 구성된 집합으로 이해해야 한다. 이러한 집합체의 구성원들과 그들 간의 관계들이 바로 그 자체로 분자 네트워크인 것이지, 이외에 추가로 분자 네트워크란 새로운 속성이 창발되는 것이 아니다. 말하자면 유전자 개별자의 기능이 분자 네트워크 구성원들과 그것들 사이의 상호작용을 총괄해서 수행된다고 해서, 분자 네트워크라는 것이 존재 세계에 새로 생겨나는 것은 아니다. "분자 네트워크"라는 단어가 존재한다고 해서 그 단어가 지칭하는 어떤 존재자가 새로 존재 세계에 들어와 자리잡아야 하는 것은 아니기 때문이다.

분자 네트워크는 분자선상에서 다양한 분자들과 그것들의 관계들을 포괄적으로 지칭하는 개념 또는 단어에 불과하다고 이해되어야 한다. 분자 네트워크라는 것은 어떤 집합체가 새로 창발되어 이 세상에 따로 존재하게 되고 또 어떤 고유한 본질을 그것의 속성으로 가지게 되는 것이 아니다. 분자 네트워크는 단지 집합체를 구성하는 부분들과 그 부분들 사이의 상호작용을 포괄적으로 그러나 두루뭉술하게 표현해 주는 언어적 표현에 불과하다는 것이다.

한편 필자들은 분자 네트워크를 분자망의 부분으로 간주한다. 일반적인 유전자 개념의 물리적 기반인 분자망은 유전자 개별자의 물리적 기반인 분자 네트워크의 집합으로 생각된다. 따라서 분자망은 결국 분자선상에서 모든 분자 네트워크들을 구성하는 분자들과 그들의 관계들의 집합인 망으로 생각할 수 있다. 분자 네트워크가 개개의 유전자 개별자의 기능을 발휘하는 분자들과 그 분자들 간의 관계를 포괄적으로 지칭하는 개념이나 지시어이듯이, 분자 네트워크의 집합인 분자망 또한 근본적으로 분자 네트워크들의 구성원들인 분자들과 그들 간의 관계를 지칭하는 단어에 불과하다. 그리고 분자들과 그들의 관계들은 시간과 공간에서 끊임없이 모이고 흩어지는 조건에 의해 연기하는 현상으로 이해해야 한다.

지금까지 필자들은 생명과학 연구에서 가장 중요한 유전자의 개념을 이해하기 위해 불교에서 연기의 가르침이 우리에게 전해주는 통찰과 관련된 유전자 개별자에 대한 분자 네트워크 접근 방식을 도입했다. 그래서 유전자가 DNA와 동일하지 않고, 실제로 생명과학에서 통용되는 유전자인 유전자 개별자란 분자선상에서 유전자의 인과적 역할 수행에 참여하는 다양한 분자 모임들과 그들의 역동적인 관계들(상호작용)로 구성된 분자 네트워크라고 제안했다. 필자들은 불교의 가장 기본적 가르침인 연기를 바

유전자

탕으로 하는 개념인 분자망과 분자 네트워크 접근 방식이, 우리로 하여금 생명현상을 DNA를 넘어서 분자와 분자들 사이의 관계로 생각하게 해 주는 새로운 패러다임을 제공한다고 주장한다.

VI

진화

¹⁹/ 진화란 향상이 아니라 변화의 과정

"진화"란 단어는 1859년 찰스 다윈의 저서 『종의 기원』 초판에는 맨 마지막 문장을 제외하고는 나오지 않는다.[53] 13년이 지난 후 여섯 번째이자 마지막 판에서야 다윈은 "진화"라는 단어를 다소 쉽게 쓰고 있다. 그렇다면 그는 왜 1859년 초판에 "진화"라는 단어 쓰기를 주저했을까? 다윈이 1872년까지 "진화"의 뜻을 몰랐다는 추측은 이치에 맞지 않는다. 그럼에도 불구하고 그가 이 단어를 쓰지 않았다면, 분명 특별한 이유가 있었을 것이다.

다윈 이전, 장 바티스트 라마르크(1744~1829)를 비롯한 많은 자연과학자들이 진화에 대해 활발히 토론했고, 그들의 진화론이 세상의 많은 사람들에게도 알려져 있었다. 찰스 다윈의 할아버지 인 에라스무스 다윈(1731~1802)이 대표적인 진화론자 가운데 한 명이었다는 사실도 흥미롭다. 그렇다면 다윈은 진화론자들이 주 장한 '진화'의 개념에 익숙하면서도 자신의 진화론을 펼치는 저서에는 "진화"라는 단어를 쓰지 않았다는 것이다. 그 이유는 그가 자신의 할아버지를 비롯한 자연과학자들의 '진화론'에 찬성하지 않았고, 따라서 그 스스로 "진화"라는 단어를 쉽게 사용하기가 석연치 않아서였기 때문이라고 짐작해 볼 수 있다.[54]

다윈은 13년이 지난 후 자신의 『종의 기원』 여섯 번째 판에서야 "진화"라는 단어를 쓰며 자신의 진화론을 굳건히 하고 있다. 아마도 그가 이제 그 누구도 자신 이전의 '진화'와 자신의 진화를 더 이상 혼동하지 않으리라는 확신이 있어서였지 않았을까. 그런데 다윈의 『종의 기원』 초판이 세상에 나온 후 160년의 세월이 흐른 21세기 현재, 우리는 과연 진화의 참모습을 바로 알고 있는가? 우리는 다윈이 우려하지 않아도 될 만큼 진화가 무엇인지 제대로 알고 있나? 이번 제19장은 다윈의 진화론을 살펴보며 진화에 대한 우리의 이해를 점검하는 것을 목표로 한다.[55]

18세기까지 '진화'의 개념

다윈 이전 18세기까지 자연과학자들은 생명체 안에 불변하는 본질이 있다고 생각했다. 이러한 믿음은 기원전 4~5세기 플라톤과 아리스토텔레스의 철학 사상에서 유래된 것으로서, 모든 것에는 그것을 그것이게끔 하는 무엇이 있다는 본질주의에 근거한다. 18세기까지 자연과학자들은 생명체 초기 단계인 배아 안에는 이미 성숙한 성체가 차곡차곡 접혀져 작은 크기로 자리잡고 있어,

배아에서 성체로 성숙하는 발생 과정이란 단지 그 접혀져 있는 성체를 천천히 펴 나가는 과정이라고 주장했다.

그리고 이들 자연과학자들은 자연을 끊임없이 위로 향하는 외사다리나 계단 또는 위로만 움직이는 에스컬레이터처럼 생각하며 자연에 생존하고 있는 모든 생명체는 고등화하는 방향으로 발전하고 향상한다고 믿었다. 위로 향한 외사다리나 계단은 자연을 구성하는 생명체 집단이 제각각 본질을 가지고 있고, 이 본질에 따라 자연에 위치하는 등급이 달라진다는 전제를 내포하고 있다. 외사다리나 계단의 맨 꼭대기에 위치하는 생명체는 그들보다 등급이 낮은 생명체들에 비해 더 복잡하고 다양한 환경에 잘 적응해서 월등히 우월하고 완벽하다고 생각했다.

한편 자연을 끊임없이 위로만 움직이는 에스컬레이터처럼 생각하는 이들은 에스컬레이터는 궁극의 완벽한 최상을 향해 있고, 따라서 완벽한 최상이 실재한다는 것을 전제했다. 생명체가 자발적으로 스스로를 변형하여 단계마다 시기마다 향상된 형질을 가지게 되어 결국 원시적이고 단순한 형태에서 고등하고 복잡한 형태로 진화한다고 생각했다. 새로운 생명체는 그들 이전의 생명체보다 언제나 고등화되고 향상된 형태이고, 따라서 생명체들의 끝없는 향상과 발전이 다름 아닌 진화라고 주장했다. 18세기 라마르크도 예외는 아니었다. 그는 신이 생명체들을 창조한 이후 생명체 안에 이미 내재된 동력이 그들 스스로를 더욱 고등화되고 완벽한 생명체로 만든다고 믿었다.

그런데 18세기까지 자연과학자들이 생각한 외사다리식, 계단식, 또는 에스컬레이터식의 진화 가설이 옳다면, 어느 순간 오래된 생명체의 종이 멸종될 경우 그 종에 속하는 자식세대의 생명체는 더 이상 생성되지 않을 것이고, 이러한 사건이 여러 차례 반복해서 일어난다면 자연에 존재하는 생명체의 종의 숫자는 현격히 줄 것이다. 만약 신이 이런 순간마다 새로운 생명체를 만들어주지 않는 한, 다시 말해 신이 끊임없이 새로운 생명체를 창조해야 한다는 전제를 받아들이지 않는 한, 오랜 시간이 흐른 궁극에는 아마도 소수의 고등한 종만 자연에 살아남아 있거나 또는 아무런 생명체도 남아 있지 않게 될 것이다. 그러나 자연에는 여전히 다양하고 복잡한 수많은 생명체들이 생존하고 번식하고 있다. 그렇다면 자연과학자들이 18세기까지 품고 있던 진화에 대한 이해로, 이렇게 다양하고 복잡한 생명체들이 어떻게 여전히 자연에 생존하고 있는지 설명할 수 있을까? 그럴 수 없다.

한편 이들 자연과학자들이 생각한 외사다리식, 계단식, 또는 에스컬레이터식의 진화 가설은 자연에 불변하는 법칙이나 규칙이 존재함을 전제한다. 왜냐하면 자연법칙이나 규칙이 실재實在해야 외사다리, 계단, 또는 에스컬레이터의 단계 단계가 서로 안정되게 연결되고 아무 차질 없이 위로 향하는 구조가 완성되어 그들이 주장하는 고등화로 향하는 진화의 형태가 가능하기 때문이다. 그리고 이들은 생명체 각각이 불변의 독립적 본질을 가지고 있다고 전제하며, 이로써 생명체 집단의 등급이 객관적으로 정해진다고 믿었다. 이런 믿음은 실재하는 불변의 자연법칙이나 규칙의 존재가 선행되어야만 가능하다.

　필자들은 지금까지 생명과학의 예들을 나열하며 본질주의의 문제점들을 밝혀 왔다. 그리고 14장에서 자연에는 불변하는 법칙이나 규칙들이 존재할 수 없다는 점을 논의했다. 이러한 논의는 붓다의 가르침인 연기를 바탕으로 접근하면 더욱 이해하기 쉽다는 점도 언급했다. 간단히 요약하자면, 끊임없이 변하는 생명체들 안에는 불변하는 본질은 있을 수 없고, 이러한 생명체로 이루어져 있는 자연에는 불변하는 법칙이나 규칙이 존재할 수도 없다. 그래서 18세기 자연과학자들이 당연시했던 전제들은 실은 사상누각의 모래바닥이나 마찬가지였다.

　한편 생명현상인 진화는 순수한 물리현상으로 해석해야 한다. 그 누구도 자연이 의도나 목적의식을 가지고서 생명체를 고등해지고 완벽해지는 쪽으로 진화시킨다고 생각해서는 안 된다. 진화과정이란 고등하고 완벽한 생명체를 선택하는 자연의 의지가 담긴 선택이 아니고 지극히 순수한 물리적 현상에 불과하다. 자연을 구성하는 생명체들 또한 의도적으로 고등화하려는 목적의식을 가지고 변화하지 않는다. 생명체들은 그저 환경과의 끊임없는 상호작용을 통해 변화하고 있을 뿐이다.

또한 자연의 진화 과정에는 가치 판단이나 당위 판단이 들어갈 틈이 없다. 다시 말해 끊임없이 진화하는 과정에서 어느 생명체가 더욱 우월하고 가치가 있는지 판단할 수 없다. 필자들이 9장에서 논의했듯이, 18세기 철학자 데이비드 흄은 무엇이 어떻다고 말하는 것으로부터 무엇은 어떠해야 한다고 말하는 것이 논리적으로 도출되지 않는다고 주장했다. 전자는 사실 판단이고 후자는 당위 판단이다. 사실 판단과 당위 판단은 엄연히 다르다. 사실 판단이란 관찰이나 실험 등을 통해 상황을 있는 그대로 객관적으로 기술하는 것으로, 어떤 도덕적 판단도 포함하지 않는다.

예를 들면 "생명체는 그것이 속한 환경과의 끝없는 상호작용으로 진화한다."라는 서술은 사실 판단이다. 이와는 대조적으로 "생명체는 고등화되는 방향으로만 진화한다."라는 서술은 '고등화'라는 가치 판단이 들어간 당위 판단이다. 그런데 진화에 대한 사실로부터 진화는 생명체가 고등화되는 방향으로만 진행되어야 한다는 당위가 논리적으로 도출되지 않는다. 진화 과정과 고등화 과정은 아무런 관계가 없기 때문이다. 그런데 18세기 자연과학자들이 주장한 외사다리식, 계단식, 또는 에스컬레이터식의 진화 가설은 생명체가 고등한 방향으로 진화되어야 한다는 당위 판단을 전제로 하고 있다. 그리고 이렇게 문제 있는 전제에 근거하여, 등급이 높은 생명체는 등급이 낮은 생명체보다 우월하고 더 가치가 있다는 잘못된 판단을 하고 있었다.

위에서 살펴본 대로 다윈 이전 18세기까지 자연과학자들은 진화를 생명체들이 고등화하고 향상 발전하는 변화의 과정으로 이해했다. 이들의 진화론은 보이지 않는 신의 힘에 의존하며 본질주의와 목적론에 입각한 주장이었다.

다윈의 진화

다윈은 출판 전 이십 년이라는 긴 세월 동안 조심스럽게 심사숙고하면서 당시 많은 자연과학자들이 생각하고 주장하던 진화에 대한 가설들과 그 시대의 종교관, 그리고 플라톤과 아리스토텔레스의 전통 철학 사상에 반대되는 자신만의 진화론을 제시하였다. 그리고 오랫동안 수집한 표본들로 자신의 진화론을 입증하려 노력했다.

다윈에 의하면 진화란 생명체에 내재된 어떤 알 수 없는 힘이 작용하여 생명체 스스로 변화하는 과정이 아니다. 위로만 올라가는 외사다리, 계단, 또는 에스컬레이터 같은 외줄의 상승 과정은 더더욱 아니다. 다윈이 생각한 진화 과정은 불규칙하게 가지가 뻗어난 나무를 연상하면 된다. 다윈은 굵은 줄기에서 여러 가지가 뻗어 나가듯이 생명체의 조상인 종種에서 새로운 종이 생겨난다고 생각했다. 장미나무를 상상해 보자. 장미나무 가지들은 모두 밑동에서부터 뻗어난다. 어느 가지는 다른 가지들보다 굵고 어느 가지는 다른 가지들보다 높이 뻗어나 자란다. 이런 가지 가운데 어느 가지가 다른 가지보다 고등하다고 판단할 수 있겠는 가? 우리가 알 수 있는 것은 주어진 가지가 밑동으로부터 얼마나 떨어져 있고, 이 가지가 다른 가지들과 함께 어떤 특정한 가지에 서 분지되었는가 하는 사실뿐이다.

이와 같이 지구에 있는 모든 생명체는 공통의 조상으로부터 유래해 마치 나무에서 여러 가지가 자라듯 여러 다른 종이 분화하여 진화하며, 어떤 종은 멸종하고 또 어떤 종은 계속 세대를 이어 간다. 이것이 다윈이 주장한 계통수(tree of life) 이론이다. 다윈 이전에도 자연과학자들은 나무 모양에 빗댄 생명체들의 진화 형태를 생각하였으나, 다윈은 이 생명의 나무를 조상과 후손의 관계를 표현하는 계통적인 측면으로 이해하며 진화를 설명했다.

또한 다윈은 그의 새로운 진화의 개념으로부터, 생명체는 끊임없이 일어나는 물리적 변이와 환경과의 상호작용을 통해 적응하고 살아남아 자손을 생산한다는, 순수하게 물리적 성격을 띤 자연선택 이론을 이끌어 냈다. 자연선택 과정은 환경에 보다 적합하게 적응한 생명체들이 살아남는 과정이다. 이것은 다윈과 동시대에 살았던 철학자 허버트 스펜서가 이름 지은 적자생존適者生存의 과정, 즉 가장 크고 가장 강한 생명체만이 살아남는다는 과정이 결코 아니다. 다윈이 말하는 자연에서의 적자(適者, the fittest)란 주어진 특정한 환경에서 다른 생명체들과 비교하여 좀더 나은 적응력을 갖추어, 보다 왕성한 번식력을 보이는 생명체

진화

라고 할 수 있다. 따라서 적자란 제한된 환경과 조건에 따른 생명체들 간의 상대적인 개념이다. 특정한 생명체들이 그들이 살고 있는 환경을 공유하는 다른 생명체들보다 높은 환경 적응력을 가진다면, 이들은 다른 생명체들에 비해 그 특정한 선택환경에서 적자인 것이다.

예를 들면 인간과 두루미가 늪지대에서 산다면, 두루미가 인간보다 그 환경에 잘 적응하여 인간보다 많은 수가 살아남아 많은 수의 자손을 생산할 것이다. 따라서 늪지대라는 환경에서는 두루미가 인간에 비해 적자이다. 또 인간과 거북이가 사막에 산다면, 거북이가 인간보다 사막이라는 환경에 더 잘 적응하여 자연선택될 것이기 때문에, 사막이라는 환경에서는 인간에 비해 거북이가 적자이다. 따라서 자연선택되는 생명체들은 그들이 서식하고 있는 국한된 환경과의 상호작용을 통해 그 환경에 사는 다른 생명체보다 그 환경에 더 잘 적응하는 생명체들이다. 그리고 이들은 상대적으로 적응도가 낮은 생명체들과 비교하여 살아남는 개체 수가 많고 또 많은 자손을 생산하는 생명체라고 이해해야 한다.

그런데 혹자가 자연에 어떤 절대적인 기준이 있어 특정한 생명체들은 환경과 조건에 상관없이 절대적으로 강하고 최상의 적응력을 지닌다고 생각한다면, 이것은 다윈이 주장하는 진화가 아니고 18세기까지 자연과학자들이 잘못 이해하고 있던 진화이다.

다윈과 동시대에 살았고 다윈의 진화론을 이해했다고 생각한

독일 과학자 에른스트 헤켈은 진화란 생명체의 개체발생이 계통발생을 반복하는 현상이라고 생각했다. 생명체들의 발생 초기 태아는 모두 비슷한 형태를 가지며, 열등한 생명체의 발생은 짧은 계통발생을 반복하고 우월한 개체의 발생은 이런 짧은 계통발생을 포함한 긴 계통발생을 반복한다고 주장했다.

헤켈이 이해한 자연은 고정불변한 법칙인 계통법칙이 존재하고, 이런 자연법칙이 생명체를 하등한 것과 고등한 것으로 나눈다. 따라서 생명체의 진화 과정이란 열등한 데서 고등한 곳으로 나아가는 과정이라고 이해했다. 헤켈은 다윈의 진화론을 읽고서 다윈의 진화를 다윈의 견해와는 상관이 없는 라마르크를 비롯한 18세기 자연과학자들의 진화로 이해한 것이다. 그러나 끊임없이 변하는 진화의 과정에서 생명체의 불변하는 본질이나 자연법칙이 실재할 수 없고, 따라서 절대적인 기준이나 객관적인 표준이 있을 수 없다. 자연에서 일어나는 현상인 진화현상에 향상이나 발전으로의 방향성이 있다고 믿거나 최적의 완벽한 상태를 상정하는 것은 자연과 진화를 잘못 이해한 것이다.

다윈의 진화란 생명체가 원시적인 형태에서 고등해지고 완벽해지는 쪽으로 향상하거나 발전한다는 뜻이 아니다. 생명체 안에서는 무작위 변이가 일어나며, 밖으로는 그 생명체가 서식하는 환경과의 끝없는 상호작용을 통해 생존해 나가는 한, 생명체가 오직 고등화되는 방향으로만 진화하리라는 보장이 없다. 진화는 고등화되는 것과는 아무 상관없이 진행된다. 앞에서도 논의한 장미 나뭇가지의 예와 같이, 공통의 조상으로부터 유래해 여러 종들이 각각의 진화 과정을 거치며 때로는 분화되어 새로운 종으로 진화되는 과정에서 우리는 어떤 종이 다른 종들보다 고등하고 향상된 종이라고 말할 수 없다. 우리가 알 수 있는 것은 단지 어떤 생명체가 얼마나 최근에 새로 생겼고, 그 생명체의 가까운 조상은 어떤 생명체였나 하는 정도이다.

이와 같이 1859년 다윈이 주장하고 지금까지 받아들여지고 있는 진화론은 다윈 이전 18세기까지의 자연과학자들이 이해했던 진화와는 다르다. 더 나아가 다윈의 진화는 다윈 이전의 진화가 의미하는 본질주의, 목적론, 고정불변한 자연법칙, 생명체의 등급화, 생명체들의 고등화로의 방향성 등 모든 전제를 부정한다.

지금까지 살펴본 바와 같이, 다윈이 『종의 기원』을 출판하면서도 정작 그의 저서 안에서 맨 마지막 문장을 제외하고는 "진화"란 단어를 쓰지 않은 이유는, 다윈 이전까지 잘못 이해되어 오고 있던 향상이나 발전의 의미로서의 진화와 자신의 진화가 다르기 때문이었다. 그래서 다윈은 "진화"라는 단어 대신에 "변이에 의한 유전(descent with modification)"이라는 가치중립적 문구를 사용한 것이다. 변이에 의한 유전이란 향상이나 발전이 아닌 순수한 변화의 과정이다.

20/ 결정론도 아니고 비결정론도 아닌 연기의 과정

지금까지 진행되어 오던 생명의 역사와 진화의 역사가 완벽히 지워지고 먼 과거로 돌아가 다시 진화가 진행된다면 지금과 똑같은 생명체들이 지구상에 존재하게 될까? 생명현상과 진화를 고찰해 본 사람이라면 누구나 한 번쯤 품었을 법한 이런 질문 뒤에는 많은 철학적 논쟁거리가 숨어 있다. 시간을 거꾸로 돌려 다시 진화의 과정이 시작된다고 하더라도 지금과 똑같은 생태계가 형성될 것이라고 생각한다면, 진화란 정해진 자연법칙에 의해 일정한 방향으로 일어날 수밖에 없는 결정론적인(deterministic) 자연현상이라고 믿고 있기 때문일 것이다. 한편 이와는 반대로 전혀 다른 생태계가 나타날 것이라고 생각한다면, 이는 진화를 법칙이나 방향성이 없는 순수한 우연의 비결정론적인(indeterministic) 과정이라고 이해하고 있기 때문이다.

이번 제20장에서는 진화를 이해하는 위와 같은 두 상반된 시각을 분석하며 두 개의 시각 모두 문제가 있다는 점을 보이겠다. 진화란 정해진 일정한 방향으로 일어날 수밖에 없는 결정론적 과정이 아니다. 그러나 그렇다고 해서 진화가 우연의 연속인 비결정론적인 과정인 것도 아니다. 진화의 과정이란 결정론적이지도 비결정론적이지도 않고, 단지 여여如如한 연기의 과정일 뿐이다.

굴드의 사고실험(thought experiment)

5억 3천만 년 전으로 돌아가 진화가 다시 시작된다면 지금 지구에 생존하는 인간과 그 외의 모든 생명체가 똑같이 진화하여 생존할까? 이렇게 재미난 질문은 미국 고생물학자였던 스티븐 제이 굴드가 그의 저서[56]에서 '생명의 재생'이라는 사고실험을 시작하며 던졌다. 모든 생명체의 역사가 온전히 영사기 필름 테이프에 저장되어 있다고 가정하고, 이것을 생명의 테이프라고 불러보자. 그리고 이 테이프를 되감으며 테이프에 담겨 있는 실제로 지금까지 일어났던 생명체의 역사를 지운다. 테이프가 많이 되감겨지며 긴 시간 동안의 생명체의 역사가 지워진다. 생명의 테이프 되감기를 멈추고 그 순간부터 영사기로 테이프를 돌려본다.

되감기가 멈춘 시간이 5억 3천만 년 전이라고 가정해 보자.[57] 영사기가 돌아가며 새로운 생명체들의 역사가 테이프에 저장되며 상영된다. 다시 말해 5억 3천만 년 전을 시작으로 새로운 생명체들의 역사가 진행되는 것이다. 그렇다면 과연 상영되는 영상,

즉 새로운 진화의 과정은 지워진 생명체들의 역사를 똑같이 재생할까? 새로운 생명체의 역사가 실제로 지금까지 일어났던 생명의 역사를 그대로 보여준다면, 5억 3천만 년 전으로 돌아가 진화가 다시 시작되어도 새롭게 일어나는 진화 과정은 실제로 일어났던 진화 과정을 되풀이할 것이다. 시간의 역주행으로 진화가 다시 시작된다고 하더라도 실제로 지구에 생존해 왔던 생물군과 현재 살아있는 인간과 그 외의 모든 생명체가 그대로 똑같이 진화되어 생존할 것이라는 생각이다.

그런데 굴드는 이러한 생명의 테이프 재생 사고실험에서, 진화가 다시 진행된다면 지구상에 지금과 똑같은 생명체들이 존재하지 않을 것이라는 논지를 편다. 굴드는 진화란 정해져 있는 방향으로 진행하는 연속적이고 점진적인 과정이기보다는 우연(contingency)에 의해 좌우되는 불연속적 과정이라고 이해했다. 생명의 긴 역사를 살펴보면, 환경의 대이변으로 인해 일어난 대규모 멸종 사건들과 캄브리아기의 대폭발 사건 등은 그것이 그렇게 정해져 있어서 일어난 것이 아니라 모두 비교적 짧은 시간에 우연히 일어난 사건들이다. 굴드가 이해하는 진화란 고정된 진행 방향과 정해진 자연법칙에 따라 필연적으로 진행되는 과정이 아니다.

진화란 '우연성'에 좌우되는 불연속적이고 비약적인 생명의 역사이다.[58] 그래서 굴드는 지금까지 살아있는 생명체들은, 예를 들어 인간은, 진화의 과정에서 일정하게 고정되어 있는 과정을 통해 선택된 필연적인 산물이 아니라, 진화의 과정에서 환경과의 상호작용 등과 관련된 우연한 과정에 의해 선택된 우연의 산물이라고 생각한다. 그래서 시간을 거꾸로 돌려 다시 진화가 진행된다고 해도 현재 생존하는 인간으로 다시 똑같이 자연선택되고 진화할 것이라는 아무런 보장이 없다.

진화의 역사는 우연한 사건으로 인한 불연속적인 과정으로 정해진 방향성이 없다. 진화의 과정에는 정해져 있는 법칙이나 고정된 진행 과정이 없기 때문에 어떠어떠한 방향으로 진행될 것이라고 예측하기가 불가능하다. 그런데 혹자는 진화는 생명체가 다양해지는 쪽으로 진행된다고 생각할지도 모르겠다. 진화가 진행되면서 몇몇 생명체들에 변이가 증가해 그 결과로 다양한 생명체들이 생존할 수 있으니까 그런 추론이 가능하다. 그러나 이러한 다양성의 증가가 진화의 양태라고 할 수는 없다. 왜냐하면 진화의 대상은 모든 생명체들이어야 하는데, 지금까지 존재해 온 생명계 전체 개체 중 삼분의 일 이상을 차지하는 생명체가 다양성을 결여한 단순한 박테리아라는 사실을 고려한다면, 진화의 진행과 다양성 그리고 복잡성의 증가가 병행한다고 볼 수 없다.[59]

결정론

진화가 결정론적인 자연현상이라고 생각한다면, 자연에는 정해진 자연법칙이나 일정하게 고정된 방향성이 있어 생명체의 진화가 그에 따라 진행된다고 이해하는 것이다. 결정론자들은 자연세계에 존재하는 필연적인 법칙에 따라 주어진 결과는 그것의 원인으로부터 도출되었다는 인과론을 받아들인다. 원인과 결과 사이에 존재하는 관계를 인과관계라고 하는데, 보통 상식에 의하면 하나의 사건이 일어나는 것은 그 이전에 존재하는 원인이 있어서 그렇다. 그런데 진화의 과정이 결정론적 과정이라면 진화의 과정 중 일어나는 모든 사건에는 그들만의 원인이 있기 때문에 이러한 사건이 필연적으로 유발되었다고 보게 된다. 분명한 원인이 없는 사건은 있을 수 없다고 보기 때문이다. 다시 말해 우연히 일어나는 사건이란 있을 수 없다는 것이다.

리차드 도킨스를 비롯한 일군의 생명과학자들은 굴드가 진화를 이해하는 시각에 반대한다. 진화란 굴드가 생각하듯이 그렇게 비결정적이거나 예측 불가능하지 않다고 주장한다. 이들은 진화계통수 상 아무리 멀리 떨어진 생명체들이라도 비슷한 환경에서 적응 과정(자연선택)을 거치는 한 비슷한 진화의 역사를 이룰 수밖에 없다고 주장한다. 그래서 캄브리아기의 대폭발 사건이 다시 되풀이된다 하더라도 지금 우리의 생태계와 비슷한 결과가 나타날 것이라고 주장한다. 이들은 다양한 생명체들이라도 자연선택이 원인으로 작동하는 진화 과정에서는 비슷한 구조나 기능을 가지게 될 수밖에 없다는 수렴된 진화(convergent evolution)를 주장한다. 예를 들면 기원이 다른 많은 생명체에 공통으로 나타나는 발생 과정 초기의 체절분할 과정(몸체를 머리-몸통-꼬리로 삼등분하는 과정)이나, 눈과 같은 기관이 여러 다양한 생명체에서 독립적으로 발생하여도 구조적으로 비슷한 눈의 기능을 수행하는 것 등이 수렴된 진화에 해당된다.

만약 이들의 논리가 옳다면, 생명체들이 보이는 수렴적 형태는 모든 생명체를 관통하지는 않더라도 많은 수의 생명체들의 진화 과정에 어떤 법칙이나 진행 방향이 존재한다는 것을 암시한다. 그래서 이러한 법칙이나 고정된 방향성으로 인해 많은 생명체의 진화 과정이 수렴되는 것이라고 추론할 수 있다. 그러나 필자들이 지금까지 여러 번 논의했듯이 끊임없이 변하는 생명계에서는 어떠한 고정불변한 자연법칙도 찾을 수 없다.

존재 세계에서 법칙이란 일반적으로 속성과 속성과의 관계를 뜻하는데, 이것은 하나의 보편적 속성과 다른 하나의 보편적 속성과의 관계가 시공을 초월하여 언제나 필연적으로 존재해야 법칙이라고 말할 수 있다는 뜻이다. 그래서 법칙이 존재한다는 것은 여러 보편적 속성들의 존재를 전제하는 것이고, 보편적 속성의 존재란 그 속성을 그 속성이게끔 하는 본질이 있다는 것을 전제한다. 다시 말해 보편적 속성이란 자성自性을 가진 속성이라는 뜻이고, 따라서 자성을 가진 속성들과의 관계가 법칙이라는 말이 되겠다. 그런데 끊임없이 변하는 자연에서 자성을 가진 속성은 존재할 수 없기에 보편적 속성은 존재할 수 없고, 따라서 보편적 속성들의 관계(법칙)은 존재할 수 없다. 생명계에는 고정불변한 필연적 법칙이 존재할 수 없다.

한편 도킨스를 비롯한 수렴진화론자들은 진화를 점진적(gradual)이고 증분적(增分的, incremental)으로 일어나는 현상으로 이해한다. 그래서 자연선택을 통해 생존하는 생명체들은 이전의 생명체들보다 적응도가 높을 수밖에 없다고 생각한다. 이들이 이해하는 진화란 적응도가 증가하는 방향성을 지닌 진보의 과정이다.[60] 만약 진화가 우연한 사건들로 이루어진 과정이라면, 진화계통수 상 멀리 떨어진 생명체들에게서 나타나는 비슷한 구조나 기능의 자연현상을 설명할 방법이 없다. 진화가 우연에 좌우된다면 우연히 일어나는 사건들 중 한두 번 정도는 비슷할 수 있겠으나, 잦은 빈도로 일어난 사건들이 수렴될 정도가 된다면 이러한 진화는 우연의 과정이라고 생각하기 어렵기 때문이다. 이들은 굴드와 같이 진화 과정을 우연성으로 이해하는 비결정론적인 시각으로는 수렴적 진화현상을 설명할 수 없다고 반박한다.

이들의 수렴진화론적 시각이 옳다고 일단 가정해 보자. 그리고 굴드가 예로 드는 버지스 혈암이 우리에게 보여주는 5억 4천 2백만 년 전 캄브리아기의 대폭발을 생각해 보자. 과연 수렴진화론자들은 이러한 우연적 사건으로 다양한 동물군의 폭발적 출현을 설득력 있게 설명할 수 있을까? 결코 쉽지 않을 것이다. 이들은 이러한 사건들이 단지 한때만 일어났던 예외적인 경우일 뿐이기 때문에 이렇게 예외적인 예로는 수렴진화론적 시각을 반박할 수 없다고 항변할 수도 있겠다. 그러나 그렇다면 비판자들은 이런 사건이 어떻게 앞으로 다시는 일어나지 않는다고 확실히 보장할 수 있느냐고 재반박하게 될 것이다.

제약들(constraints)

위에서 논의했듯이, 진화를 단지 순수한 우연의 과정이라고 이해하는 비결정론적 시각으로는 생명체들이 나타내는 구조나 기능의 상사성이나 수렴적 진화 양태를 설명할 수 없다. 그런데 굴드도 이런 문제점을 인지했기 때문에 자신의 비결정론적인 입장에 제약 요소들에 대한 논지를 첨가한다. 굴드가 생각하는 제약들이란 생명체의 구조에 영향을 미치는 요소들로서 자연선택과는 별개로 일어나는 현상이다. 그래서 우연에 근거한 진화의 과정 중 다양한 생명체들이 제약 요소들의 영향으로 어느 정도 비슷한 구조를 지니게 되거나 비슷한 발생 과정을 거치며 진화하기도 한다고 주장한다.

자연선택과 관계없이 생명체에 영향을 주는 제약은 일반적으로 두 종류로 생각할 수 있다. 첫째는 생명체의 구조에서 비롯된 제약이다. 예를 들면 어느 생명체이건 몸통의 크기보다 큰 머리를 가질 수 없다. 몸통의 크기가 머리의 크기를 제한하기 때문이다. 둘째는 생명체가 그것의 조상으로부터 물려받은 발생의 제약이다. 예를 들면 돼지가 아무리 진화 과정을 거친다고 해도 날개가 달린 돼지가 될 수는 없다. 그 이유는 조상에서부터 지금까지 일어난 역사적 계통발생 과정이 돼지의 발생을 제한하기 때문이다. 만약 어느 시기에 날개가 달린 돼지로 진화한다면, 그 시기에 아마도 어마어마한 환경의 변화가 동반되어 그 변화로 인해 돼지의 발생 과정이 완전히 망가지며 돼지의 진화 과정에 날개를 생성하는 과정이 삽입될 수 있을지도 모르겠다. 그러나 이런 경우 돼지가 과연 지금과 같은 돼지의 형태로 발생하여 우리가 돼지로 인식하게 될지는 매우 의심스럽다.

이와 같이 발생의 제약이나 생명체 구조에서 비롯된 제약은 우연으로 일어날 수 있는 가능한 생명체의 범위를 제한하게 되며, 나아가 다양한 생명체들 사이의 차이(disparity)를 좁힐 것이다. 그래서 진화계통수 상 멀리 떨어진 생명체 간에도 비슷한 구조나 기관이 발생할 수 있고, 또 때때로 동일한 구조나 기관을 가지게 될 수도 있겠다. 그래서 진화의 과정이 우연으로 이루어진 진행 과정이라는 비결정론적 시각을 견지하는 동시에, 자연선택과는 관계없는 제약들의 영향이 수렴적 진화의 양상을 유발하기도 한다고 설명하면 수렴진화론자들의 반박으로부터 벗어날 수 있다.

진화

그러나 필자들에게는 이러한 제약에 대한 고려와 비결정론적 시각이 과연 일관성을 가지고 양립 가능할지 의문이다. 구조적 제약의 요소가 생명체에 영향을 미치는 과정은 물리적 시공간의 법칙을 살펴본다면 설명할 수 있고 또 예측할 수 있는 현상이라고 생각한다. 말하자면 결정론적으로 이루어지는 현상이다. 그리고 발생적 제약은 생명체 발생 경로가 이미 이전에 만들어져 있고 이 경로가 다음 생명체 발생을 제한한다는 것이어서, 이것 또한 극히 결정론적 사고이다. 그래서 비결정론자들이 여러 제약을 거론하며 결정론자들의 비판을 극복하려고 시도했으나, 비결정론자들이 거론한 제약에는 실은 결정론적 요소가 다분히 내재해 있다. 그래서 비결정론 시각과 그들이 말하는 제약의 논지는 일관되지 않다.

철학적 고찰

지금까지 살펴본 것처럼 진화는 필연적인 인과법칙에 의해 결정론적으로 이루어지는 것도 아니고, 또 그렇다고 어떤 제약도 없이 아무렇게나 비결정론적으로 이루어지는 것도 아니다. 진리에 대한 이해가 그래야 하듯이, 필자들은 진화를 제대로 이해하기 위해서도 결정론과 비결정론이라는 양변을 여의고 중도中道를 취해야 할 것으로 본다. 실은 이와 같은 진리는 아래와 같이 인과에 대한 중관학파의 비판을 적용해 보면 쉽게 알 수 있다.

결정론자들은 현재 진화된 상태로 존재하는 생명체는 오랜 옛날 존재했던 생명체들과 자연환경 등으로부터 필연적으로 나온다고 보는 셈이다. 이것은 다시 말하면 마치 결과가 원인 안에 이미 내재해 있다고 보아야만 한다고 주장하는 셈이다. 그러나 이미 그 오랜 옛날 중관학파에서 논증했듯이, 이런 인과관계는 불가능하다. 왜냐하면 결과가 이미 원인 안에 존재한다면 결과가 새로 생겨날 수가 없는 것이며, 결과가 새로 생겨나지 않는다면 인과관계가 성립하지 않기 때문이다. 그래서 결정론은 진화라는 인과의 현상을 설명할 수 없다.

한편 인과관계에서 결과로 삼은 현재의 생명체들이 만약 그 원인으로서 태초의 생명체들과 자연환경 등에 어떤 방식으로도 전혀 내재해 있지 않다고 보는 것이 비결정론의 입장이겠다. 그러나 비결정론이 문자 그대로 옳다면, 생명계에는 극도로 다양한 개체의 발생과 진화가 진행되어 왔어야 하는데 실제로는 전혀 그렇지 않다는 문제가 생긴다. 예를 들어 콩나물은 콩에서 나오지 팥이나 소나무 또는 호랑이로부터 나올 수는 없고, 또 그 반대 방향으로 솔방울은 소나무를 발생시키지 거북이나 들소를 발생시킬 수는 없다. 원인이 어떤 방식으로든 결과를 안에 가지고 있지 않다면, 또는 결과가 어떤 방식으로든 원인 안에 있지 않으면 인과관계와 진화를 설명할 수 없다. 그래서 비결정론도 진화라는 인과현상을 설명하지 못한다.

진화

결과가 원인 안에 있는 것도 아니고 없는 것도 아니고 묘하게 있듯이(非有非無妙有), 진화도 결정론적으로도 아니고 비결정론적으로도 아닌 방식으로 그저 연기의 과정으로서 여여如如하게 진행되어 왔을 뿐이다. 우리는 지금 대승의 진리가 생명체들의 진화 과정에서도 작동하고 있음을 다시금 확인하고 있다.

²¹/ 우연과 필연의 재해석

자크 모노Monod는 1970년에 출판한 그의 저서 『우연과 필연』⁶¹
에서, 진화란 필연의 결과가 아니고 우연한 사건들로 야기되는
우연의 결과라는 주장을 제기한다. 이번 장에서 우리는 이 주장
을 재고하며 모노의 해석이 지닌 문제점들을 파헤치겠다.

모노는 철학적 개념인 필연과 우연을 엄밀한 철학적 고찰 없이
단순히 이분법적으로 접근하면서 진화의 과정을 필연에 상반된
우연의 결과라고 해석한다. 필자들은 이러한 이분법이 근본적으
로 오해로부터 비롯된 잘못된 견해여서 혼동만 야기할 뿐이라는
점을 밝히겠다. 그리고 더 나아가 모노의 우연과 필연을 아무 의
심 없이 받아들이면 불교의 연기의 가르침에 반하게 된다는 점도
보이겠다.

진화

모노의 우연과 필연

모노의 주장을 이해하기 위해서는 우선 모노가 전제한 생명체의 세 가지 본질적 속성을 살펴보아야 한다. 첫 번째 본질적 속성은 목적론적 법칙성(teleonomy)으로, 모든 생명체는 종족의 보존과 번식이라는 목적이나 계획을 가지고 있다고 전제한다. 자연법칙에 의해 이러한 목적성이나 목표지향성은 생명체의 구조와 기능에 발현된다고 생각했다. 두 번째 본질은 자율적 형태발생으로, 생명체는 생명체 내부의 작용만으로 그들의 구조를 만든다. 생명체의 발생 과정에서 각각의 세포 안에 있는 많은 단백질이 서로서로를 인식하고 스스로 모여 거대한 단백질 구조로 조립되고 결국은 세포의 형태를 완성한다. 생명체는 외부의 어떠한 힘에도 영향 받지 않고 자율적으로 발생 과정을 이룬다고 전제한다. 그리고 세 번째 본질적 속성은 번식의 불변성으로, 생명체는 그들이 지닌 고도의 조직화된 정보를 복제하여 전달하는 능력을 가지고 있다고 전제한다. 모노는 이렇게 고도로 조직화된 불변의 정보는 다름 아니라 유전물질인 DNA라고 말한다.

세 가지 본질적 속성을 전제한 후, 모노는 DNA 정보의 위치가 우연히 바뀌거나 일부가 없어지거나 하는 돌연변이 현상을 유전자 정보의 오류라고 이해한다. 오류가 일어난 DNA 정보는 DNA의 본질인 복제기능에 따라 나머지 오류 없는 유전자 정보와 함께 복제된다. 그리고 결국은 유전자 정보의 오류를 지닌 새로운 생명체가 생명계에 출현하게 된다고 설명한다. 우연히 일어난 유전자 정보의 오류(돌연변이)가 복제되어, 오류를 지닌 새로운 생명체들이 환경에 잘 적응하는 경우 자연선택된다는 뜻이다. 즉 유전자 정보의 오류를 지닌 생명체들이 자연선택된 이유는 그들이 지닌 본질인 종족보존과 번식이라는 목적을 수행했기 때문이라는 뜻이다. 모노는 이렇게 우연히 일어나는 돌연변이라는 사건이 생명계에서 일어나는 진화 과정의 원동력이라고 제안한다. 진화는 우연한 사건들로 야기되는 우연의 결과라고 주장한다.

모노의 문제

(1) 목적론적 법칙

모노가 전제한 생명체의 첫째 본질적 속성인 목적론적 법칙은 기원전 4세기 아리스토텔레스식 목적론의 1970년대 판에 불과하다. 필자들은 그동안 실제로 일어나는 생명현상을 예로 들며 아리스토텔레스류의 본질주의와 목적론이 잘못된 주장이라는 점을 여러 차례 보여 왔다. 끊임없이 변하는 생명체와 그들이 형성하는 생명계에 불변하는 어떤 것도 존재할 수 없다. 생명계의 모든 생명체는 본질이 결여된 채 공한 상태로만 존재한다. 그런데 아리스토텔레스의 목적론은 생명체가 무슨 본질로서의 목적을 실현하고자 하는 어떤 의도를 가지고 있는 것처럼 생명현상을 잘못 이해하게 한다.

　예를 들어 올챙이가 개구리로 성장하기 위한 의지를 갖고 있고, 또 이를 실현하기 위해 주어진 발생 과정을 거치는 것처럼 설명한다. 그러나 이것은 올챙이가 인간의 의지와 같은 것을 가지고 있다고 생각하던 고대인들이 그들 나름대로 세계를 이해하기 위해 투박하게 의인화擬人化한 설명 방식에 지나지 않는다. 이것은 단지 우리가 우리의 인간적인 사고방식을 올챙이에게 투사해서 올챙이가 개구리로 발생하는 과정을 마치 우리 인간 의지의 실현 과정처럼 이해하려는 것일 뿐이다. 의인화된 의지를 동반하는 아리스토텔레스의 목적론적 설명은 올바른 과학적 설명으로 볼 수 없다.

　생명과학 현상을 해석하고 이해하려는 우리들은 기원전 4세기에 만들어진 아리스토텔레스식의 목적론을 이미 오래전에 극복했어야 했다. 그러나 1958년 생명과학자인 콜린 피튼드리가 처음으로 목적론적 법칙을 제안한 이후, 생명과학계는 생명현상이란 생명체 내에 존재하는 본질적 속성인 '종족보존과 번식'이라는 목적의 발현이라고 생각했다. 그리고 생명체는 그 목표를 실현시키려는 의지를 가진 행위자로 이해되었다. 이러한 목적론적 법칙은 피튼드리와 그의 동시대 생명과학자들이 의도했든 의도하지 않았든, 아리스토텔레스식 목적론으로의 회귀였다.

　한편 1960년대 중반에 들어와 생명과학자 에른스트 메이어는 목적론적 법칙에 기계론적 색깔을 덧입히며, 생명체에 내재한 DNA 정보로 이루어진 프로그램은 생명체를 작동시키기 위한 목적성을 가지고 있다는 견해로 수정했다.[62] 모노는 이런 목적론적 법칙의 수정안을 받아들이며, 1970년 그의 저서 『우연과 필연』에서 생명체의 목적지향성이 생명체의 본질이라고 주장한 것이다. 19세기 중반 찰스 다윈 이래로 한동안 학계에서 아리스토텔레스식의 목적론적 시각이 배척되었으나, 1960년대에 들어와 모노와 몇몇 생명과학자들에 의해 그 내용을 약간 수정한 목적론적 시각이 공공연히 다시 세상에 모습을 드러낸 것이다.

수정을 거친 목적론적 법칙은 여전히 실제로 존재하지 않는 본질을 전제하며, 생명체들이나 생명체 내에 있는 단백질이 스스로 자율적으로 정보프로그램을 작동하기 위해 어떤 특정한 구조를 만들고 기능을 발휘한다는 설명과 해석이다. 그러나 기원전 4세기 아리스토텔레스식의 목적론적 시각과 설명이 과학적이지 않듯이, 1970년대 판 목적론적 법칙 또한 과학적 시각과 설명이 되기에는 충분치 않다. 모노의 주장의 근간을 이루는 생명체의 본질적 속성에 대한 전제에 문제가 많기 때문이다.

(2) 우연

모노는 우연(chance)과 무작위(randomness)를 같은 뜻으로 여긴다. 그래서 모노는 어떤 사건이 무작위로 일어난다는 것은 다름

진화

아니라 그 사건이 우연히 일어나는 것이라고 본다. 그러나 이것은 우연과 무작위의 의미를 철학적 사고 없이 무비판적으로 동일시하는 것이다. 무작위란 생명체가 번식하는 환경에 영향 받지 않고 일어나는 현상을 뜻하지 그것이 그냥 우연히 일어난다는 뜻이 아니다. 그래서 여기서 우리는 다윈이 왜 돌연변이를 변이(variation)라고 서술하며, 변이들을 우연이라고 하지 않고 무작위한(random) 현상이라고 표현했는지 생각해 보아야 한다. 개념적으로, 무작위한 현상은 설명할 수 있지만 우연한 현상은 설명할 수 없기 때문이다.

그런데 모노는 우연과 무작위를 동일시하며 우연한(무작위한) 사건이란 설명할 수 없는 사건이라고 규정짓는다. 모노가 주장한 대로 우연한 사건이 설명할 수 없는 사건이라면, 그것은 시간적으로 앞선 그 어떤 조건들도 이 사건을 설명하는 원인이 될 수 없다는 뜻이다. 결국 모노가 생각하는 우연은 사건을 유발하는 원인이 없다는 뜻으로, 비결정론적(indeterministic) 사건이라는 것을 의미한다. 아무런 앞선 조건이나 원인에도 영향 받지 않고 불현듯 일어나는 사건이 모노가 생각하는 우연히, 그리고 무작위로 일어나는 돌연변이다. 따라서 앞선 조건이나 원인에 제약받지 않는 우연의 사건이 일어날 확률은 언제나 50%가 된다는 우스꽝스러운 결과가 나온다 – 일어나거나 일어나지 않거나.

그런데 실은, 모노가 생각하듯이 돌연변이가 앞선 조건이나 원인과는 상관없이 비결정론적으로 우연히 일어나는 현상이 아니다. 생명과학 교과서에 나와 있는 예를 들어 보자. 효소를 포함한 특정한 단백질 분자가 DNA 다발의 특정한 부위에 다양한 작용을 가하면 돌연변이가 시작된다. 그런데 우리가 돌연변이 과정을 미시구조에서 조금 더 깊게 생각해 보면, 돌연변이를 책임지는 특정한 효소나 단백질을 생산하는 과정이 선행되어야 한다는 점을 알 수 있다. 여기서 특정한 효소나 단백질을 A라고 해 보자. 그러면 선행되어야 하는 생산 과정이란 또 다른 다양한 효소나 단백질(A-1)이 DNA 다발 부위에 작용하여 돌연변이를 책임질 특정한 효소나 단백질(A)을 생산하는 과정이다. 이렇게 선행되어야 하는 과정이 일어나기 위해서는 또 그보다 먼저 또 다른 다양한 효소나 단백질(A-2)이 DNA 다발 부위에 작용하는 과정이 일어나야 한다. 이렇게 끊임없이 일어나는 과정이 맞물리고 맞물려 우리가 처음 이야기했던 그 돌연변이가 시작되는 것이다.

이렇게 끊임없이 일어나는 과정의 연속에서 오류가 일어나리라는 점은 사실 놀라운 일이 전혀 아니다. 오류는 항상 일어날 수 있는 일이며, 이렇게 일어나는 오류들은 원인이 있기에 당연히 설명할 수 있다. 그런데 돌연변이의 원인이 되는 조건은 세포 안에서만이 아니라 세포 외부에서도 영향 받을 수 있다. 예를 들어 세포가 방사선에 노출되면 세포 내의 DNA 다발이 영향을 받아 돌연변이가 일어난다. 따라서 모노의 주장과는 반대로, 생명체가 끊임없이 변하는 것을 우리가 인지하고 있는 이상, 돌연변이는 끊임없이 일어나는 자연스러운 현상으로 보아야 한다. 이렇게 자연스런 (돌연)변이의 현상은 원인이 있고, 따라서 설명할 수 있다. (돌연)변이는 신기하게 불현듯 일어나는 우연한 사건이 아니며, 선행되는 원인인 조건들에 의해서 일어나는 사건의 과정(process)이다. 그리고 훗날 생명과학 기술이 더욱 발달해 선행되는 조건들을 자세히 분석할 수 있다면, 우리는 앞으로 일어날 변이 현상을 예측할 수도 있을 것이다.

한편 진화의 두 번째 단계인 자연선택 과정은 생명체들이 환경과 끊임없는 상호작용을 통해 환경에 적응하는 물리적 과정이다. 자연선택에서 선택이란 어떤 특정한 변이를 갖는 생명체들이 그들이 서식하는 환경에 적응하여 살아남게 되고 새끼를 많이 낳아 종족을 번식시키는 반면, 다른 변이를 갖는 생명체들은 그 환경에 적응하지 못해 죽게 되는 것이다.

그런데 만약 자연선택 과정이 비결정론적(indeterministic)인 우연의 현상이라면 과거에 일어난 자연선택 과정의 결과가 현재 일어날 자연선택에 아무런 영향을 미치지 못한다는 뜻이다. 그러면 우연한 현상인 자연선택 과정에서 모든 생명체는 동일한 확률의 생존율과 번식 가능성을 가질 것이다 – 자연선택 되거나 되지 않거나. 그러나 생명체들은 자연선택 과정을 거치며 각기 다른 생존율을 가지고 그들의 번식 가능성에도 차이를 보인다. 환경에 보다 적합하게 적응된 생명체들이 그렇지 못한 생명체들보다 더 많이 살아남아 자손을 생산할 가능성이 높다는 점에는 의심의 여지가 없다. 그러므로 자연선택은 우연히 일어나는 비결정론적인 자연현상이 아니다.

우연과 필연을 넘어 연기로

지금까지 필자들은 자연현상에는 우연히 일어나는 비결정론적인 사건은 없다고 주장했다. 미시세계에서의 (돌연)변이 현상이나 거시세계의 자연선택이나 모두 우연히 일어나지 않는다는 것이다. 그렇다면 혹자는 필자들이 말하는 변이 현상이나 자연선택이 모두 필연적 현상이라는 것이냐고 물을 수 있겠다. 그러나 이런 질문은 우리가 문제 상황을 좀 더 근본적인 불교적 시각에서 바라보기만 하면 모두 무의미한 물음임이 드러난다.

생물학적 미시세계에서 일어나는 것으로 보이는 (돌연)변이는 실은 여러 조건들이 모이고 흩어지는 과정에서 생겨나는 현상일 뿐, 이것은 우연도 필연도 아니다. 그냥 여여如如하게 연기하는 과정일 뿐이다. 그런데 우리가 이것을 우리의 어떤 특정한 예상에 어긋났다고 해서 우연이라고 보기도 할 뿐이다. 이런 예상은 우리의 고정관념일 뿐이고, 불교에서는 그렇게 특정 방향으로만 과정이 진행되어야 한다는 본질주의적 고정관념을 받아들일 이유가 없다.

한편 모노는 자연선택 과정에서 어떤 필연성을 논하고 있는데, 자연선택의 필연성이란 우리에게 아무런 새로운 정보 내용도 전해 주지 못하는 하나마나한 옳은 소리(tautology)에 불과하다. 무작위로 변이하는 생명체들 가운데 자연환경에 잘 맞는 방식으로 변이한 생명체들이 종족을 보존하고 번식에 성공하는 것이 필연적이라는 말은 노란 장미가 노랗다는 것이 필연적이라는 말이나 마찬가지다. 당연히 필연적으로 옳다. 그리고 이렇게 너무나도 당연하기 때문에 '필연'이라는 근사한 말을 붙여 보았자 우리에게 새로 해 주는 말이 하나도 없다. 하나마나한 소리다. '우연'이나 '필연' 모두 하나마나한 부질없는 소리들이고, 생명현상은 그저 조건들이 모이고 흩어지는 연기에 의해 진행되는 여여한 과정일 뿐이다.

또한 필자들은 연기의 가르침을 잘 이해한다면 지금까지 행해져 온 미시세계에서의 (돌연)변이 현상과 거시세계에서의 자연선택 현상의 구분이 무의미해진다고 생각한다. 자연현상을 두 개의 다른 차원으로 나누게 된 것은 변이를 일으키는 생명물질이 있고 이에 대한 외부의 환경이 있다는 이분법적 시각을 전제로 하기 때문이다. 그런데 지금까지 필자들이 생명현상의 예를 들며 설명하고 주장한 것은 생명현상은 연기한다는 것이었다. 끊임없이 변하는 생명체들은 본질이 없이 공하고 끊임없는 상호작용으로 연기한다. 그러므로 생명체의 안과 밖의 본질적인 구분이 불가능하고, 따라서 생명체와 그에 상응하는 환경과의 경계도 없어진다.

생명체와 생명체의 밖인 환경과의 구분이 무의미해지면, 이 구분에 근거하여 자연현상을 나누는 것 또한 무의미해진다. 생명체의 안과 밖이 둘이 아니며, 생명체나 그것을 둘러싼 외부 환경도 둘이 아니다. 나아가 자연(환경)에 선택되는 생명물질이나 생명체와 자연(환경)과의 구분도 모호해진다. 생명현상이 연기한다는 것을 인지하고 있는 이상, 미시세계에서의 변이 현상과 거시세계의 자연선택 현상을 구분하는 것은 무의미해진다. 그리고 변이현상이나 자연선택이라는 용어 또한 연기하는 자연을 제대로 담아내고 있지 못한다고 생각한다. 자연은 그저 여여하게, 그러그러하게 연기한다.

22/ 다윈이 남긴 과제

필자들은 찰스 다윈의 1859년 저서 『종의 기원』을 연기의 관점에서 해석하고 검토하며 그의 진화론이 가진 한계와 우리에게 남긴 문제점 두 가지를 논의하려 한다. 그러면서 이러한 한계와 문제점이 붓다의 연기법을 통해 극복될 수 있다는 점을 보이겠다.

다윈이 남긴 과제 하나

다윈은 『종의 기원』 제6장에서 두 종류의 법칙을 도입하며 자신의 진화론의 주장인 '변이에 의한 유전'을 견고히 한다. 두 법칙이란 형태 동일성 법칙(the law of unity of type)과 생존 조건의 법칙(the law of conditions of existence)이다. 이 두 법칙은 다윈의 저서가 세상에 나오기 전인 19세기 전반 자연과학자들이 자연을 이해하고 해석하던 서로 상반된 두 방식이었다.

  이들 일군의 자연과학자들은 형태 동일성 법칙으로 자연을 이해하며, 다양한 종을 관통하는 기본적인 설계가 자연에 존재한다고 믿었다. 그리고 이러한 기본적인 설계로 인해 생명체 간에 동일하거나 비슷한 점이 발견된다고 설명했다. 예를 들면 사람의 손가락과 물개의 물갈퀴나 새나 박쥐의 날개는 이미 정해져 있는 기본적인 설계에서 조금씩 변이가 일어난 것들이라고 이해했다. 그래서 우리가 자연의 근본적인 설계를 발견한다면 창조주가 계획한 동물들의 형태를 엿볼 수 있을 것이라고 생각했다.

한편 이 진영과 대립하던 자연과학자들은 사람의 손가락과 물개의 물갈퀴나 새나 박쥐의 날개가 바로 이러한 종들이 그들 각각의 생존환경에 적응하는 데 중요한 도구로 작용한다고 이해했다.[63] 생존 조건의 법칙에 근거해 자연을 바라보는 자연과학자들은 다양한 생명체가 각각 다른 환경에 적응하기에, 그들 안에 변이가 생겨 종 간에 차이점이 생겨나고, 이 차이점으로 생명체들이 다양한 환경에 적응할 수 있게 된다고 이해했다.

다윈은 『종의 기원』에서 형태의 동일성 법칙과 이와 대립하던 생존 조건의 법칙을 자신의 진화론인 변이에 의한 유전으로 통합한다. 그는 자연에서 동일하거나 비슷한 형태가 나타나는 이유는 다름 아닌 다양한 생명체가 공통된 조상으로부터 진화했기 때문이라고 주장하면서 형태의 동일성 법칙을 확보한다. 그리고 조상과 후손의 관계를 표현하는 계통적인 측면으로 진화를 설명하려 하였다. 또한 다윈은 종과 그들이 처한 다양한 생존환경과의 상

진화

호작용을 자연선택 과정이라고 제안하며, 생명체의 변이와 차이점을 자연선택의 결과물로 설명한다. 생존 조건의 법칙을 자연선택의 과정으로 대체한 것이다. 이와 같이 다윈은 19세기 전반까지 서로 대립하고 있던 두 주장을 성공적으로 통합시켰다.

그러나 이런 통합이 모두에게 명쾌하게 다가오지 않을 수 있다. 형태 동일성 법칙을 받아들이며 공통된 조상으로부터 생명체들이 진화하여 왔다는 다윈의 통찰은 훌륭하다. 그러나 필자들은 이것 때문에 다윈의 반反본질주의 시도가 미완으로 그치고 마는 결과를 초래했다고 생각한다. 형태 동일성 법칙은 진화의 과정에서 불변하는 무엇이 있어서 생명체의 형태를 동일하게 만든다는 생각을 전제하고 있다. 그리고 다윈은 이러한 전제를 그대로 받아들여 생명체들이 공통된 조상으로부터 진화하기 때문에 생명체 사이에 형태의 동일성을 발견할 수 있다고 설명했다.

이러한 다윈의 주장은 다양한 생명체와 그들의 공통된 조상 안에 고정불변한 무엇인가가 내재되어 있고 또 그들의 계통 안에 존재한다는 전제를 상정하지 않으면 전개될 수 없다. 필자들이 19장에서 논의했듯이, 다윈의 진화론을 이해했다는 자연과학자 에른스트 헥켈조차 진화를 형태의 동일성 법칙으로만 이해했다. 그리고 생명체들의 발생 초기 배아가 모두 비슷한 형태를 가지며, 열등한 생명체의 발생은 짧은 계통발생을 반복하고 우월한 개체의 발생은 이런 짧은 계통발생을 포함한 긴 계통발생을 반복한다는 (잘못된) 가설을 제시했다.

그런데 만약 다윈이 형태의 동일성 법칙이나 계통이라는 개념을 그리 심각하게 받아들이지 않았을 가능성은 없을까? 자신의 진화론인 변이에 의한 유전을 설명하는 데 있어서, 공통된 조상으로부터의 진화는 단지 자신의 주된 주장인 자연선택을 설명하기 위한 시발점으로서, 또는 편리한 도구 정도로만 간주했을 수도 있지 않을까? 나아가 다윈의 관심이 사실은 형태 동일성 법칙보다는 두 번째 법칙인 생존 조건의 법칙에 있었다면, 그의 반본질주의 시도는 미완성으로 그친 것이 아니라 성공이었다고 받아들여야 하지 않을까. 이 질문에 답하기 위해서 우리는 두 번째 법칙인 생존 조건의 법칙을 다시 살펴보아야 한다.

다윈은 생존 조건의 법칙을 받아들이며 자연선택의 논지를 전개했다. 그는 생명체들이 각각 다양한 환경에 적응할 수 있는 이유는 그들 간의 공통점이 아니라 변이에 의한 그들 간의 차이점 때문이라고 생각했다. 이러한 차이점으로 생긴 다양성으로 생명체가 환경에서 살아남아 번식하는 것이다. 생명체들 사이에 차이점이 없다면 모든 생명체가 쉽게 멸종할 수 있다.

그런데 생존 조건의 법칙은 생명체와 그것의 생존환경을 뚜렷이 구분한 이분법적 접근이다. 생명체와 환경에 대한 이분법은 생명과학에서 지금까지 의심 없이 쓰이고 있는 방법론이다. 이러한 이분법은 유전자를 설명할 때도 물론 사용되고 있는 접근법이

진화

다. 그런데 이런 이분법에는 고정불변하다는 본질의 존재가 전제되어 있다. 필자들은 다음 단락에서 이분법적 방법을 택하여 전개된 생명과학의 예를 살펴보면서 이분법이 본질주의에 입각한 (잘못된) 방법론이라는 점을 밝히겠다.

현대유전학의 발전에 공헌한 19세기 자연과학자 오거스트 와이즈만은 생식기에 있는 생식세포와 그 외의 체세포를 구별하며 유전정보는 생식세포로만 전이된다고 주장했다. 와이즈만이 생식세포와 체세포를 구분한 것은 생식세포가 가지고 있는 유전정보가 고정불변하고, 이로 인해 생식세포가 생식세포로서의 특성을 갖게 된다는 전제를 포함하고 있다. 생식세포가 지닌 고정불변한 유전정보가 생식세포의 본질이기 때문에 이러한 본질이 결여된 세포들, 즉 체세포로부터 생식세포가 구분된다. 다시 말하면 생식세포와 체세포들의 이분법에는 고정불변하다는 본질의 존재가 전제되어 있다. 이와 같이 이분법적 방법론은 본질주의를 전제하고 있다.

리처드 도킨스의 유명한 '이기적 유전자'인 복제자(replicator)를 예로 들어 보자.[64] 복제자란 진화의 오랜 시간 동안 스스로를 복제하는 어떤 것에 대한 개념으로, 도킨스에게 이것은 다름 아닌 DNA이다. 한편 복제자와 상반되는 개념인 도킨스의 '매개물(vehicle)'은 복제자가 매개물 안에 자리하면 복제자를 보존하고 전달 번식시켜야 하는 명령이 프로그램된 로봇 같은 어떤 것으로 복제자의 명령을 맹목적으로 수행한다고 제안된다. 매개물은 DNA를 가지는 생명체를 뜻한다.

그런데 도킨스의 복제자와 매개물이라는 두 개념이 구분되는 이유는 복제자가 가지고 있다고 제안하는 고정불변한 본질, 즉 길고 긴 진화의 세월 동안 스스로를 복제한다는 기능 때문이다. 도킨스가 스스로를 복제한다는 기능을 고유한 본질로 이해하고 전제하지 않았다면 '복제자'라는 개념을 주장할 수 없다. 그리고 고유의 본질이 복제자 안에 존재하기에 복제자와 매개물을 구분했다. 이와 같이 도킨스의 복제자와 매개물의 이분법은 고정불변한 본질을 전제로 전개된 본질주의적 사고라는 것을 명확히 보여준다.

지금까지 살펴본 예들과 마찬가지로, 다윈이 통합한 두 종류의 법칙인 형태 동일성 법칙과 생존 조건의 법칙도 정도의 차이는 있더라도 기본적으로 본질주의를 전제하고 있다. 아리스토텔레스 이후 2,200년 이상의 긴 시간 동안 믿어 의심치 않았던 생명 현상에 있어서의 본질주의를 부정하는 다윈의 혁명적인 반본질주의의 시도는 그의 자연에 대한 놀라운 통찰과 함께 위대한 업적이란 점은 분명하다. 그러나 위에서 논의한 바가 보여주듯이, 그의 반反본질주의 시도는 미완성으로 그치고 말았다.

진화

다윈이 남긴 과제 둘

자연선택이란 생명체와 그들이 서식하는 환경의 상호작용 과정으로서, 쉽게는 환경에 의한 여과작용이라고 이해하면 되겠다. 마치 모래무지에서 체(sieve)로 모래와 돌을 골라내듯, 또는 여과지로 커피가루를 거르고 커피를 여과하듯, 순수한 물리적 여과 과정을 자연선택이라 생각하면 용이하다. 예를 들어 환경[가]는 삼각형만을 여과하는 환경이라고 가정해 보자. 이 경우 환경[가]에 서식하는 원형, 정삼각형, 이등변 삼각형, 사각형 등 많은 개체들 중에 정삼각형과 이등변 삼각형만 환경[가]에 적응하여 생존하고 번식할 것이다.

이 삼각형들의 자식들은 부모와 같은 형태인 정삼각형이나 이등변 삼각형일 수도 있고, 또 무작위 돌연변이로 오각형, 육각형 등 다른 형태가 발생할 수도 있을 것이다. 그런데 삼각형들의 자식들이 서식하는 환경도 그동안 변해, 새로운 환경[나]는 오각형 또는 육각형만을 선택하는 환경으로 변했다고 가정해 보자. 이제 정삼각형, 이등변 삼각형, 오각형, 육각형의 개체들 중 오각형과 육각형만이 환경[나]에 적응하여 생존하고 번식할 것이다. 그 다음 세대는 무작위 돌연변이를 겪으며 환경[다]라는 새로운 환경에서 또 다른 선택 과정을 거치며 적응하거나 소멸할 것이다.[65] 이와 같이 다양한 생명체들이 환경[가], 환경[나], 환경[다]와 상호작용하며 생존하여 번식하고 또는 소멸하는 과정이 자연선택의 과정이라고 이해할 수 있다.

그런데 최근에 다윈의 이 유명한 자연선택 개념이 내용이 없이 공허하다는 비판을 받았다. 제리 포도르와 마시모 피아텔리-팔마리니는 다윈의 자연선택이 실제로 어떠한 생명체들이 진화하는지 설명하지 못하고 있다고 비판한다.[66] 어떤 형질을 지닌 생명체가 왜 다른 생명체들보다 생존율과 번식력이 높은지를 설명하지 못한다는 것이다. 그들이 이해하는 다윈의 자연선택 이론은, 예를 들면 검은색 환경에 사는 생명체 가운데 변이로 인해 검은색의 외피를 가지게 되는 생명체들이 밝은 색깔의 외피를 가진 생명체보다 더 잘 자연선택된다고 설명한다. 그 이유는 생명체의 천적이 검은색 환경에서 서식하는 검은색 외피를 가진 생명체보다 밝은 색깔의 외피를 가진 생명체를 쉽게 찾아 잡아먹기에 검은색 외피를 가진 생명체가 더 많이 살아남을 것이기 때문이다. 따라서 이러한 경우에 검은색 외피라는 형질이 자연선택의 대상이라고 이해한다.

그런데 포도르와 피아텔리-팔마리니는 이렇게 자연선택 개념으로 설명되어 도출되는 결론대로 하나의 특정한 형질이 자연선택의 대상이라는 의견에 반대한다. 이들은 자연선택의 대상은 어느 하나의 형질이 아니고 실제로는 수없이 많은 요인들일 수 있다고 주장한다. 위의 예에서도 자연선택의 대상은 검은색 외피가 아닌 검은색 외피로 변이할 때 관여하는 신진대사 물질일 수도 있다. 검은색 외피를 지닌 생명체가 그 신진대사 물질로 인해 생존율과 번식력이 증가되는 경우도 생각할 수 있기 때문이다. 그리고 검은색 외피를 지닌 모든 생명체 가운데 불임이거나 생존 기능이 떨어지는 생명체들은 생존과 번식에 실패할 것이다. 그래서 이 경우 자연선택의 대상이 오직 검은색 외피라고 말할 수는 없다.

우리는 실제로 생존과 번식에 직접적으로 영향을 미치는 생명체의 많은 속성을 자연선택의 대상으로 고려해야 한다. 따라서 어떤 형질 때문에 그 형질을 가진 생명체들이 자연선택된다고 분명히 설명할 수 없기 때문에 다윈의 자연선택 개념은 실제로 어떤 생명체들이 진화할지를 설명하지 못한다고 주장한다. 그래서 그들은 다윈의 자연선택 개념은 단지 공허한 이름뿐이라고 생각하는 것 같다.

필자들은 이들의 주장이 한편으로는 이해가 갔지만, 거의 모든 생명과학 철학자들이 포도르와 피아텔리-팔마리니의 주장에 반대했으리라는 점도 쉽게 예상할 수 있었다. 여러 반박들 가운데 하나는 포도르와 피아텔리-팔마리니가 실제 생명체들의 진화를 반쪽만 이해했기 때문에 그러한 주장이 나왔다는 지적이다. 그들이 간과한 진화에 대한 다른 반쪽의 이해란, 생명체가 그들이 서식하는 환경에서 어떤 역할을 하며 생존하고 번식해 가는지에 대한 생명체의 생태적 니치(ecological niche)에 대한 이해다.[67]

생태적 니치는 생명체들이 서식하는 고정된 환경을 뜻하는 것이 아니다. 생태적 니치는 하나의 생명체가 환경과 상호작용하며 생존하고 번식하는 그 생태계 안에서 이 생명체가 어떤 역할을 하며 어떻게 살아가는지를 살펴보는 생명체에 대한 총체적인 고려다. 따라서 위의 예인 검은색 외피를 가진 생명체의 활동이 그들 생태계에서 어떤 역할로 나타나는가를 안다면, 어떻게 이 생명체들이 밝은색 외피를 가진 생명체들보다 쉽게 자연선택되며, 또 왜 검은색 외피가 자연선택의 대상이 되는지를 알 수 있다는 반박의 주장이다.

필자들은 두루뭉술한 개념인 생태적 니치로 포도르와 피아텔리-팔마리니의 주장을 반박하는 것은 무리라고 생각하고, 이들의 반대와는 다른 종류의 반대 주장을 가지고 있다. 필자들은 포도르와 피아텔리-팔마리니가 제기한 대로 다윈의 자연선택이 공허한 개념이라는 주장과 이들을 반박하는 생명과학 철학자들의 주장들이 모두 공통되게 '무엇이 자연선택되는가'라는 질문에 대답하려고 한다는 점을 지적하고 싶다. 그래서 이 둘은 모두 자연선택되는 것과 자연선택을 하는 환경을 따로 구분하는 이분법적 사고를 하고 있다.[68] 정도의 차이는 있겠으나, 어떤 이분법적 사고도 본질주의에서 자유로울 수는 없다.

필자들은, 붓다의 연기의 가르침을 잘 이해한다면, 지금까지 제기된 다윈의 진화론이 가진 한계나 다윈의 자연선택 개념을 이

진화

해하는 데 있어서 일어나는 혼돈을 모두 극복할 수 있다고 생각한다. 끊임없는 상호작용을 통해 환경과 연기하면서 끊임없이 변하는 생명체는 모두 기본적으로 본질을 결여해서 공空한 존재자이다. 우리는 생명체 사이에서 나타나는 여러 현상을 두루뭉술하게 구분 짓고 그것들에 속성을 부여하며 생명체들을 종에 따라 나누기도 한다. 하지만 종이란 것도 결국 어떤 고정불변한 본질 없이 우리의 편리에 따라 만들어 낸 허구에 불과하다는 점을 필자들은 지금까지 여러 번 반복해 논의했다.

한편 생명체의 발달 과정이나 변이도 생명체 안에 있는 요소로만 진행되는 현상으로는 결코 제대로 설명할 수 없고, 오직 주변 환경 등과의 끊임없는 상호작용을 고려할 때만 이런 생명현상에 대한 의미 있는 설명이 가능하다는 점도 보였다. 생명체의 안과 밖에 대한 본질적인 구분이 불가능함은 분명하다. 그래서 생명체와 그것이 속해서 상호작용하는 환경과의 경계도 허물어진다. 생명체와 생명체 밖에 따로 존재하는 것으로 여겼던 환경 사이의 구분이 무의미해지면, 이 구분에 근거하여 자연현상을 나누는 것 또한 무의미해진다.

불교식으로 표현해 보자면 생명체의 안과 밖, 즉 생명체와 그것을 둘러싼 외부 환경은 둘이 아니다. 그래서 자연선택되는 생명체 및 그것의 생명형질과 자연선택을 하는 주체처럼 잘못 여겨지는 환경 사이의 구분이 모호해지고 그 경계가 허물어진다. 결국 자연선택되는 것도 자연선택하는 것도 따로 자성을 가지고 독립적으로 존재할 수는 없다. 그런 것은 없다.

생명과학자들과 생명과학 철학자들이 어느 특정한 생명형질을 꼭 집어내어 그것을 자연선택의 대상으로 삼으려는 시도 자체가 처음부터 잘못되었다. 끊임없이 상호작용하는 생명계에 존재하는 연기의 거대하면서도 촘촘한 망網 속에서 그런 것을 꼭 집어낼 수는 없기 때문이다. 그리고 근본적으로, 다윈의 자연선택 원리는 자연선택되는 것과 자연선택하는 것이 독립적으로 존재한다는 가정 아래서 제기되는 개념이기 때문에, 끊임없이 상호작용하며 연기하는 자연 세계에서의 생명현상을 설명하는 데 있어서 한계를 가질 수밖에 없는 개념이다. 서구적 본질주의와 이분법에 젖은 생명과학 철학자들이 이러한 불교적 통찰을 깨닫지 못하기 때문에 그들은 그들의 본질주의가 스스로 만들어 낸 그토록 많은 문제의 늪에 빠져 헤매고 있다.

생명현상이 연기한다는 것을 인지하고 있는 이상 우리는 생명현상을 이해하는 데 있어서 그 어떤 본질주의나 이분법적 구분도 무의미해진다는 점을 알 수 있다. 그리고 궁극적 관점에서 접근해 보자면, '자연선택'이라는 용어 또한 처음부터 연기하는 자연을 제대로 담아내고 있지 못한다. 자연은 거대하면서도 촘촘한 변화와 관계의 망을 형성하면서 그냥 여여하게 연기할 뿐이다. 그런데 우리는 우리가 만들어 낸 상을 부여해 개념을 만들고 본

진화

질로 얽어매어 스스로를 이분법에 구속시키기 때문에 우리 스스로 만들어 낸 문제의 늪에 빠져 헤어날 수 없게 된다.

/ 불교의 진화 1

불교의 가르침은 기독교나 이슬람교와 같이 어떤 주어진 성전聖
典의 고정된 틀에 갇혀 더할 수도 뺄 수도 없는 닫힌 가르침의 체
계가 아니다. 아시아의 여러 지역에서 천여 년에 걸쳐 다양하게
진행되어 온 대장경 조성 작업의 역사가 보여주듯이, 불교는 시
대와 장소에 따라 그 가르침이 융통성 있게 재해석되고 또 새로
운 경전이 더해질 수도 있는 열린 체계를 가지고 있다. 불교는 현
재 제반 과학, 특히 자연과학과의 활발한 교류를 통해 교리를 현
대적이고 세련된 방식으로 이해하며 21세기에 어울리는 더욱 열
린 가르침으로 진화해 나가고 있다. 오늘 이 순간도 붓다의 가르
침에 대한 새로운 연구가 진행되고 있고, 이런 연구의 결과 가운
데 일부는 미래에 제작될 대장경의 일부로 포함될 것이다. 이와
같이 불교는 끊임없이 진화한다.

　필자들은 이번 장과 다음 마지막 장에서 불교가 역사상 진화해

왔고 또 지금도 계속 진화하고 있다는 점을 보이고자 한다. 그런데 모든 면에서 진화하고 있는 불교의 변화를 빠짐없이 기술할 수는 없기 때문에, 필자들은 붓다의 가르침의 가장 기본이라고 생각하는 연기緣起를 중심으로 그 가르침이 교리적으로 어떻게 진화해 왔는가를 논해 보겠다. 그러면서 이 연기의 가르침이 교리적으로뿐만 아니라 각 시대의 역사 사회적 상황과 맞물리며 그 가르침의 어떤 측면의 모습이 더 선택되고 부각되어 왔는가도 보이겠다.

연기

전통에 따라 깨달음에 대한 견해를 다소 달리하기도 하지만, 붓다가 성도成道 당시 깨달은 진리의 내용이 연기라는 점에는 많은 이들이 동의한다. 필자들은 깨달음이란 근본적으로 연기의 진리에 대한 깨달음이라고 생각한다. 우리가 연기를 깨닫는다는 것은 모든 사물이 – 모든 물리적 심리적 사건과 대상이 – 오직 조건에 의해서 생성, 지속, 변화한다는 점을 깨닫는다는 것이다.

  연기는 인과법칙을 연구하는 자연과학의 시대를 살고 있는 현대인에게 직관적으로 매력 있는 가르침이다. 그러나 직관적으로 자명한 일반적 진리를 차분히 이치를 따져 가며 그 참됨을 증명하기는 어렵다. 이럴 때 철학자들은 이 가르침이 적용되지 않는 사건이나 대상이 이 세상에 실재하는지 한번 살펴보라고 권유한다. 이 세상에 실제로 존재하는 것들 가운데 조건에 의해 생멸하지 않는 것의 예를 단 하나라도 들 수 있을까? 연기의 대표라고 할 수 있는 인과因果관계가 적용되지 않아 원인 없이 존재하는 사물이 이 우주에 단 하나라도 있는가? 우리 시대 최고의 학문이라는 자연과학에 의하면 그런 것은 없다. 그리고 역사상 어느 누구도 물리 세계와 인간의 심리현상 가운데 연기의 법칙에서 벗어난 것을 발견한 사람은 없다. 이렇게 반례를 제시할 수 없기 때문에 연기가 가장 근본적이면서도 포괄적인 진리라는 데 이의를 제기할 수 없고, 따라서 연기라는 일반적 진리를 받아들이는 것이 합리적인 선택이 된다.

붓다가 연기를 드러내 보이신 방식은 대단히 엄밀하고 세련되어서 서양에서는 18세기 데이비드 흄에 이르러서야 겨우 엇비슷한 통찰이 이루어졌다. 『쌍윳따 니까야』에서 붓다는 연기를 다음과 같이 설명하셨다.

이것이 있을 때 저것이 있고,
이것이 일어나므로 저것이 일어난다.
이것이 없을 때 저것이 없고,
이것이 소멸하므로 저것이 소멸한다.

서양 형이상학의 인과론을 공부해 본 사람이라면, 25세기 전에 만들어졌고 또 언뜻 보기에 무의미한 표현으로 되어 있는 이 연기의 조작적 정의定義가 얼마나 경이로운 철학적 통찰을 포함하고 있는지를 엿볼 수 있을 것이다.

먼저 "이것"과 "저것"이라는 표현을 씀으로써 지시되는 대상에 어떤 본질이 존재할지도 모른다고 해석될 여지를 최소한으로 줄였다. 그러면서 이런 본질이 가지고 있을지도 모르는 어떤 보이지 않는 힘이나 능력이 존재한다는 점도 인정하지 않았다. 그래서 이것과 저것 모두 자성自性이 없이 공空하다고 보는 대승의 관점과도 물론 잘 통한다. 더욱이 위의 표현방식은 이것과 저것이 필연적으로 연결되어 있다는 점 또한 인정하지 않고 있다. 인과관계가 사람들의 상식처럼 필연적인 것이 아니라는 18세기 이후 서양철학의 통찰을 붓다는 그보다 23세기 전에 우리에게 전해 주셨다. 주지하듯이, 양자역학이 보고하는 여러 현상이 인과관계가 필연적이지 않을 수 있다는 점을 잘 보여주고 있다. 아무리 여러 번 읽어 보아도, 25세기 전에 이루어진 붓다의 연기에 대한 설명에 경탄을 금할 수 없다.

아비달마론을 위시한 남전불교에서는 연기를 주로 인과관계로 해석해 왔지만, 북전 대승불교에서는 연기를 비非인과적 관계마저도 포함하는 포괄적인 개념으로 이해했다. 연기는 좌우, 시간상의 선후, 사제, 남녀, 부부, 동서남북, 부분과 전체, 공간상의 위치 등 존재하는 모든 관계를 포함하는 것으로까지 그 개념이 확장되었다. 연기에 대한 이러한 이해는 화엄의 법계연기法界緣起에 이르러 그 정점에 달하는데, 필자들은 연기가 모든 관계를 포함하는 포괄적인 개념이며, 인과관계는 그 가운데 하나일 뿐이라는 북전불교의 견해에 대체로 동의한다.

사성제와 팔정도로 진화한 연기

연기의 진리를 깨달아 성도한 붓다가 그 깨달음을 장차 제자들로 삼게 되는 이들에게 처음으로 전한 가르침이 초전법륜初轉法輪인데, 이 첫 법륜의 내용이 고집멸도苦集滅道라는 사성제四聖諦이다. 사성제는 연기의 진리를 삶에 적용해서 가르친 진리로서, 필자들은 붓다의 연기의 가르침이 구체적인 생활의 현장에서 우리의 삶과 상호작용하며 사성제라는 가르침으로 진화한 경우라고 해석한다.

붓다는 고집멸도의 가르침을 사성제라고 칭한 적이 없는데, 이것은 사람들이 초전법륜의 내용을 쉽게 기억하기 위해 붙인 이름일 뿐이다. 그런데 영어로는 사성제를 그 직역이라고 할 'Four Noble Truths'라고 번역하는 경우는 아주 드물고, 주로 'The Noble Fourfold Truth'라고 번역한다. 전자는 아마도 한자어인 사성제를 직역해서 나왔을 것 같다. 그런데 사성제의 내용을 살펴보면 실은 하나의 진리가 네 겹으로 접혀 있을 뿐이고 이것을 펼치면 연기에 의해 하나로 이어진 진리의 가르침이 된다는 점을 알 수 있다. 그래서 필자들은 'The Noble Fourfold Truth'라는 번역을 더 좋아하는데, 그 구체적인 내용은 아래와 같다.

1. 고제苦諦 - 붓다 당시 인도 사회에서는 병자들을 치료하기 위해 (중생을 구제하기 위해) 먼저 병(고뇌)의 존재를 확인했다. 병에 다양한 종류가 있듯이, 고뇌의 종류도 여럿이다.

2. 집제集諦 - 그런데 병은 원인 없이 생겨나지 않기 때문에 병을 고치려면 그 원인을 찾아야 한다. 고뇌도 갑자기 하늘에서 떨어지거나 땅에서 솟는 것이 아니라 여러 조건들이 모여서(集) 생겨난다. 이 여러 조건들이 모인 것을 보통 원인이라고도 부르는데, 이런 원인들 가운데 대표로는 탐진치貪瞋痴 삼독三毒 같은 것이 있다. 조건이 모여서 고뇌가 연기된다.

3. 멸제滅諦 - 병을 고치려면 이런 병을 초래한(연기한) 원인을 찾아 제거함으로써 치료가 가능하다. 고뇌도 그것을 연기한 조건들을 제거함으로써 없앨 수 있다.

4. 도제道諦 - 병인病因의 제거가 구체적인 방법으로 이루어지듯이, 고뇌를 초래한 삼독 또한 구체적인 방법에 의해 없애게 된다. 그 구체적인 방법이 팔정도八正道이다. 팔정도를 따르면 삼독이 제거되는 연기가 일어나고, 조건이 모여 이루어진 삼독이 흩어지게 되면 고뇌 또한 사라지게 된다.

사성제란 위와 같이 연기를 고리로 해서 매끈하게 연결된 하나의 가르침이 여러 겹으로 접혀 있는 진리다. 마치 길쭉한 직사각형의 종이를 같은 길이로 네 등분해서 세 군데서 접으면 네 칸의 종이들이 연결되어 있는 것 같지만, 실은 하나의 종이가 세 군데서 접혀서 네 칸이 만들어진 것처럼 보일 뿐이다. 이와 같이 붓다의 연기의 가르침이 우리 삶의 현장에 적용되어 사성제라는 더욱 구체적 내용을 가진 진리로 진화했다.

연기로부터 진화한 무상, 무아, 고苦의 삼법인

붓다의 가르침의 가장 기본인 연기는 철학적, 종교적, 그리고 명상과 관련된 상이한 상황에 따라 다양한 모습의 가르침으로 진화해 왔다. 마치 생명체들에 끊임없이 변이가 일어나고, 그들이 서식하는 환경에 따라 어떤 특정한 변이를 가진 생명체들이 선택되어 진화하는 것과 비슷하다. 불교에서 가장 소중한 몇 가지 가르침이 연기로부터 어떻게 진화해 왔는가를 살펴보겠다.

무상, 무아, 고의 삼법인은 모두 연기로부터 논리적으로 도출된다. 붓다께서 직접 말씀하셨듯이, 만물이 무상한 것은 만물이 연기하기 때문이다. 모든 사물은 조건에 의해서 생성, 지속, 소멸한다는 것이 연기다. 그리고 여기서의 조건은 단 하나가 아니라 실은 무수히 많은 수의 조건이다. 예를 들어 성냥을 그어 촛불을 붙인다고 상상해 보자. 촛불을 붙이기 위해서는 성냥에 유황이

진화

충분히 묻어 있어야 한다. 그리고 긋는 바닥이 충분히 거칠어야 한다. 또 긋는 힘이 너무 강하지도 약하지도 않아야 한다. 바람이 불지 말아야 한다. 비가 오지 않아야 한다. 공기 중에 산소량이 충분해야 한다. 초의 심지가 너무 짧지 말아야 한다, 등등.

그런데 위의 든 예들은 모두 직접적이고 결과에 가까이 있는 조건들일 뿐이다. 한 걸음만 더 나가서 살펴보아도, 성냥에 유황이 충분히 묻어 있으려면 그것이 공장에서 생산될 때 기계가 제대로 조절되어 있어야 하고, 그렇게 되려면 기계가 잘 만들어지고 전기가 제대로 들어와 있어야 하고, 숙련공이 졸지 말아야 하고, 이 숙련공에게 교육이 제대로 되어 있어야 하고, 그렇게 되려면 또 끝없이 많은 조건들이 충족되어야 한다. 생겨나는 모든 사물이 이렇게 무한히 많은 조건들에 의해 생성되고 지속되는데, 이 가운데 여러 조건들이 매순간마다 변하리라는 것은 쉽게 상상할 수 있다. 그래서 존재하는 모든 사건과 대상이 단 한순간도 그대로 머물러 있을 수 없고 모든 순간마다 변화하는 것이다. 그리고 이렇게 연기에 의해 만물이 찰나생 찰나멸 하는 과정이 바로 무상이다.

무아는 만물이 무상하다는 통찰로부터 논리적으로 도출된다. 힌두교와 그 전신인 바라문교에서 아뜨만이라 부르고, 한국불교계 일부에서 참나라고 하는 것은 나를 나이게끔 해주는 실체, 본질, 또는 자성自性이다. 붓다의 무아의 가르침은 그런 아뜨만이 존재하지 않는다는 것이다. 만약 그런 것이 존재한다면, 그것은 시간의 경과에 따라 생기기 마련인 내 몸과 의식상태의 변화에도 불구하고 나를 동일한 나로 남아 있게끔 해 주는 굉장한 그 무엇이다. 마치 서양종교의 영혼과도 비슷한 이 아뜨만은 결코 변할 수 없기 때문에 언제 어디서나 나를 동일한 나로 만들어준다. 그리고 변할 수 없기 때문에 파괴될 수도 없다. 왜냐하면 어떤 것이 파괴된다는 것은 그것에 물리적, 화학적, 또는 심리적 변화 등이 일어난다는 것인데, 아무런 변화도 일어날 수 없다면 그것은 파괴될 수도 없기 때문이다. 그리고 변할 수도 파괴될 수도 없는 것은 영원히 존재한다.

위와 같이 영원하고 불변불멸하다는 아뜨만 또는 참나는, 듣기에는 참 근사한 말들이지만, 그런 것은 존재하지 않는다는 점은 무상의 진리가 분명히 보여준다. 맹목적인 신앙으로 영혼이나 아뜨만의 존재를 받아들이지 않는 한, 우리가 차분히 이치를 따져가며 이 세상에 실제로 존재하는 모든 사물이 연기하는 모습을 관찰하기만 하면 무상하지 않은 것은 아무것도 없다는 점을 보게 될 것이고, 그렇다면 무상하지 않아야 하는 아뜨만 또는 참나가 존재하지 않는다는 무아의 요점도 쉽게 받아들일 수 있다.

니까야에서의 붓다는 인간을 구성하고 있는 색수상행식色受想行識이라는 오온五蘊 각각의 무상함을 논함으로써 무아를 논증했다. 그런데 필자들은 무아를 무상을 거치지 않고서도 연기로부터

진화

직접 도출할 수 있다고 생각한다. 그 이유를 살펴보겠다.

아뜨만은 그 정의에 따르자면 영원불변 불멸한다. 그리고 그
것은 이 세상의 어떤 조건에도 구애받지 않고, 비록 언어로 기술
할 수는 없지만, 신비한 본성(자성)을 가지고 스스로 실재한다. 다
시 말하자면, 아뜨만은 연기에 의해 생성, 지속, 소멸하지 않아서
아무런 조건들에 구애받지 않고 스스로 존재한다. 그렇다면 모
든 조건들로부터 자유롭다는 아뜨만이 도대체 어떻게 이 세상에
존재하게 될까? 아뜨만이 다른 조건들에 의해 생성되지 않는다
면, 그것은 결국 스스로부터 생겨나야 할 것이다(자기 기원). 그러
나 필자들은 이 자기 기원설이 논리적으로 패러독스에 빠지는 불
가능한 견해이기 때문에, 아뜨만이 자기 스스로부터 기원하여 존
재하게 될 수는 없다고 생각한다. 이 점을 다음과 같이 논증해 보
겠다.

아뜨만이 스스로부터 생겨났다고 가정해 보자. 그렇다면 이
아뜨만은 그것이 스스로부터 생겨났을 때 존재하거나 존재하
지 않았다.
(1) 아뜨만이 자기 기원의 시점에 존재했다면, 이미 존재하는
것이 새로 생겨날 수는 없으므로 아뜨만의 자기 기원은 불가
능하다.
(2) 아뜨만이 이 시점에 존재하지 않았다면, 아무것도 무無

로부터 기원할 수는 없으므로 아뜨만의 자기 기원은 불가능
하다.

(1)과 (2) 이외의 다른 선택지는 없다.

그러므로 아뜨만의 자기 기원은 불가능하다.

아뜨만은 다른 조건들로부터 생겨날 수도 없다. 왜냐하면 아뜨
만이 조건들의 연기에 의해 생겨난다면 아뜨만을 지속시키는 조
건들이 변함에 따라 아뜨만도 변하고 소멸될 것이기 때문에 영원
불변 불멸하다는 아뜨만의 본성에 어긋나게 되기 때문이다. 그러
나 또 그렇다고 해서, 바로 위에서 살펴보았듯이, 아뜨만이 다른
조건들 없이 스스로부터 생겨날 수도 없다. 그런데 아뜨만은 조
건들에 의해 존재하게 되거나 아니면 스스로부터 생겨나거나 해
야 하는데, 이 둘 모두 불가능하다. 그래서 결국 우리는 아뜨만이
존재할 수 없다고 결론지어야 한다.

한편 위에서 사성제를 논할 때 살펴보았던 고苦 또한 만물이 연
기하기 때문에 나온 현상이다. 조건들이 끊임없이 모이고 흩어지
며 연기하기 때문에 무상할 수밖에 없는 사물에 어리석게도 집착
하여 생기는 것이 우리의 번뇌이니, 고에 대한 진리 또한 연기의
진리로부터 분화해서 나온 결과이다. 물론 조건들의 연기에 의해
생겨난 고苦이니 그런 조건들의 제거를 연기하게 하면 고苦도 소
멸된다.

진화

방편方便과 진화

붓다가 설법 당시 모여 있는 청중의 교육수준과 그들이 처해 있는 상황에 따라 가르치는 내용을 달리했다는 방편론은, 역사상 불교가 얼마나 환경에 유연하게 적응하면서 꾸준히 진화해 왔는가를 단적으로 보여주는 좋은 예이다. 요즈음 서구에서는 붓다가 과학적으로 증명할 수 없는 윤회나 업의 개념을 실제로는 진지하게 받아들이지 않았지만, 그럼에도 불구하고 당시 사람들의 교육수준이나 종교 문화적 배경을 고려하면서 자신의 가르침으로 중생을 고뇌로부터 구제하기 위해 방편으로 윤회와 업을 언급했을 뿐이라고 생각하는 사람들도 많다. 그리고 아비달마론과 중관학부터 활발하게 논의되어 온 진제와 속제라는 구분, 즉 진속이제眞俗二諦의 구분에서 속제俗諦의 개념을 방편과 연결해서 이해하려는 사람들도 꽤 있다. 예로 들 수 있는 방편의 종류는 무궁무진하겠지만, 필자들은 위에서 든 무상, 무아, 고의 삼법인의 예로 방편의 진화론적 측면을 간단히 조명해 보겠다.

고苦의 진리는, 비록 근원적으로는 연기로부터 비롯되었지만, 태자 시절의 싯다르타와 같이 스스로 생로병사를 겪어야 하는 고해苦海에 빠져 있음조차 자각하지 못하는 이들을 직접 가르치기 위해 설하면 좋을 진리다. 의식주 어느 것도 부족한 것 없이 살며 영원히 젊음과 건강을 누릴 것같이 착각하는 사람들에게는 연기와 같이 고상한 형이상학적 진리보다는 삶에 어떤 불가피한 고뇌가 넘쳐나고 있는가를 직접적으로 보여주는 충격 요법을 사용하는 편이 효과적이기 때문이다. 한편 요즘 월스트리트의 금융가들처럼 집착이 많아 탐욕에 넘쳐 스스로와 세계를 망치는 사람들에게는 무상의 가르침이 적절하겠다. 연기하기 때문에 무상할 수밖에 없는 돈에 대한 헛된 집착이 그들이 겪고 있고 또 세상에 초래하는 고의 원인이라고 설명하며 바른 길을 보여주는 것이 좋겠다. 고와 무상은 모두 연기로부터 나왔지만, 이와 같이 필요한 상황에 따라 선택적으로 달리 쓰이게 되는 것이다.

무상, 무아, 고라는 삼법인 가르침이 모두 연기로부터 나왔지만, 이 가운데서 초기불교에서 가장 중요한 가르침으로 부각되었던 것은 무아이다. 그런데 이 사실에는 초기불교 당시 인도 사회의 정치, 사회, 종교적 상황이 밀접히 맞물려 있다. 인도 서북방을 통해 인도내륙으로 진출한 아리안족은 토착민을 무력으로 정복하며 브라만과 아뜨만이라는 신비한 자성을 가진 실체의 존재를 주主로 하는 그들의 종교적 신념으로 토착민의 정신세계를 압박해 왔다. 붓다 생존 당시의 히말라야 산맥 밑 몽골로이드 계통의 작은 부족국가들은 전차를 앞세우고 밀려오는 아리안족의 침입 앞에 정치, 경제, 사회, 문화적으로 거의 대부분 속수무책으로 정복되어 갔다.

그러나 일부 지역에서 정신적 지도자들이 나서서 독자적인 종교와 문화를 형성하며 이에 저항하기도 했다. 힌두교의 전신인

진화

바라문교에서 주장하는 영원불변 불멸의 아뜨만의 존재에 대해, 붓다의 여러 가르침 가운데 연기로부터 논리적으로 도출되는 무아의 진리가 가장 주목을 많이 받았던 것은 어찌 보면 당연하다. 당시 바라문교의 압박에 저항하려는 토착세력의 정신적 지도자가 제시한 여러 가르침 가운데 아뜨만의 존재를 주장하는 바라문교의 유아론有無論과의 경쟁 상황에서 그 대척점에 있는 무아론無我論이 선택되고 부각된 것은 오히려 자연스러운 현상으로 보이기까지 한다. 연기에 대한 깨달음으로 시작된 불교가 초기에는 주로 무아에 대한 가르침으로 각인되어 진화한 셈이다.

남전불교에서는 현재도 위의 무아론에 대한 강조의 전통이 많이 남아 있지만, 북전 대승불교에서는 연기의 또 다른 진화의 형태인 공의 가르침이 주류를 이루어 왔다. 그리고 동아시아에서의 여러 역사적 상황은 선禪이라는 매력적인 스타일의 불교를 새로이 등장시키기도 했다. 19세기 이후 서구로까지 불교가 전파된 현대에는 역시 또 새로운 형태의 불교가 속속 등장하고 있다. 필자들은 이 모두가 연기의 가르침이 환경과 상호작용하면서 진화하는 가운데 생멸하고 있는 현상들이라고 생각한다.

^{24/} 불교의 진화 2

남전불교와 북전불교

연기로부터 논리적으로 도출된 무아를 강조하는 남전불교에서
는 아공법유我空法有를 설한다. 아뜨만 또는 참나(我)는 본질을 가
진 실체로서 존재하지 않지만, 다르마(法)는 실재實在로서 자성
을 가지고 존재한다는 주장이다. 다르마란 현대서양철학에서 말
하는 트롭trope과 같은 것인데, 속성(property)이 개별자로서 존
재하는 것을 지칭한다. 예를 들어 검은 구두 한 켤레가 있다면 각
각의 짝에 검정이라는 속성 개별자가 따로 존재하는데, 남전 테
라와다학파에서는 각각의 짝에 별개의 검정 다르마가 존재한다
고 본다. 그리고 구두는 검정 다르마, 무게 다르마, 모양 다르마,
딱딱함 다르마, 건조함 다르마 등이 모여서 만들어진 집합체라고
이해한다. 이 견해에 의하면 이 세상 모든 사물은 다르마들로 이
루어져 있다. 그래서 이들은 다르마들만으로 이 우주 전체가 어

떻게 구성되어 있는가를 설명할 수 있다고 본다.

그러나 북방 대승불교에서는 전통적으로 아공법공我空法空을 주장해 왔다. 아뜨만 또는 참나뿐 아니라 다르마도 자성이 없이 공空하다는 것이다. 남전불교에서 다르마가 자성을 가지고 실재한다고 주장하는 것에 반해, 북전불교는 다르마의 공함도 받아들인다. 이 두 전통 가운데 어느 쪽이 붓다의 가르침에 더 가까운가? 이 질문에 답하기 위한 많은 논쟁이 가능하겠고 또 어떤 논의도 간단히 마무리 지을 수는 없겠지만, 필자들은 다음과 같은 논리적인 이유로 대승이 견지하는 법공法空이 옳다고 보며, 대승이 붓다의 가르침에 보다 가깝게 진화한 형태의 불교라고 생각한다.

다르마는 연기에 의해 생멸하거나 또는 연기에 의하지 않고 생멸한다.

1) 다르마가 연기에 의해, 즉 조건에 의해 생성 지속 변화한다면, 다르마는 자성을 가지고 실재할 수 없다. 왜냐하면 스스로 존재할 수도 없는데 스스로의 본질(自性)을 따로 가질 수는 없기 때문이다. 그 존재하는 시간이 아무리 짧은 찰나라도 마찬가지다.

2) 다르마가 연기에 의해 생멸하지 않는다면, 그것들은 스스로부터 기원했을 것이다 (자기 기원). 그런데 23장에서 필

자들이 아뜨만의 자기 기원이 불가능하다는 점을 보이기 위해 전개한 논증과 동일한 논리로 다르마의 자기 기원 또한 불가능함을 보일 수 있다. 다르마는 자기 기원 당시 존재했거나 존재하지 않았다.(2a) 다르마가 자기 기원 당시 존재했다면, 이미 존재하고 있는 것이 기원할 수는 없으므로, 다르마의 자기 기원은 불가능하다.(2b) 다르마가 자기 기원 당시 존재하지 않았다면, 아무것도 무無로부터 나올 수는 없으므로, 다르마의 자기 기원은 불가능하다.

(2a)와 (2b)에 의해 다르마의 자기 기원은 불가능하다.

위의 1과 2로부터, 우리는 다르마가 존재한다면 그것은 연기에 의해 생멸할 수밖에 없다는 점을 볼 수 있다. 그렇다면 다르마는 자성을 가지지 못한 채 공하다고 결론지어야 한다. 이와 같은 철학적 분석의 결과로부터 우리는 북방 대승불교의 아공 법공이 옳다는 점을 보일 수 있다.

연기와 공

'연기가 곧 공'이라는 용수(Nagarjuna)의 유명한 주장에 대해서도 수많은 해석이 가능하지만, 여기서는 필자들이 선호하는 방식으로 간단히 설명해 보겠다.

모든 사물이 조건에 의해서 생성 지속 소멸한다는 것이 연기인데, 그렇다면 이 세상 어느 것도 스스로의 본성(자성)을 가질 수 없다. 자동차를 예로 들어 이 점을 설명해 보겠다. 자동차는 수많은 부품들이 모여서 이루어졌다. 부품 가운데 그 어느 것 하나 자동차 자체로부터 솟아난 것은 없고, 멀고 가까운 곳에서 많은 사람들이 수많은 공정을 거쳐 만들어 낸 여러 부품들이 모여 자동차라고 불리는 물건이 완성된다. 자동차가 원래 자기 것이라고 주장할 수 있는 것은 하나도 없다. 그리고 어떤 부품도 새 부품으로 교체될 수 있다. 이 자동차에 대해서 고정불변한 것은 하나도 없다.

혹자는 여러 부품이 모여서 수행하는 자동차의 이러저러한 기능(function)은 자동차가 가지고 있는 고유한 속성, 즉 자성이라고 볼 수 있지 않느냐고 질문하기도 한다. 그러나 자동차가 수행하는 어떠한 기능도 자동차를 이루는 부품들이 수행하는 기능으로 환원될 수 있고, 따라서 부품들이 자동차 자체로부터 솟아난 것이 아니듯이 전체로서의 자동차의 기능도 스스로부터 솟아난 것이 아니라 다른 곳에서부터 가져온 것일 뿐이다. 말하자면 자동차가 가진 어떤 기능도 그 자동차에 원래부터 고유하게 존재하고 있는 고정불변한 본질, 즉 자성이 될 수는 없다.

부품으로서의 구성 요소의 측면에서나 부품들이 모여 행하는 기능의 측면 어디에서도 자동차의 고유하고 고정불변한 본성은 없다. 그래서 자동차에는 자성이 없다. 즉 자동차는 공하다. 그리고 이 논지는 부분으로 만들어져 존재하는 모든 복합체(composite) 사물에 적용된다. 즉 모든 복합체는 공하다. 한편 위에서 살펴보았듯이, 부분으로 이루어지지 않고 존재한다는 남전 불교에서 말하는 다르마조차도, 그것이 조건에 의해 생멸하는 한, 자성을 가지지 못한다. 다르마도 공하다.

윤회가 열반이다

'윤회가 열반'이라는 용수의 통찰에 대해서도 많은 해석이 가능하겠지만, 여기서도 필자들의 견해를 간단히 소개하는 것으로 논의를 대신하려 한다. 윤회가 열반이라는 것은 생로병사가 반복되고 희로애락이 교차하는 이 중생계도 일단 연기와 공의 관점에서 바라보면 실은 그것이 곧 열반의 세계와 다를 바가 없다는 것이다. 열반이란 모든 번뇌의 불길이 꺼진 상태를 의미하는데, 이 윤회하는 삶의 세계를 공의 관점에서 철저히 꿰뚫어본다면 모든 집착과 그 집착이 초래하는 번뇌의 불길을 끌 수 있다. 모든 것이 공해서 집착할 것이 없기 때문이다. 그래서 동일한 삶의 세계가 어리석음과 집착으로 접근하면 번뇌의 불길로 윤회하는 세계가 되지만, 공의 관점으로 파악하면 바로 열반의 세계가 되는 것이다. 그래서 윤회는 열반이다.

필자들은 연기의 진리를 공으로 표현한 대승의 접근법이 이론적으로 세련미를 더한 가르침의 형태라고 보는데, 이 공 사상은

진화

'윤회가 열반'이라는 멋진 명제에 이르러 그 진가를 십분 발휘한다고 생각한다. 대승의 반야 계통 공 사상이 보편화되기 전에는 상좌부 계통의 아비달마론이 주류를 이루었는데, 혹자는 상좌부에서 지나치게 현학적인 논의를 오래 지속하다 보니 붓다의 가르침이 원래 대중의 교화와 구제에 있었다는 점을 망각하게 되는 지경에까지 이르게 되었다고 평가한다. 그런데 공 사상을 통해 도달한 '윤회가 열반'이라는 명제는 깨달음과 열반을 추구하는 불교의 가르침이 생로병사가 거듭되고 희로애락이 엇갈리는 윤회의 세계와 전혀 유리된 것이 아니라는 점을 강조한다. 그래서 대승불교는 출가승단 위주로 진행되어 중생의 삶과 거리가 생겼던 것 같은 당시 출세간의 현학적 불교를 원래 중생 구제를 위해 설해진 붓다의 가르침으로 되돌리려는 시도에서 비롯되었다고 보는 것이 옳다고 본다.

윤회가 열반이니까 열반을 성취하기 위해 윤회하는 중생의 세계를 탈출할 이유가 없다. 이와 같은 대승의 새로운 시도는 당시 불교 사회가 가지고 있던 문제들을 해결하려는 여러 시도 가운데 하나였겠지만, 결국 이 운동이 성공해서 동아시아 불교는 대승의 주도 아래 진화하게 되었다. 불교가 또 한 번 진화하는 모습을 목격할 수 있는 장면이다.

선禪

중국에서 선불교가 일어나 기존의 교학 중심의 불교를 대체하게
된 이유는 여럿 있겠지만, 필자들은 불교사에 있어서의 변천을
진화의 관점에서 바라볼 수 있도록 도와주는 서양불교학자들의
견해를 하나 소개하는 것으로 그 논의를 대신해 보겠다. 예를 들
면 6,500만 년 전 거대한 운석이 지구에 충돌하여 생긴 어마어마
한 먼지 층이 초래한 기후의 급격한 변화로 인해 이에 적응하지
못한 덩치가 큰 공룡들은 살아남지 못하고 멸종되었다. 그런데
다른 작은 생명체들이 이런 환경에 더 잘 적응하여 생존하고 진
화해 와서 결국 지구상 생명체의 주류를 이루게 되었다. 그런데
중국불교사에도 이와 견줄 만한 역사적 상황이 있었다고 한다.

중국에 불교가 전래되어 정착할 때까지 근 오백 년이라는 긴
시간이 걸렸는데, 이 동안 막대한 비용이 필요했던 역경사업을
거치면서 불교는 대도시를 중심으로 왕실과 귀족들의 재정적 지
원 아래 생존하고 진화했다. 그리고 중국불교는 교상판석敎相判
釋의 과정을 거치면서 자연스럽게 교학 중심의 불교로 발달했다.
그 이후에도 왕실과 귀족의 뒷받침으로 삼론종, 천태종, 화엄종
등의 여러 불교학파가 성립되고 발전했다. 여전히 교학 중심의
불교였다. 그런데 북방 이민족의 침입으로 왕조가 무너지고 귀족
사회가 붕괴되고 도시가 파괴되면서 대도시에서 이들의 재정적
지원을 바탕으로 지속되어 오던 교학 중심의 불교는 이제 그 명

맥을 유지하기조차 어려워지고 말았다. 생존이 어려워진 것이다.

그런데 도시가 아닌 농촌 지역과 산골에서는 교육을 제대로 받지 못한 농민 등을 대상으로 글에 의존하지 않는다는 불교, 즉 선불교가 발전하고 있었다. 이런 지역에 있는 사찰들은 왕실이나 귀족의 지원에 의존한 적이 없었기 때문에, 이민족의 침입으로 도시지역의 교학 위주의 불교가 쇠퇴하고 있을 때도 별다른 영향을 받지 않았다. 오히려 교학 중심 불교가 사라짐에 따라 시간이 지나면서 상대적으로 불교를 대표하는 세력으로 자리잡을 수 있었다.

그 옛날 동아시아에서 인구의 대부분을 구성하던 민초들은 교육받을 기회가 적었고 또 경제적으로도 어려웠다. 그렇게 살 수밖에 없었던 민초들이 그나마 접근할 수 있었던 불교가 선불교였다. 그리고 역사상 수많은 정치, 경제, 사회, 문화적 격변이 거듭되다 보면 오랜 시간이 지난 다음에는 결국 민초들이 가장 친화감을 느낄 선의 문화가 가장 끈질기게, 지속적으로, 그리고 더 많이 꽃피웠을 것이라는 점은 어찌 보면 자연스럽기까지 하다. 오늘날 한국을 비롯한 동아시아 여러 나라에서 선불교의 영향력이 가장 큰 것은 결코 우연이 아닐 것이다.

그런데 대부분의 시민이 교육을 받고 또 과거에 비하면 경제적으로 그리 궁핍하지도 않은 현대 사회에서도 동서양을 불문하고 다른 불교보다는 선불교가 더 관심을 많이 끌고 있다는 점이 재

미있다. 그 이유는 아마도 바쁘고 스트레스를 많이 받으며 살 수밖에 없는 현대인들에게 특별한 교리 공부가 필요 없이 쉽게 접근할 수 있는 참선과 명상 위주의 선불교가 더 경쟁력이 있어서일 것이다. 그래서 선은 지금도 계속 생존, 지속, 변이하면서 동서양을 불문하고 여러 다양한 사회에 적응하며 진화하고 있다.

현대의 불교

현대인이 분주한 삶을 산다고는 하지만, 우리는 교육이나 경제적 측면에서 과거에 비해서는 비교할 수조차 없을 만큼 불교를 공부하고 수행하기에 좋은 여건을 가지고 있다. 특히 20세기 후반부터 급속한 경제성장을 이룩한 한국 사회에서 21세기부터는 IT 문화까지 꽃피우게 되면서 그동안 어렵다고 여겨져 온 불교 공부를 덜 어렵게 할 수 있는 많은 기회가 마련되기 시작했다.

먼저 전 국민의 교육수준이 향상되어 문맹률이 1~2%에 불과하게 되었다. 이제는 글을 못 읽어서 경전을 읽지 못하는 일은 없다. 그래서 경전을 읽지 못하던 민초들에게 더 매력적이었을 선문禪門이 이제는 수준 높은 교육을 받은 민초들을 상대로 그 가르침을 펴야 하는 환경이 되었다. 옛 한문으로 쓰여 있어 스님들과 일부 지식인들에게만 접근이 가능하던 어록과 경전도 많이 번역되어 날이 갈수록 더 많은 사람들이 접근할 수 있게 되었다. 들고 다니는 스마트폰 하나만 있어도 인터넷을 통해 언제 어디서나 경전과 중요 문헌 그리고 관련 에세이들을 읽을 수 있고, 또 좋은 법문과 강의 동영상도 얼마든지 접할 수 있다. 역사상 이처럼 불교 공부하기 좋은 환경은 없었을 것이다.

전 세계가 점점 더 긴밀하게 연결되어 가다 보니 전통적으로 대승과 선불교에만 집중하던 한국불교계에도 전 세계의 모든 불교가 다시금 소개되어 들어오고 있다. 일본 및 대만불교와의 활발한 교류는 어제 오늘의 일이 아니다. 새로이 시작된 초기불교 열풍으로 니까야가 번역되어 나왔고 근래에는 티베트불교도 많이 소개되고 있다. 지난 1~2세기 동안 진행되어 온 서구불교학까지도 역수입되고 있다. 이와 같이 한국불교계는 과거와는 전적으로 다른 새로운 환경에 노출되어 있다. 다시 말해 한국불교는 많은 변이를 거쳐 새로운 진화의 단계로 들어갈 상황에 처해 있다.

삼라만상이 변화하듯이, 우리 한국불교도 끊임없이 변화하는 환경과의 상호작용에 의해 함께 변화하고 진화해 나가는 것이 자연스럽다. 그래서 전통적으로 우리가 가져왔던 것, 그리고 지금 현재 우리가 가지고 있는 불교가 최적이라거나 최선이라는 생각을 버리는 것이 좋겠다. 원래부터 고정불변하고 영원한 최적 또는 최선의 공부와 수행법이라는 것은 있을 수 없다. 변화하는 조건에 의해 끊임없이 생멸하는 중생계에서 영원불변하는 단 하나의 최적 최선의 가르침이 어떻게 가능하겠는가. 만약 어떤 종파가 자신들만이 가졌다는 완전하고 고정불변하다는 '최적 최선'의 가르침과 방법론을 고수한다면, 그 종파는 변하는 환경에 적응하지 못하게 되어 결국 소멸될 것이다. 그래서 현대를 사는 우리에게 적합한 형태의 불교라 할지라도 끊임없이 변하는 환경과의 상호작용으로 연기하면서 함께 쉼 없이 변해 나가야 한다. 불교도 언제나 진화해야 한다. 그렇지 않으면 도태되어 소멸되는 것이 세상의 이치다.

그런데 현재 서구사회에서 유행하는 불교의 형태에서 우려되는 점이 있는데, 이 점이 한국 사회에서도 문제가 될 수 있을 것 같아서 지적하지 않을 수 없다. 오늘날 서구사회에서 불교는 개인의 스트레스를 풀기 위한 명상 위주의 수행법으로만 받아들여지는 경향이 있다. 서구에서 불교에 관심을 가지는 사람들을 보면 대부분 교육을 많이 받고 교양이 풍부하며 전문 지식을 가지고 경제적으로 그래도 좀 여유 있는 사람들이 대부분이다. 이런 사람들이 자신들 사회의 오래된 종교나 문화로부터 벗어나고 싶어 하며 무언가 새로운 것을 추구할 때 동양에서 온 불교와 명상 센터를 찾곤 한다. 그런데 이들은 여러 사람들과 함께 어울려 잘 지내고 또 나아가 사회에 공헌하기 위해 불교에 다가가고 공부와 수행을 하기보다는 개인의 안심입명安心立命을 목표로 그러는 경우가 대부분이다. 이렇게 부유하고 소시민적인 사람들의 불교는 지극히 개인주의적 성향을 띠고 있어서, 오웬 플러네이건 같은 철학자는 서구 불교를 '부르조아 불교'라고 부른다.

필자들은 대승의 전통이 힘차게 살아 숨 쉬는 한국불교가 한낱 부르조아 불교로 전락할 위험은 그다지 크지 않다고 생각한다. 실제로 불국토를 꿈꾸는 한국의 불자들은 지금도 사회 문제에 관심이 많으며 간혹 정치적인 사건에도 깊숙이 관여하기도 한다. 그러나 한국도 요즈음 유행하는 것처럼 명상과 개인의 마음공부만을 위주로 불교 공부와 수행을 진행시켜 가다가는 나중에 결국 마치 안심입명이 불교의 궁극적 목표인 것처럼 잘못 받아들여지게 될지도 모른다. 그렇게 된다면 한국불교도 서구 불교철학자들이 조롱하듯 부르는 부르조아 불교와 별 차이가 없게 될 것이다.

지나치게 명상 위주의 개인주의적 불교는 이기주의와 종이 한 장 차이밖에 없는 것 같다. 왜냐하면 자신만 마음 편히 잘 살겠다는 것이니까. 그런데 종의 진화의 과정을 살펴보면 쉽게 깨닫게 되는 것이지만, 어떤 종에 속한 각각의 생명체들이 이기주의를 넘어 이타적 행위를 많이 할 때 그 종이 생존하고 진화해 나가는 데 훨씬 유리하다. 이런 관점에서 볼 때, 어려운 이웃을 돕고 나아가 더 큰 규모의 사회에 정열적으로 공헌하라는 가르침에 인색한 개인주의적 명상 위주의 종교가 종교로서 얼마나 오래 생존할 수 있을까 염려된다. 자기 혼자서 마음 편히 잘 살라는 가르침은 종교로서 받아들여 주기조차 어색한 마당이니, 만약 불교를 단지 명상에 대한 가르침의 체계라고만 받아들인다면 그것은 이미 불교가 종교이기를 포기하는 셈이 된다. 이는 '모든 중생을 구제할 때까지 열반에 들지 않겠다'는 지장보살의 서원을 기억하는 대승의 전통을 지닌 한국불교가 걸어서는 안 될 길이다.

우리는 개인과 개인, 개인과 사회, 그리고 사회와 사회가 날이 갈수록 더욱 밀접히 연결되고 함께 어울려 변화하는 세상에 살고 있다. 모든 것이 상호작용하면서 연기한다는 점을 매일매일 어디서나 확인하고 있다. 그래서 만약 명상 수행법이 끊임없이 변하는 세상과는 상관없이 자기 마음속으로만 침잠하라는 가르침이라면 이것은 붓다의 연기의 가르침과 또 현대사회의 특성과도 많이 동떨어져 있다. 지장보살의 서원과는 정반대의 대척점에 서있다.

다시 연기로

결국 우리는 붓다의 깨달음의 요체인 연기의 진리로 돌아오게 된다. 붓다의 가르침은 처음부터 끝까지 연기의 가르침이고, 연기에 어긋나는 것은 어떤 것도 붓다의 가르침으로 받아들이지 말아야 한다. 모든 것이 조건에 의해서 끊임없이 생멸하니 어떤 것도 어느 한순간도 그대로 남아 있는 것이 없다. 변하지 않고 남아 있어 집착할 것이 아무것도 없다.

모든 것이 연기하여 무상할 수밖에 없는데, 불교에서 오랫동안 받아들여 온 공부와 수행법이라고 해서 어떻게 시간과 장소, 그

진화

리고 사람에 전혀 상관없이 모두 잘 적용될 수 있겠는가. 초기불교, 대승불교, 묵조선과 간화선…… 이들 모두는 시절인연에 따라 불교사에 등장했고 또 그렇게 시절인연에 따라 변화하며, 때론 물러나고 때론 변화된 모습으로 다시 전면에 등장하기를 반복할 것이다. 그래서 우리는 어느 하나도 절대로 놓치지 않겠다고 붙잡을 이유가 없다. 이 모든 것들이 시절인연에 따라 변이하고 진화해 나가도록 놔두어야 한다. 필자들은 이제 우리도 불교가 연기에 의해 진화한다는 점을 받아들여야 할 때라고 생각한다.

미주

1 Sender, R., Fuchs S., and R. Milo, "Revised estimates for the number of human and bacteria cells in the body." *BioRxiv.org*. Posted online January 6, 2016.

2 본서의 전반부는 홍창성 교수의 2015년 논문 「깨달음과 자비, 그리고 깨달음과 열반 산출성의 원리」의 일부 내용을 수정 보완해서 이루어졌다.

3 새들의 이타적 행동은 1935년 스커치에 의해 발표되기 시작했다. Skutch A. F. 1935, "Helpers at the nest" *Auk*. 52: 257-273.

4 Wilkinson, G. S. 1984, "Reciprocal food sharing in the vampire bat" *Nature* 308: 181-184.

5 Hamilton, W. 1964, "The Genetical Evolution of Social Behaviour I and II" *Journal of Theoretical Biology* 7: 1-32.

6 트리버스의 상호이타주의는 친족이 아닌 다른 종들 간의 이타적 행동을 설명한다. Trivers, R. L., 1971, "The Evolution of Reciprocal Altruism" *Quarterly Review of Biology* 46: 35-57.

7 현응, 『깨달음과 역사』, 불광출판사, 2016, 개정증보판.

8 Kuhn, T. S. 1970, *The Structure of Scientific Revolutions*, 2nd ed. Chicago: University of Chicago Press.

9 홍창성, 「유형 물리주의와 기능주의 환원론의 만남」, 『김재권과 물리주의』 (아카넷, 2008), 144쪽.

10 Jaegwon Kim, 1999, *Mind in a Physical World*, MIT Press, p.84; David Armstrong, 1978, *A Theory of Universals*, vol. 2, Cambridge University

Press, ch 18.

11 Wimsatt, W. 1976, "Reductionism, Levels of Organization and the Mind-Body Problem" in Globus, Maxell and Savodnik, eds. 1976, *Consciousness and the Brain*, Plenum Press. p.209.

12 오펜하임Oppenheim과 퍼트남Putnam이 그들의 1958년 논문「작업가설 로서의 과학의 통일(The Unity of Science as a Working Hypothesis)」에서 이론적 환원론을 제안할 때 자연과 자연에 존재하는 모든 것들을 계층 모델(layered model)로 바라본 시각이 이러한 전제를 대표한다.

13 이 점에 대해서는 유선경 교수의 2014년 저서 『생명과학의 철학』에서 집중적으로 논의가 이루어져 있다.

14 Discher, D.E., Mooney, D.J., and P.W. Zandstra, 2009, "Growth Factors, Matrices, and Forces Combine and Control Stem Cells," *Science* 324: 1673-1677.

15 윤리적으로 많은 문제가 있는 배아줄기세포 대신에 성체에서 채취한 줄기세포나 유도줄기세포(역 분화줄기세포)를 이용한 줄기세포 치료법이 개발되고 있다.

16 엄밀한 의미에서 공간적 위치의 변화는 둘러싼 환경 변화의 일종에 포함된다고 보아야 할 것이다. 장소가 변할 때 주변 환경이 변하게 되고, 따라서 주변 조건도 변해서 배아줄기세포가 다르게 분화되는 것이다. 필자들은 본고에서 생명과학자들의 통상적인 분류를 따르기 위해 환경과 공간적 위치를 다른 범주로 분류해서 논의했다.

17 Francine E. Garrett-Bakelman, *et al.* 2019, "The NASA Twins Study: A multidimensional analysis of a year-long human spaceflight" *Science* 364 (6436): 144.

18 Elena Moreno-Jiménez, *et al.* 2019, "Adult hippocampal neurogenesis is abundant in neurologically healthy subjects and drops sharply in patients

with Alzheimer's disease" *Nature Medicine* 25: 554-560.

19 불교적 관점에서는 이런 '최적'이라는 개념조차도 처음부터 연기와 공의 가르침에 어긋나는 것이겠지만, 논의의 편의상 일단 그대로 사용하겠다.

20 그러나 위에서 언급했듯이, '최적'이라는 개념 자체가 어떤 본질을 가진 것이라고 볼 수 없어 공하다면, 그것과의 비교에서 '점점 질이 떨어지는' 과정이라는 것 또한 본질이 없이 공하다고 보아야 하겠다.

21 Gilbert, S. and M. Barresi, 2016, *Developmental Biology* 11th ed. Sinauer Associates, Inc.

22 Stefanovic, S. and S. Zaffran, 2017, "Mechanisms of retinoic acid signaling during cardiogenesis" *Mechanisms of Development* 143: 9-19.

23 그렇다고 해서 필자들이 '삶'이 본질을 가지고 실체로서 존재하는 대상이라고 말하는 것은 아니다.

24 Gilbert, S. and M. Barresi, 2016, *Developmental Biology* 11th ed. Sinauer Associates, Inc.

25 Kuida K. *et al.* 1998, "Reduced apoptosis and cytochrome c-mediated caspase activation in mice lacking caspase 9" *Cell* 94: 325-337.

26 Medawar, Peter, 1952, *An Unsolved Problem of Biology*, London: Published for the College by H.K. Lewis.

27 이 점에 대해서는 유선경 교수의 2014년 저술 『생명과학의 철학』에서 집중적으로 논의가 이루어져 있다.

28 홍창성 교수가 집필 중인 저서 *Buddhism for Thinkers*에서 더 상세한 논의가 이루어지고 있다.

29 본장은 유선경 교수의 2014년 저술 『생명과학의 철학』에서의 논지를 발전시키고 새로운 논의를 추가해 완성했다.

30 "It is really laughable to see what different ideas are prominent in various naturalists minds, when they speak of 'species'; …… It all comes, I

believe, from trying to define the indefinable." Darwin, December 24, 1856.

31 "I look at the term species as one arbitrary given for the sake of convenience to a set of individuals closely resembling each other, and it does not essentially differ from the term variety ……" Darwin, 1859, *On the Origin of Species*, p.52.

32 『자연선택으로 설명하는 종의 기원, 또는 생존경쟁에 있어서 유리한 종족의 보존에 대하여』

33 비교 논의가 가지는 철학적 어려움에 대해서는 홍창성 교수의 논문 「깨달음의 패러독스와 사적 언어 논증」 앞부분을 참조하기 바란다. 『불교학보』 62권, 2012.

34 Mayr, Ernst, 1942, *Systematics and the Origin of Species, from the Viewpoint of a Zoologist*, Cambridge: Harvard University Press.

35 Hennig, Willi 1966, *Phylogenetic Systematics*, translated by D. Davis and R. Zangerl, Urbana: University of Illinois Press (reprinted 1979); Cracraft, Joel, 1983, "Species concepts and speciation analysis" in R. F. Johnston (ed.), *Current Ornithology*, Plenum Press. pp.159-87.

36 Morgan, G.J. and W.B. Pitts, 2008, "Evolution without Species: The Case of Mosaic Bacteriophages" *The British Journal for the Philosophy of Science* 59: 745-765.

37 Ereshefsky, Mark 2010, "What's Wrong with the New Biological Essentialism" *Philosophy of Science*, 77: 674-685; Ereshefsky, Mark 2010, "Darwin's solution to the species problem" *Syntheses*, 175: 405-425; Ereshefsky, Mark 1997, "The Evolution of the Linnaean Hierarchy" *Biology and Philosophy* 12: 493-519.

38 우리가 철학적 논증에 투철하기만 한다면 반본질주의(anti-essentialism)를

표방하는 거의 유일한 가르침의 체계인 불교를 받아들이지 않을 수 없을 것이다. 그러나 우리 대부분은 언어가 만들어 내는 상과 상대적으로 이끌리기 쉬운 본질주의에 빠져 헤어 나오지 못하는 어리석음으로 인해 윤회의 바다를 헤매고 있다.

39 Holley S, Jackson P D, Sasai Y, Lu B, De Robertis E M, Hoffmann F M, Ferguson E L. 1995, "A conserved system for dorsal-ventral patterning in insects and vertebrates involving sog and chordin" *Nature* 376: 249-23.

40 세포의 분열 과정은 유사분열(mitosis)과 감수분열(meiosis) 두 종류가 있다.

41 모건이 유전학 실험에 초파리를 실험모델로 삼은 이유는 초파리가 가진 특성들이 실험을 용이하게 하기 때문이었다. 교배를 한 번도 하지 않은 암 초파리는 다른 초파리와 달리 몸체가 크고 투명해 현미경 아래서 쉽게 구분된다. 그리고 초파리는 알에서부터 성체가 될 때까지 길어도 열흘 정도밖에 걸리지 않아, 부모세대에서의 형질이 그 자식세대로 전달되는 것을 관찰하기 빠르다는 장점이 있다. 그리고 초파리는 단지 4쌍의 염색체를 가진다. 특이한 점은 유충일 때 침샘세포에 있는 염색체가 다른 세포의 염색체에 비해 훨씬 크고, 부분 부분이 부풀어져 있다. 그 당시 생명과학 자들은 이 부푼 부분들이 유전자의 활동이 진행되고 있는 곳이라고 생각했다.

42 "It has not escaped our notice that the specific pairing we have postulated immediately suggests a possible copying mechanism for the genetic material. Full details of the structure, including the conditions assumed in building it, together with a set of co-ordinates for the atoms, will be published elsewhere." Watson and Crick, 1953, "Molecular Structure of Nucleic Acids: A Structure for Deoxyribose Nucleic Acid," *Nature* 171:

737-738.

43 Crick, Francis, 1970, "Central Dogma of Molecular Biology," *Nature* 227: 561-563.

44 생명과학자들은 이것을 Junk DNA 또는 Junk gene이라고 명명했다. 그런데 그들의 기능이 아직까지 발견되지 않았다는 이유로 이 DNA 배열들을 쓰레기(junk)라고 부르는 것은 속단이라고 생각된다.

45 미성숙 전령RNA(pre-mRNA) 안에서 벌어지는 잘림과 접합의 과정을 스플라이싱splicing이라고 한다.

46 cis-and trans-regulatory elements or repetitive sequences in DNA

47 Grauer, D. *et. al*, 2013, "On the immortality of television sets: 'function' in the human genome according to the evolution-free gospel of ENCODE." *Genome Biol.* Evol. 5: 578-590.

48 Karpen, G.H. 1994, "Position-effect variegation and the new biology of heterochromatin" *Curr. Opin. Genet. Dev.* 4: 281-291.

49 단백질의 정보를 가지는 DNA 배열인 구조적 유전자(structural gene)를 조절하는 역할만 하는 DNA 배열인 조절적 유전자(regulatory gene)를 뜻한다.

50 "For something to have a *second-order functional property* F is, by definition, for it to have one of its first-order properties that are specified in terms of their *causal/nomic* role." Kim, Jaegwon, 1998, *Mind in a Physical World: An Essay on the Mind-Body Problem and Mental Causation.* Cambridge: The MIT Press.

51 Revilla-i-Domingo and Davidson, 2003, "Developmental gene network analysis." *International Journal of Developmental Biology* 47: 695-703; Davidson *et al.* 2002, "A genomic regulatory network for development: An integrated genetic, genomic and systems approach defines gene

networks regulated by the interaction of light and carbon signaling
pathways in Arabidopsis" *Science* 295: 1669-78.

52 Bernhard Q. Palsson, 2006, *Systems Biology*: *Properties of Reconstructed Networks*, Cambridge University Press.

53 다윈은 『종의 기원』 초판의 맨 마지막 문장에서 "진화된다"라고 딱 한 번 '진화'를 언급한다. "From so simple a beginning endless forms most beautiful and most wonderful have been, and are being, evolved." Darwin, 1859, p.490.

54 다윈은 그의 『종의 기원』 여섯 번째 판(1872년) 서문(Preface)에 있는 각주 (footnote)에서 자신의 할아버지 에라스무스 다윈이 라마르크와 같은 잘 못된 학설을 라마르크보다 훨씬 먼저 주장했다고 기술한다. "It is curious how largely my grandfather, Dr. Erasmus Darwin, anticipated the views and erroneous grounds of opinion of Lamarck in his 'Zoonomia'"(vol. i. pages 500-510), published in 1794. Darwin, 1872, *On the Origin of Species*, p.xiv.

55 본장은 유선경 교수의 2014년 저술 『생명과학의 철학』에서 전개된 논지 를 발전시키고 새로운 논의를 추가해 완성했다.

56 Stephen Jay Gould, 1989, *Wonderful Life*: *The Burgess Shale and the Nature of History*, New York: Norton.

57 5억 3천만 년 전이라는 시기는 1909년 캐나다 브리티시컬럼비아 주에서 발견된 버지스 혈암(Burgess Shale)에서 나타난 생명체들이 생존했던 시기 이다. 버지스 혈암은 다양한 동물군이 폭발적으로 나타났다고 추측되는 5 억 4천2백만 년 전 캄브리아기 대폭발 사건의 중요한 증거가 되었다.

58 이러한 논지로 굴드는 진화의 단속평형설(punctuated equilibrium)을 주장 한다. 생명체는 대부분의 긴 기간 동안 작은 변화를 겪으며 그들의 종을 유지하다가, 짧은 순간 우연히 일어나는 급격한 사건들로 인해 다양한 종

분화를 겪게 된다는 것이 요지이다.

59 Stephen Jay Gould, 1996, *Full House: The Spread of Excellence from Plato to Darwin*, Harmony Books, New York.

60 "[My adaptationist definition of progress] takes progress to mean an increase, not in complexity, intelligence or some other anthropocentric value, but in the accumulating number of features contributing towards whatever adaptation the lineage in question exemplifies. By this definition, adaptive evolution is not just incidentally progressive, it is deeply, dyed-in-the-wool, indispensably progressive. It is fundamentally necessary that it should be progressive if Darwinian natural selection is to perform the explanatory role in our world view that we require of it, and that it alone can perform." Richard Dawkins, 1997, "Human chauvinism" *Evolution* 51: 1015-1020. p.1017.

61 Jacques Monod, 1971, *Chance and Necessity: An Essay on the Natural Philosophy of Modern Biology*, translated by Austryn Wainhouse, 1st American edition, New York, Alfred A. Knopf.

62 Mayr, Ernst, 1965, "Cause and effect in biology" in Lerner, D. *Cause and effect*, New York: Free Press. pp.33-50.

63 Gilbert, S. and M. Barresi, 2016, *Developmental Biology* 11th ed. Sinauer Associates, Inc. p.786.

64 Dawkins, Richard, 1976, *The Selfish Gene*, Oxford University Press.

65 유선경, 2014, 『생명과학의 철학』, pp.14~15.

66 Jerry Fodor and Massimo Piattelli-Palmarini, 2010, *What Darwin Got Wrong*, Farrar, Straus and Giroux.

67 Lewontin, Richard C. 2010, "Not So Natural Selection," *The New York Review of Books*, MAY 27, 2010.

68 엘리엇 소버가 제안한 자연선택에 대한 두 가지 의미인 '어떤 생명체가 다른 것들에 비해 보다 더 높은 생존율과 번식력을 가지나("selection of")'와 '어떤 형질이 자연선택에 유리한가("selection for")'라는 접근도 자연선택 되는 어떤 것과 자연선택을 하는 환경이라는 이분법적 사고에서 벗어나지 못하고 있다고 본다. Sober, Elliott, 1984, *The Nature of Selection*, MIT Press, Cambridge, MA.

■ 유선경 Sun Kyeong Yu

서울대학교 분자생물학과 및 동대학원을 졸업하였다. 미국 브라운
대학교 세포분자생물학 박사과정 및 텁스대학교 철학과 석사과정을
수학하였으며, 미국 듀크대학교 대학원 철학과에서 철학박사 학위
를 받았다.

현재 미국 미네소타 주립대학교(Minnesota State University, Mankato) 철학
과 교수로 재직 중이며, 생명과학철학과 과학철학 및 인지과학 분야
의 논문을 영어와 한글로 발표해 오고 있다.

저서로는『생명과학의 철학』이 있고, 홍창성 교수와 함께 현응 스님
의『깨달음과 역사』를 영역했다.

■ 홍창성 Chang-Seong Hong

서울대학교 철학과 및 동대학원을 졸업하고, 미국 브라운대학교 대
학원 철학과에서 철학박사 학위를 받았다.

현재 미국 미네소타주립대학교(Minnesota State University Moorhead) 철학
과 교수로 재직 중이며, 형이상학과 심리철학 그리고 불교철학 분야
의 논문을 영어 및 한글로 발표해 오고 있다.

유선경 교수와 함께 현응스님의 저서『깨달음과 역사』를 영역했고,
『미네소타주립대학 불교철학 강의』를 출판했다. 현재 Buddhism for
Thinkers를 집필 중이며, 불교의 연기緣起 개념으로 동서양 형이상
학을 재구성하는 연구를 진행하고 있다.

생명과학과 불교는 어떻게 만나는가

초판 1쇄 발행 2020년 2월 10일 | 초판 3쇄 발행 2023년 1월 3일
지은이 유선경 · 홍창성 | 펴낸이 김시열
펴낸곳 도서출판 운주사

    (02832) 서울시 성북구 동소문로 67-1 성심빌딩 3층

    전화 (02) 926-8361 | 팩스 0505-115-8361
ISBN 978-89-5746-588-2 03220   값 15,000원
http://cafe.daum.net/unjubooks 〈다음카페: 도서출판 운주사〉